人生難題，心理學都有解方

探究底層思維，提升心理智商，做出最佳決定的54種成功策略

心理學博士
張昕 著

目錄

2 人際心理學 在團體與職場中的生存技能

3 認知心理學 平凡與卓越的差異

4 發展心理學 我們如何長大與變老

作者序 每個人都該學點心理學

你好，我是張昕，心理學博士，學習和研究心理學將近二十年了，現在是北京大學心理與認知科學學院的老師。

＊

如果我問你，你懂心理學嗎？你可能會覺得，心理學很深奧，自己又沒有特別學過，當然不懂。

但其實，每個人都是懂心理學的，也都是初階的心理學家。

例如，我們都知道，在人際交往中，第一印象很重要，這在心理學上叫作「首因效應」。再比如，現在社會貧富差距越來越大，社會心理學中有個名詞專門用來解釋這個現象，叫作「馬太效應」……等。這些我們習以為常的知識，其實都屬於心理學的範疇。

我把這種心理學叫作「人人都知道的心理學」，這些心理學知識是依據我們的日常生活經驗得出，不需要特別藉由閱讀或上課也能掌握。而且僅僅是瞭解這些我們都知道的心理學知識，也能為我們的生活帶來極大的幫助。

我們知道，第一次約會或面試時，要好好打扮自己；商業界也會常常運用「馬太效應」，比如在一開始就利用各種手段迅速搶占市場和用戶，與競爭對手拉開差距，進而越做越大。

如果連這些最基本的心理學知識都不懂，我們可以想像後果

會有多嚴重。輕則可能造成一場約會或面試的失敗，重則甚至
會導致一個商業巨頭的沒落。

＊

當然，心理學不僅僅是這些，除了「人人都知道的心理學」
之外，還有一種心理學，能掌握的人不多，但是瞭解之後，你
就會立刻產生「原來如此」的感覺，我把這種心理學叫作「高
階心理學」。

這種心理學在我們日常生活中的應用非常廣泛，光憑生活經
驗很難掌握，還需要有系統地學習相關理論。

舉個很常見的例子：你煮好晚餐，等男友回家吃飯，但他在
公司加班到晚上十點多才回來。這時，你可能一肚子委屈，抱
怨地說：「你怎麼現在才回來啊！」男朋友聽了之後，一定會不
高興，心想：「我這麼辛苦，加班到這麼晚，回來還要被你責
怪！」

其實，這時你可以換一種表達方式──「我等你一整晚
了。」這時，男朋友聽了就會理解你的感受，向你解釋，晚歸
是因為工作忙。

同樣的情境，一種說話方式是「你怎麼現在才回來啊」，另一
種說話方式是「我等你一整晚了」，兩種說話方式帶來的是完全
不同的溝通結果。心理學上把這兩種說話的方式叫作「你語
言」（You statement）和「我語言」（I statement）。

什麼叫作「我語言」呢？就是當你和對方說話的時候，以
「我」作為主語開頭，能如實地說出自己的感受，讓對方更容
易理解你。而「你語言」聽起來像是對別人進行指責和評價，

容易引發爭吵。所以與人溝通時，少說「你××是不對的」這樣的話，多用「剛才發生的那件事，讓我有了××的情緒或感受」這類的表達方式。

這個技巧很簡單，任何人都可以學會。類似這樣的心理學知識，便屬於我所說的「高階心理學」，除了在生活中，在愛情關係和職場上也可以使用。雖然很簡單，但很有用，只是很多人都沒意識到。當你懂得了這些知識，就會在人際關係中更加遊刃有餘。

*

如果把「人人都知道的心理學」作為第一個層次，「高階心理學」作為第二個層次，那麼心理學的第三個層次便是「心理學思維」，它已經不僅是心理學知識，而是一種思考方式。只要掌握心理學思維，我們便可以像心理學家一樣思考。

有人說，心理學的目的就是讓我們對自以為了然於胸的事情有截然不同的見解。換句話講，同樣的問題，當我們從心理學的角度去思考時，可能會得到完全不同的答案，這才是心理學真正了不起的地方。我覺得，這句話可以幫助我們好好地理解到底什麼是「心理學思維」。

比如，別人問你，一個人性格內向，是好還是不好？你會如何回答？

你可能會直接回答好或者不好，這是二元對立思維。你也可能會回答說，沒有絕對的答案，有好處也有壞處，這是相對思維。但我不會直接回答這個問題，而是會思考他為什麼問這個問題。比起他說了什麼，我更想了解他為什麼會這麼問。因為

當別人問這個問題時，可能性格內向這個特質已經造成他的困擾。這時你如果問他，你是不是覺得自己內向性格滿不好的？他可能就會有一種被說中的感覺。

比起「說了什麼」，更想了解「為什麼這麼說」，這便是一種心理學思維。當然，心理學思維是建立在掌握大量心理學知識的基礎之上的，但我相信，一旦形成這種思維，你就會受用無窮。

＊

為了讓對心理學感興趣、想學習心理學的你，能夠全面而系統地學習心理學，我和「壹心理」聯合製作了一門課程，名稱叫作「人人都能用得上的心理學」，課程濃縮了我在學校學習和教授心理學近二十年的知識精華，本書即基於此課程撰寫而成。

首先，本書的內容分成四個部分，將性格心理學、人際心理學、認知心理學、發展心理學等幾大主流的心理學分支融入其中。

其次，我會把晦澀難懂的心理學著作和學術論文當中的精華內容萃取提煉之後，用通俗易懂的方式講解，讓你能輕鬆掌握心理學最先進的研究成果。

最後，我會融入實際生活中的典型問題，尤其是心理學在現實生活中的應用，讓你所學即所用。

相信藉由對本書的學習，你可以有系統而全面地瞭解科學的心理學體系，發現人類行為和社會現象背後的心理學本質，並且學會運用心理學原理和規律，解決日常生活中遇到的問題。

　　世界上有兩個東西是最難理解的，一個是浩瀚的宇宙，另一個就是複雜的人心。那麼，浩瀚的宇宙交給物理學家研究，複雜的人心就交給心理學家研究。

　　心理學就如同一把鑰匙，可以幫助你解鎖複雜的人心。很高興你能翻開這本書，讓我們一起開啟心理學之旅，感受心理學的神奇吧！

性格心理學

認識自己，洞悉他人

1

01 你以為的「你」，是真正的自己嗎？

自我圖式 ───────────

人們對自己所形成的認知結構，與自我概念有密切的關係。例如你可能覺得自己聰明，有同情心，或樂於助人，這些都是你自我圖式的內容。

　　我們先來做個簡單的小測試。請你在看到以下十個形容詞之後立即思考，它們是否適合用來描述你。這十個形容詞分別是：樂觀、熱情、自卑、聰明、膽小、敏感、可愛、無能、善良、冷漠。

　　有沒有適合描述你的詞彙呢？

　　我們心中都有對自己的認知，比如：我是個外向的人、我是個沒什麼能力的人、我是個富有同情心的人⋯⋯所有這些認知加起來，就構成了與自我相關的知識和經驗，心理學家把這種認知網絡稱為「自我圖式」，也就是指一個人在以往經驗的基礎上，對自己形成的一些大略認識。

　　如果把人腦比喻成電腦，那麼圖式就是安裝在人腦內部的程式，自我圖式是一個稱為「自我」的程式，每當遇到和自我相關的資訊時，這個程式就會啟動，讓我們自動處理這些資訊。

自我圖式的三個特點

自我圖式一旦形成，就會時時刻刻影響你的想法、行為，甚至你的人生。例如，當有朋友邀請你參加一個都是陌生人的聚會時，你的自我圖式就會開始運作。如果你的自我圖式裡有「我是個不善於社交的人」這則資訊，那麼你很可能會拒絕朋友的邀請。

整體來說，自我圖式有下面三個特點。

一、反應快速

人的大腦喜歡偷懶，圖式其中一個重要的作用，就是能幫助人們快速處理資訊，節省認知資源。它就像個範本，在碰到相關資訊時，直接依靠範本就可以產生功用，讓處理的過程變得非常簡單。

心理學家布魯爾（William Brewer）和崔恩斯（James Treyens）就曾做過一個有趣的研究。他們讓一些人在辦公室裡只停留大約三十秒，等這些人離開後，研究者問他們：「剛才你在辦公室裡看到了什麼？」結果，大多數人的答案都說有看見書，但其實辦公室裡根本沒有書。這說明在很多人的大腦裡，「辦公室」的圖式是個會放書的地方。

同樣的道理，如果在你的自我圖式中，自己是個不擅長演講的人，一旦要你在眾人面前公開說話，你的第一反應不是要先知道演講的主題是什麼、要講哪些內容、聽眾是誰……而是會立刻認為自己能力不夠，然後拒絕這次機會。但實際上，這只是你的限制性信念，也許你可以做得很好。

二、選擇性注意

人們對外界的資訊進行加工時會有所選擇，更容易注意、也更容易記住那些與自我圖式一致的資訊。

比如，一個不善社交的人更容易注意到聚會中有些人冷漠的態度，並將其解讀為是對自己的不歡迎，也更容易記得「那個人在吃飯時瞄了我一眼，很不友善，我覺得很不舒服。」的不愉快場景。於是，這次聚會就進一步變成對自己「不善社交」這個自我圖式的確認和深化。

再舉個例子。你第一次去打保齡球，結果只有兩個球瓶沒倒下，這時你朋友說：「好可惜，差一點就全倒了。」如果在你的自我圖式裡，自己是個不擅長運動的人，那麼這時你關注的焦點就會在「好可惜」上，你會覺得：「沒有全倒，這代表我真的是個沒有運動細胞的人。」但如果在你的自我圖式裡，自己是個運動高手或有運動潛力的人，你的注意力就會集中在「差一點就全倒了」上，你會心想：「哇，我第一次打保齡球就差點Strike 了，我果然很厲害。」

三、穩定不變

自我圖式的形成，跟一個人小時候的成長環境和經歷有關。那時，我們還沒有什麼認知和判斷能力，所以非常容易受到外界影響。如果一件事情沒做好，父母就說「你怎麼這麼笨」之類的話，那麼你就會慢慢形成「我很笨」這個自我圖式。

一旦這種重複的經驗累積得越多，自我圖式就會變得越穩定，不容易改變。當進入的新資訊與原來的圖式不相符時，人多半還是會使用原有的圖式，而直接忽略或忘記新資訊，或是找各種理由加以反駁，而不是改變過去的圖式。

假如你是銷售人員，沒有達成銷售業績，主管把你唸了一頓。若在你的自我圖式裡，自己是個無用的人，這時你就會很難過地認為主管的責罵印證了你的自我圖式：「我就是一個魯蛇，什麼都做不好。」但如果在你的自我圖式裡，自己是一個很有價值的人，即使主管責怪你沒能力，你也不會輕易否定自己，而是會質疑對方的看法：「把業績指標訂這麼高，怎麼可能有人達標？」

逆轉消極心態，你可以改變自己

接下來，讓我們回到文章最開始的那個小測試，其中提到了十個形容詞，其中有五個積極的，五個消極的，如果你能想到積極詞彙的數量多於消極詞彙，那麼恭喜你：你擁有一個積極的自我圖式，請繼續保持。如果你的消極詞彙數量多於積極詞彙，那麼你可能擁有一個消極的自我圖式。

仔細想想，如果你的行為、想法都被這個消極的自我圖式控制，那是很可怕的，因為它會限制你尋找更多的可能。

例如，我自認為是個不夠聰明的人，所以像數學這麼複雜的科目，我一定學不好；我認為自己是個不善社交的人，所以陌生人多的場合，我就盡量不去；我認為自己是一個沒有能力的人，所以我從不主動嘗試具有挑戰性的任務。

但這些都是「你認為的自己」，但它一定就是真正的你嗎？不一定！

真正的你可能並不是個不夠聰明的人，即使數學成績不太好，你還是可以學好其他科目；真正的你可能並不是一個不善社交的人，當你遇到自己擅長的話題時，還是可以和別人侃侃

而談；真正的你可能並非無用之人，或許你的確不擅長做這個
工作，但在另一項任務上可以執行得很好。

　　你注意到這兩者之間的區別了嗎？

　　如果你覺得自己有消極的自我圖式，想要改變的話，可以嘗
試按照下面三個步驟練習。

第一步：描述

　　拿出紙和筆，按照「我是一個什麼樣的人」這樣的句型，寫
出十個你認為符合自己特質的詞彙。寫完之後，劃掉積極的描
述，只留下消極的敘述。

第二步：回憶

　　請回憶你童年或最近發生一件讓你印象深刻的事，你對這件
事情的情緒反應為何。同時，這件事讓你第一次覺得，或者更
加覺得自己是個××的人。

第三步：重建

　　反駁這件事和你產生感覺這兩者間的關連性，思考是不是這
件事一定就代表你是這樣的人？還有沒有其他的可能性？

　　比如，第一步，描述：我認為自己是無能的人。第二步，回
憶：小時候媽媽讓我去買東西，結果我常常把錢弄丟，媽媽會
罵我笨，連這點小事都做不好。第三步，重建：當時我還只是
個小孩子，有些事情即使做不好也很正常，就連大人也很難保
證自己不會掉錢啊！

　　這是改變自我圖式的三個步驟。當然，自我圖式的改變並不

是件簡單的事，需要我們不斷地練習。持續進行這樣的練習，不斷重複這個過程，最終你會發現那個最真實和最可能的自己。

　　最後，留給你一個思考題。有人說，我們無法改變過去，但我們可以選擇將來成為一個什麼樣的人，你同意這個說法嗎？

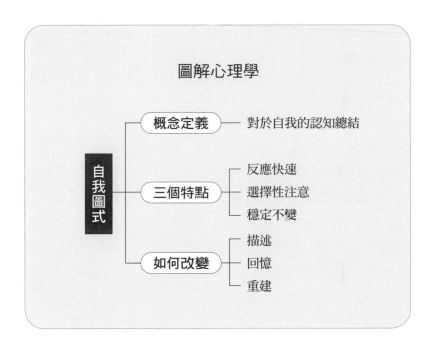

圖解心理學

自我圖式

概念定義 —— 對於自我的認知總結

三個特點
- 反應快速
- 選擇性注意
- 穩定不變

如何改變
- 描述
- 回憶
- 重建

02 我們該如何看重自己，提高自尊？

心理學效應　自尊自信

自尊是個人對自己的評價，自信是相信自己的處事能力。喜愛自
己、信任自己、懂得照顧自己、尊重自己的能力與價值，是維持身
心平衡的關鍵。

　　在閱讀本章之前，請先看下面這段文字：

　　「你很需要別人喜歡並尊重你，你有許多可以成為優勢的能
力並沒有發揮出來，同時你也有一些缺點，不過你通常可以克
服它們。你有時候會懷疑自己所做的決定是否正確。你喜歡多
彩多姿的生活，不喜歡被人限制。你有時外向、親切、好交
際，有時則內向、謹慎、沉默。」

　　如果你覺得用這段文字來描述自己非常準確，甚至認為自己
完全就是這樣的人，那麼你很可能是一個低自尊的人。其實，
這段話可以用來描述絕大部分的人，因為它表達得很模糊。低
自尊的人會經常懷疑自己，而越是懷疑自己，就越難瞭解自
己，也越有可能全盤接受上述這類模糊的描述，覺得它形容得
非常準確。

優秀的人不一定擁有高自尊

當我們說：「你傷害了我的自尊！」從心理學的角度來看，「自尊」指的就是人們對自我的評價。如果一個人常覺得自卑，就代表他的自尊比較低，對自己的評價不高。相反地，一個人總是自信滿滿，甚至表現得很自戀，這說明他的自尊比較高，也懂得自我肯定。

在第21頁有專業的自尊評量表，讀者可以測試一下自己的自尊程度。

我們通常認為，如果一個人看起來很優秀、很成功，那麼這個人應該是個高自尊的人。但實際情況是，即使是人生勝利組，也很可能擁有低自尊。我就認識一個三十歲左右的女生，非常漂亮，學歷很高，工作很不錯，老闆也很賞識她，但她卻非常缺乏自信，說自己過得很不快樂。這是為什麼呢？

心理學家威廉·詹姆斯（William James）發現，一個人的表現和他對自己的滿意程度之間並沒有直接關係。一個能力很低的人，也可能非常自負；而一個已經達到人生巔峰的人，也仍然會對自我感到懷疑。因此，他提出了下面這個公式：

$$自尊 = \frac{成功}{自我要求}$$

這個公式證明，一個人的自尊是由他獲得的成功，以及對自己的要求而定。一個人越成功，其自尊程度也就越高，但前提條件是，他對自己的要求不能高到出奇。

自尊有四種樣貌，你是哪一種？

每個人的自尊程度高低不同，也非一成不變，它有可能是波動的。因此，從穩定性和高低程度這兩方面，可以把人分成下面四種類型。

類型一：穩定的高自尊

一般來說，這種人的自尊程度受到外在環境的影響較小，情緒比較穩定，他們在任何時候對自己的感覺都很好，他們給別人的感覺也是平靜的。即使在遇到質疑時，他們通常也都表現得非常堅定，並且會仔細傾聽別人的意見，而不是攻擊對方。

類型二：不穩定的高自尊

在現實生活中，這種人比較多，儘管他們的自尊很高，也很有自信，但在遇到失敗、攻擊或批評時，反應會非常強烈。

相較於穩定的高自尊類型者，這類人的情緒較不穩定，心理比較脆弱，而且喜歡在別人面前誇耀自己的成就和優點，並善於掌握時機來表現自己。

類型三：穩定的低自尊

外界的環境很難影響他們的自尊，他們已經習慣並且接受了自己的低自尊，不願意改變。

類型四：不穩定的低自尊

這種人的自尊很容易受到外界因素的影響，不管是積極的還是消極的，都會影響他們對自己的看法。如果他們成功了，他

們的自尊就會有階段性地提升，但是維持不了太久，很快又會下降到原來的水準。

　　他們很在意別人對自己的看法，所以常常表現得很謹慎、謙虛，表達意見時也會小心翼翼，一旦有人表示反對，他們就會自亂陣腳，不敢堅持己見。但如果自己的觀點被接受了，他們就會感到很開心，且覺得鬆了一口氣。

　　你可以做一下下列的「羅森伯格自尊量表」中的題目，測試關於自我價值和自我接納的程度。

羅森伯格自尊量表

	A非常符合	B符合	C不符合	D很不符合
1. 我覺得自己是一個有價值的人， 　　至少跟其他人不會差太多。	4分	3分	2分	1分
2. 我覺得自己有許多好的特質。	4分	3分	2分	1分
3. 整體而言，我認為自己是個失敗者。	1分	2分	3分	4分
4. 我能像大多數人一樣把事情做好。	4分	3分	2分	1分
5. 我認為自己值得驕傲的地方不多。	1分	2分	3分	4分
6. 我對自己持肯定的態度。	4分	3分	2分	1分
7. 整體而言，我對自己是滿意的。	4分	3分	2分	1分
8. 我希望能為自己贏得更多尊重。	4分	3分	2分	1分
9. 我的確常覺得自己毫無用處。	1分	2分	3分	4分
10. 我常認為自己一無是處。	1分	2分	3分	4分

分數與評量

10—24 分：自尊程度較低

你的自尊程度較低，對自己抱持懷疑甚至否定的態度，認為自己沒什麼價值，比不上別人，甚至在某些情況下，你會認為自己一無是處。

你對自己的低評價，會讓你不太敢表達自己真實的感受。對你而言，與人溝通時要表達和對方不同的觀點是比較困難的，因為你害怕與人產生衝突，一旦對方反駁你的想法，你就會不自覺地妥協。

你很在意別人對你的看法與評價。如果別人稱讚你，你會覺得不自在，有時候甚至想糾正他們；但如果別人批評你，你又會因此情緒低落。你很難向他人敞開心扉，所以你並沒有多少真正值得信賴的朋友。

你缺乏自信，寧願相信他人的意見，這種相信會讓你產生依賴性，而這種依賴性又會讓別人覺得你缺乏主動性和責任感。

你總是迴避挑戰，拒絕改變，但你是否想過，你只是害怕嘗試與突破，其實你的能力要比想像中強得多。

25—35 分：自尊程度正常

你的自尊程度處於正常範圍。相對來說，你對自己採取較為肯定的態度，你會覺得自己還是有價值的，自我評價也比較客觀，所以你也能接納自己。儘管有些時候，你仍會因為在意別人的評價而受到影響，但大部分時候，你都能藉由各種方式走出這種負面情緒，這一點非常棒！

整體而言，無論是在生活或工作上，你都是個懂得表達自身情緒和真實感受的人，讓別人能理解你的想法。就算跟他人意

見不合，產生衝突，在多數情況下你還是能夠客觀面對。儘管別人的想法和意見可能會對你造成干擾，但大部分時候你還是會相信自己。

記住，有時錯誤和挫折並不一定是阻礙你前進的路障，反而會是幫助你跳得更高、更遠的跳板。

36—40 分：自尊程度較高

你的自尊程度偏高。相信你是一個非常有自信的人，你能夠感受到自己的價值，並且對自己頗為滿意。

整體而言，你是個能夠自我接納，也懂得表達自己的人。很多時候，你會朝積極面思考，但也可能因此出現以自我為中心的傾向。這時候你可以想想，自己的控制欲是不是特別強？你會不會很希望別人能按照你的方式去做事？如果別人不聽從你的意見，你是不是就會很生氣？如果你的答案是肯定的，就要小心這種高自尊帶來的消極影響，以免掉入自戀與自負的陷阱中。

提升你的低自尊指數

低自尊者在需要表現自己的時候，常會不由自主地退縮、逃避，進而失去一些機會。但從另一個角度來看，也有一些好處，比如，這類型的人更謙卑，也更願意傾聽別人的意見。只是整體而言，低自尊的人出現心理問題的可能性會更大。

那麼，低自尊的人該如何自我調節與改變呢？有以下兩個辦法可供參考。

一、發揮強項，產生補償作用

　　奧地利心理學家阿德勒從小就因為長相而感到自卑，後來他就專門研究自卑這件事情。他認為，克服自卑感最好的辦法是補償。

　　例如，一個自認為不擅長讀書的人可以在運動中表現得更好；一個自認為口才不佳的人可以朝寫作或繪畫等才藝方向發展。所以，請你在日常生活中盡量發現自己的優點，並且放大這些特質。

二、強化成功經驗，找到自信

　　很多時候，自尊低是因為缺乏成功經驗，而每一次失敗的經驗，就會強化我們腦海中根深柢固「我不行」的這個負面自我圖式，久而久之，人就會變得越來越自卑。

　　要打破這個惡性循環的方式是，創造一次成功的經驗，藉此強化自己的自尊。這裡所說的成功並不一定是非常大的成就，即使是很小的進步也可以。比如我們可以把「每天讀書一小時」這個聽起來過高的目標，設定為「每天讀書十分鐘」這種比較容易實現的小目標，這樣每次完成這個小目標時，我們都會有一次成功的經驗。慢慢地，再實現更高的目標，這樣你就會越來越有自信。

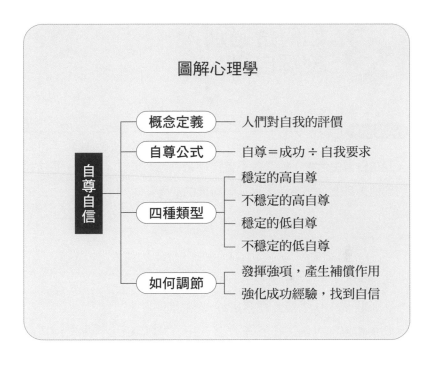

圖解心理學

自尊自信

概念定義 —— 人們對自我的評價

自尊公式 —— 自尊＝成功÷自我要求

四種類型
- 穩定的高自尊
- 不穩定的高自尊
- 穩定的低自尊
- 不穩定的低自尊

如何調節
- 發揮強項，產生補償作用
- 強化成功經驗，找到自信

03 如何透過別人瞭解自己？

心理學效應　自我投射 ─────────────

人們在日常生活中，經常會不自覺地把自己的情感、意志、想法投射到他人身上，認為別人也具有同樣的感受和認知。

在《莊子・秋水篇》裡有這樣一個故事：

莊子和惠施兩個人在河邊散步，莊子對惠施說：「你看河裡那些魚游得從容自在，牠們真是快樂啊！」惠施聽了這句話之後，就回了一句：「你不是魚，怎麼會知道魚的快樂呢？」莊子回答：「你不是我，怎麼知道我不瞭解魚的快樂？」惠施又說：「我不是你，自然不瞭解你；但你不是魚，一定也無法瞭解魚的快樂！」

這個故事裡包含了一個非常重要的心理學概念，叫作自我投射。

別人怎麼看你，都是你自己決定的

自我投射就是把自己的個性、好惡、欲望、想法、情緒這些心理特點，不自覺地投射到別人身上，認為對方也跟自己有同樣的感受和認知。但很多時候，別人並不是這麼想，只是你以

為別人是這麼想。

比如，你常說謊，就認為別人總是在騙你；你自我感覺良好，就認為別人也都認為你很優秀；你非常自卑，就認為別人也看不起你……等，這些都屬於自我投射。

為了驗證這個現象，心理學家克雷克（Kleck）曾經做過一個很有意思的實驗。研究人員找來一些受試者，告訴他們現在要做一個實驗，目的是想知道人們對身體有缺陷的陌生人，尤其是臉上有傷疤的人，會有什麼樣的反應。

心理學家讓專業化妝師在這些受試者的臉上畫上一道假的傷疤，看起來非常逼真。畫好之後，化妝師還特別拿鏡子讓受試者自己看看效果，在他們看完後就把鏡子拿走了。

關鍵的一步來了。化妝師告訴受試者，為了防止傷痕脫落，需要在傷疤表面再塗一層粉末，但其實化妝師是巧妙地把之前畫上去的疤痕塗掉了。也就是說，受試者以為自己臉上仍然有傷疤，但事實上他們臉上已經沒有痕跡，跟正常人一樣。接著，這些受試者就被派到醫院的候診室，他們要觀察別人對自己臉上傷疤的反應。

結果非常有趣。那些受試者回來後告訴心理學家，說別人對他們比以往更粗魯無禮、不友善，而且總是盯著自己的臉看。

在這個實驗中，受試者就是把自己的看法投射到別人身上，但其實別人根本沒有那樣認為。這個實驗後來也被稱為「傷疤實驗」。

你眼中的世界，就是你的自我投射

雖然人有一定的共通性，在很多情況下，人們對別人做出的

推測大致還算正確；但與此同時，人與人又是不一樣的，如果自我投射過於嚴重，我們可能就無法真正瞭解別人，甚至會對別人產生誤解。

自我投射究竟是如何作怪的呢？最典型有下面兩種情況。

情況一：將自己的想法強加給別人

在日常生活中，我們經常會一廂情願地把自己的想法和意願強加到別人身上，但這可能根本就不是對方想要的。比如，「有一種冷叫媽媽媽覺得你冷」，這句網路流行用語就很明顯表現出是父母對孩子的投射，自以為是地替孩子做決定的行為，都是在把自己的喜好強加於孩子身上。

美國史丹佛大學的社會心理學家李・羅斯（Lee Ross）就做過這樣一個實驗：他找來八十位大學生，問他們是否願意背著一塊大牌子走在校園裡。結果，有四十八位大學生願意，並且認為大部分學生都會樂意這樣做；而拒絕背牌子的那些學生也普遍認為，只有少數學生會願意背。由此可見，這些學生將自己的態度投射到其他學生身上，認為別人的態度會跟自己一樣。

這個實驗告訴我們，人們會依據自己的認知，高估自己與其他人之間的「共識」，覺得別人在遇到相同情況時，也會做出跟自己同樣的選擇與舉動。

這種現象也會在商業行為中出現。例如芭比娃娃剛在日本推出時，在日本青少年眼中，芭比的胸部太大，腿也太長，眼睛是藍色，一點也不像日本少女，因此芭比娃娃剛進入日本市場時銷售不佳。於是，公司重新修改了芭比的胸部和腿，將眼睛改成咖啡色，之後在短短兩年內，芭比娃娃就在日本賣出了數

百萬件。

　　起初芭比娃娃為什麼會在日本市場滯銷？原因就是公司假設日本市場和美國市場具有相似性，他們認為在美國受歡迎的芭比，在日本同樣也會受到歡迎。現在很多互聯網公司的產品部門在設計產品時也會遇到同樣的問題，他們認為用戶會喜歡這些商品，但其實可能只是產品經理自己感到滿意。

情況二：曲解別人的意思

　　心理學中另一個非常著名的測試叫作「羅夏克墨跡測驗」，由瑞士精神科醫師羅夏克（Hermann Rorschach）設計的這個測試就是利用投射原理。

　　所謂的「墨跡」，是把一滴墨水滴在紙上，然後把紙對折一下，這樣就形成了一個對稱的圖案。測試中共有十張圖，然後心理學家把圖案給受試者，問對方看到了什麼。有人說看到了一隻長著爪子的鳥，有人說看到了一個戴著眼鏡長著鬍鬚的人臉，有人則說自己看到了其他奇怪的東西……等。

　　但其實這些圖案是沒有什麼意義的，每個人的解讀都是自己內心想法的投射。

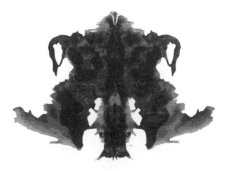

羅夏克墨跡測驗的墨跡圖之一

這種投射在我們的日常溝通中也很常見，我們有時候會把自己的想法和感受投射到對方的話語上，結果解讀出來的意思，與對方原本想要表達的想法大相逕庭。

比如，在網路跟朋友聊天時，對方發來一句「哈哈」，對對方而言，「哈哈」可能就是一句很平常的回覆。但如果你是缺乏自信的人，可能就會認為對方寫這句話是在嘲笑自己。

又例如你暗戀某個男孩或女孩，就會覺得對方也對自己有好感，或許他只是很平常地對你微笑，你卻誤認為這是在暗送秋波，這其實也是一種因為自我投射而產生的錯覺。

你討厭的人，其實就是你不喜歡的自己

既然我們常會不自覺地把自己的心理特徵投射到別人身上，那麼我們是不是可以反過來，透過自己對別人的投射來瞭解自己呢？答案當然是肯定的。以下就是一種運用投射效應來瞭解自己的方法。

當人們認為別人具有自己不能接受的性格特徵時，其實是人們在潛意識中並不喜歡自己這些不好的特徵，因此自然也會討厭那些投射了自己特徵的人。

根據這個原理，現在請你寫下現實生活中令你討厭的一個人的名字，以及你討厭他的原因。你可能會寫，他是一個自私、虛榮、脾氣不好、有心機的人。然後再換另外一個人，同樣寫下你討厭他的原因。你可能會發現，你討厭這兩個人的原因，都有一些共同點，而這些交集很可能就是你毫不自知的缺點。換句話說，你討厭的人，其實就是你不喜歡的自己。

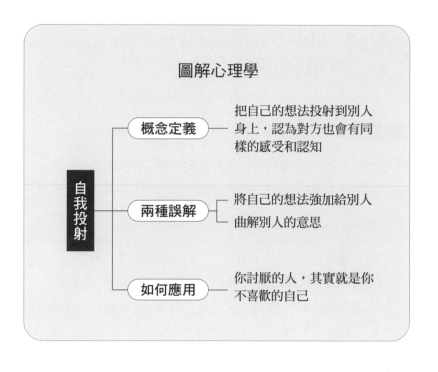

04 如何控制自己，抵抗誘惑？

心理學效應 自我調節 ────────────────

透過對期望行為與現實行為加以對比和評價，來調節自身行為。

────────────────────────────────────

有一個希臘神話是這樣的：

在遙遠的海上有一座島嶼，島嶼上住著海妖塞壬三姐妹。這些海妖唱歌非常好聽，極具誘惑力。她們會對著過往的船隻唱歌，凡是被她們歌聲魅惑的船員，都會被吸引到她們所住的島上，最後撞上礁石，船毀人亡，沒有人能倖存。

英雄奧德修斯要經過這片海域時，為了防止自己被歌聲魅惑，就命令手下用繩子把他綁在桅杆上，然後吩咐他們用蠟堵住耳朵，並告訴大家，到時候無論他怎麼哀求都不能鬆綁。最後，他們成功抵禦了海妖的歌聲，順利通過。

這個故事告訴我們，誘惑的力量非常強大，如果我們沒有像英雄奧德修斯那樣的決心，就可能會掉入誘惑的陷阱。

即時享樂 VS. 延遲滿足

在現實生活中，我們會遇到各式各樣的誘惑。例如，減肥時，面對那些高熱量的食物，你是吃還是不吃？讀書時，面對

線上遊戲，你是玩還是不玩？下定決心絕不熬夜時，面對手機，你是看還是不看？相對於減肥、學習、早睡，高熱量的食物、讓人上癮的遊戲、一玩就停不下來的手機都是誘惑。如果缺乏抵抗誘惑的自控力，我們的生活最後可能就會毀於一旦。

心理學把這種控制自己抵禦衝動和誘惑，進而達到目標的過程叫作「自我調節」。自我調節的能力越強，就越能抵擋誘惑。

這個概念源於一個對幼兒園孩子的研究。史丹佛大學的心理學教授沃爾特・米歇爾（Walter Mischel）知道小孩子都喜歡吃棉花糖，就到一間幼兒園做了個實驗。他在參加實驗的兒童面前放了一顆棉花糖，然後告訴他們：「現在我有事要馬上離開，等我離開後，如果你想吃這個棉花糖，可以直接吃掉。但是如果你沒吃的話，等我回來就再獎勵你一顆，這樣你就有兩顆棉花糖可以吃。」這是一個需要抵抗誘惑的實驗，有的孩子抵擋不了誘惑，馬上就把糖吃了；有的孩子卻能夠堅持等研究人員回來，於是得到了兩顆棉花糖。

這個實驗後來也被稱為「延遲滿足」測試。後來，米歇爾還做了追蹤研究，結果發現，當時能夠忍住不吃棉花糖的小孩，在成長過程中的學習成績較佳，有更好的適應能力和社交技巧，更能應對挫折和失敗；而且大學畢業之後賺的錢也更多，成就更大。

如果你是有小孩的父母，也可以對孩子做這個測試，看看他抵抗誘惑的能力如何。

意志力像肌肉，過度使用會疲勞

其實，每個人都有自我調節的能力，只不過有高低之分。其

中的機制是什麼呢？心理學家羅伊・鮑梅斯特（Roy Bau-meister）認為，這是一種心理力量，他稱此為意志力。

意志力就像人的肌肉一樣，有的人肌肉發達，有的人則沒有什麼肌肉。那些肌肉發達的人，舉十分鐘的啞鈴都不會覺得累；沒什麼肌肉的人，舉一分鐘啞鈴就覺得累到不行。

我們知道，每個人的體力都是有限的，無論是舉啞鈴還是搬重物，都要耗費體力，當體力耗盡，我們就累到做不動了。同樣地，我們的心理力量也有額度，當我們抗拒或者延遲去做某件事時，這件事情就會消耗我們的心理力量。等心理力量消耗光了，我們就無法再抵擋其他的衝動和誘惑。

為了證明這一點，鮑梅斯特做了一個非常有趣的實驗，稱為自我耗損實驗（ego-depletion）。羅伊找來一群饑餓的受試者，把他們隨機分成兩組，之後，他拿出胡蘿蔔和巧克力放在受試者面前，巧克力顯然比胡蘿蔔更好吃。但在實驗中，一組受試者被要求只能吃胡蘿蔔，不能吃巧克力，因此他們需要自我調節，這時就要耗費心理力量。另一組受試者則可以自由選擇，想吃巧克力就盡量吃，所以他們不需要進行自我調節。

實驗結束後，他讓這些受試者去解幾何題目，說是想看看他們有多聰明，但實際上這些題目根本無解，讓他們解題只是想知道他們會堅持多久才放棄。結果發現，之前可以隨便吃兩種食物的人堅持了更長的時間，而需要進行自我調節來抵擋巧克力誘惑的那組人很快就放棄了。因為之前他們的心理力量已經消耗殆盡，沒有更多的力量來完成剩下的任務了。

自我耗損實驗說明了意志力的有限性。大家早上起來會感覺能量滿滿，但用著用著就越來越少了。為什麼下班後容易對親近的人發脾氣，就是因為白天上班時，自我調節的力量已經被

工作上的事情消耗得差不多，沒有多餘的力量控制自己了。

同樣的道理，正是因為意志的力量有限，所以每次確定目標、制訂計畫的時候，不要好高騖遠，訂得過高、過多。一次只要完成一個，這樣才更有可能實現。

恢復與增加自我調節的力量

既然自我調節的力量這麼重要，那麼力量耗損之後該怎麼恢復呢？以下提供兩種方式。

方式一：攝取葡萄糖

研究發現，人體內葡萄糖的含量與自我調節有很大的關係，補充葡萄糖可以讓我們恢復自我調節的力量。當我們體內缺少葡萄糖時，更有可能情緒失控，出現攻擊行為。所以那些饑餓的人，通常都會煩躁易怒。

同理，如果要戒菸，最好多攝取一點葡萄糖，讓自己擁有好心情，這樣更有可能成功。

方式二：睡覺

這個方式比較容易理解，一個人睡飽後會精力充沛，感到輕鬆舒服，自我調節的力量自然就比較充足。當一個人失眠睡不好，隔天工作時就很難集中注意力，因為他自我調節的力量不強，這也是為什麼要睡午覺的原因。

此外，又該如何提高自我調節的力量呢？雖然它會遞減，但是總量能不能增加呢？答案是肯定的。

就像我們去健身房，利用舉啞鈴訓練身體，雖然是在消耗能量，但是手臂的肌肉會慢慢增加，身體力量也會增強。

心理力量也是同樣的道理，可以藉由鍛鍊來增加，以下提供三種練習方式。

增強練習一：姿勢練習

有意識地注意自己的姿勢，盡量站直或坐直。

大部分人都習慣懶洋洋地站著或坐著。研究發現，藉由覺察身體姿勢的練習，人們在與姿勢無關的其他工作上的自我調節力量也能變得更強。這顯示只要持續練習，意志力就會全面增強。

增強練習二：換手練習

如果你是左撇子，就改用右手做常做的事情；同樣地，如果你是個右撇子，就換用左手做常做的事情。例如，你可以訓練自己用左手刷牙、開門、控制滑鼠、吃飯等。

增強練習三：說話練習

每個人的說話習慣都是不易改變的，例如各種口音或口頭禪、說話太快或太慢。這個方法就是要嘗試改變這種說話習慣，像是不說髒話或口頭禪、把話語表達得更完整而清楚、放慢說話速度……等，這個練習對提升自我調節的力量也有幫助。

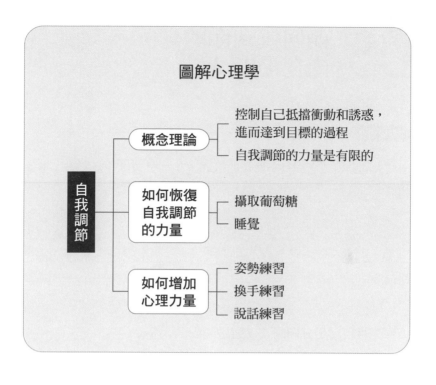

05 如何找到你的
內在潛能？

心理學效應 人格動力 ────────────

一個人的動機或者說行為背後的邏輯，是什麼力量促使人去從事各
種活動。

────────────────────────

你覺得自己是外向的人，還是內向的人？

A. 外向

B. 內向

C. 有時候外向，有時候內向

可能有些人的回答是 C，根據實際情況的不同，表現得也不
同。有時候動如脫兔，有時候又靜如處子。在某些情況下特別
悶騷，在一些場合又很活潑。為什麼會出現這樣的情況呢？這
跟我們的人格動力有關。

行為背後的隱藏邏輯

簡單來說，所謂人格動力，就是一個人的動機，或者說行為
背後的邏輯。

人格心理學中有一句話特別有道理，叫作 "People have traits，but people do behaviors."，意思就是雖然我們每個人都有相應的人格特質，但一個人更重要的、超脫於這個特質的是他的行為。

一個人的行為能直接表現並反映此人最真實的面貌。這就好比人們在做自我介紹時，通常會以「我是一個什麼樣的人」作為開頭，並且還會舉些例子來說明「我的確是這樣的人」。

比如，有人做自我介紹會說：「我是一個外向的人。」然後他會再補充一句：「我這個人『自來熟』。」表示他可能跟某個剛認識的人見面聊幾句後，就能跟對方成為朋友。「自來熟」等這些行為，都是用來佐證「我是一個外向的人」這件事。

因此，當我們分析人格動力時，其實要分析的是行為背後的原因，而這些行為會反映出一個人的人格。

在此，我從兩個角度去探討行為背後的原因。

一、個人追求

每個人認為自己生命中最重要的東西都不盡相同，這會讓每個人的行為模式不同，反映出的人格也不一樣。

舉個例子。有人認為工作最重要，因此他可能是個工作狂，只全心投入事業而忽略家人。但也有的人是以家庭為重，所以他總是三不五時會遲到，因為他要帶孩子去看病，週末也不願意加班，因為他認為假日是陪伴家人的時間。你可能會認為，這個人工作缺乏責任感，經常遲到。

透過上述的例子，你會發現，責任感的高低是表面上的現象，重要的是找到其行為背後的原因。

二、可能自我

可能自我的意思是：「我覺得自己可能會是一個什麼樣的人。」如果從這個角度來分析，「你到底是一個什麼樣的人」其實不重要，重要的是「你如何定義自己是一個什麼樣的人」，也就是你想要成為的自我、可以成為的自我，和害怕成為的自我是什麼樣的。

隨著一個人年齡不斷增長，可能成為的自我會經歷一個先增後減的過程。例如，在年輕時，他會從不同的面向盡量創造可能自我，在家庭層面，他覺得自己是個好丈夫，所以要扮演好先生的角色；在工作層面，他覺得自己是個好員工，所以要扮演好員工的角色……等，而表現出不同的行為。

當然，你也可以進行——「I am」（我是……/ 我……）的自我測試，以「I am」為開頭，寫下二十個對自己的描述或評價。例如，我是一個熱愛工作的人；我喜歡小孩；我不擅長拒絕別人……等。藉由「我是什麼樣的人」的描述，你就可以知道自己有多少種可能自我。可能自我越多，就意味著你的人格越複雜。

你還可以針對重要性進行劃分，覺得哪一種可能自我更重要，這會決定你可能成為一個什麼樣的人。例如，若是你覺得工作中的可能自我很重要，你可能會成為一個工作狂；若是你覺得家庭生活的可能自我更重要，你可能會成為一個顧家戀家的人。

探索自我的「自我故事法」

除了「I am」的自我測試，還有另外一種方法可以用來定義

可能自我，叫作「自我故事法」。簡單來說，就是編一個故事來描述自己的一生。

記住，這是對自己的一種描述，但這種描述不是完全虛構的，自己經歷過的部分必須保持真實，而未來人生的部分則可以有些虛構的描述。

在這個自我故事中，你要描述自己經歷了什麼樣的生活，以及你如何評價自己的生活。就像奧斯特洛夫斯基的《鋼鐵是怎樣煉成的》這本書，最後有一段話很有道理，就是「人的一生，應當這樣度過：當他回首往事時，不會因虛度年華而悔恨，也不會因碌碌無為而羞愧。」這就是自我故事法。

你可以幫自己編個故事，故事要有個開頭，是從什麼時候開始，接著是中間過程，經過了哪些奮鬥，最後有個結局（可以是你想像的結局），你覺得自己的人生到終點時會是什麼樣子。

你可以把自己的故事大聲唸出來，這樣就會對自己的可能自我有更清晰而明確的認知。因為故事中描述的事情往往是你認為最重要、最能夠定義自己的經歷。有了這個故事，你就會知道，在自己生命中有哪些經驗和過程是最重要的，而這些事件就成了你人格發展的原動力。

在此給大家一個思考題：「我是誰決定了我做什麼」和「我做了什麼決定了我是誰」，你比較同意哪種說法呢？

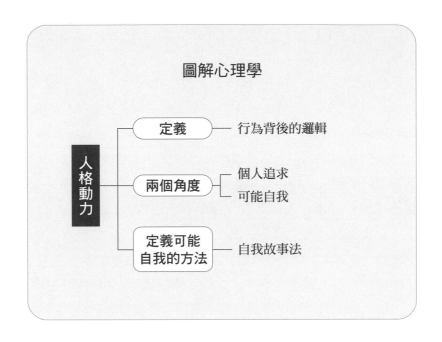

06 如何更科學地 洞察人心？

心理學效應 識人心理學 ─────────────

從一個人的臉部表情、肢體語言、興趣愛好、穿著打扮等諸多方面，可以看出一個人的真實面目。

─────────────────────────────

　　我讀心理系時，第一堂課就是普通心理學。老師問我們為什麼要學心理學，然後讓大家都站起來回答一下自己的想法。

　　我當時非常誠實，我說自己學心理學的其中一個目的就是要學會讀心術。然後老師解釋說，其實這是大家對心理學的一種誤解。

　　這是我學心理學的一件陳年舊事。

　　在學術界，心理學家有「三不」，那就是不讀心、不算命、不解夢。那麼你可能會問，心理學到底能做什麼？

　　其實，如果從看人識人的角度來說，我要收回以上的話，或者我要進行補充：心理學家在沒有任何先驗知識的前提下，是無法讀心、無法算命，也無法解夢的。但是當心理學家瞭解你之後，確實可以在一定程度上知道你的內心到底在想什麼，你到底處於什麼樣的心理情緒狀態，以及你是個什麼樣的人。

透過「心理投射」和「失言」方式的讀心術

在人格心理學中，佛洛伊德對於如何判斷或辨識一個人提出了兩種方法，一種是透過心理投射，另一種是透過失言。

一、心理投射法：釋放潛意識

投射就是讓一個人把他內心的所知、所想、所感投射到其他事物上，然後透過對他的投射進行分析，這樣就可以知道對方到底是什麼樣的人。

例如，有一種叫作「房樹人測驗」的方法，就是利用畫一間房屋、一棵樹、一個人，在畫完圖後，對自己所畫的這三種事物進行分析。

在這個測驗中，房屋是代表你的生長環境，它顯示你是否能預知環境中的一些風險，以及是否具有安全感。比如，房子畫的位置偏向紙張的一邊，就代表缺乏安全感。其中的樹，往往被稱為生命樹，代表你對自己最本質的認知。比如，你畫的樹是一棵有根的樹還是無根的樹；你畫的樹是茂密還是枯萎的……等。這些代表的是你的事業、學業或身體各方面的情況。

測驗中的人並不是你對自己的認知，而是你的「面具」，也就是你在別人眼中是個什麼樣的人，它顯現的是你對自己的偽裝是否有所認知。

有人分析過甘肅連環殺人案的罪犯高承勇的「房樹人」畫作。比如，他畫中的人是赤身裸體，這是比較少見的。他畫的樹枝就像一把刀子，從精神分析的角度來說，刀子象徵著男性的性器官。

罪犯高承勇的「房樹人」畫

二、失言法：言語暴露潛藏的心事

在佛洛伊德經典的失言理論中，我們可以透過分析一個人的口誤來瞭解他此時此刻的想法，進而分析他可能是個什麼樣的人，或至少他目前是個什麼樣的人。

比如，玩狼人殺遊戲時，一隻狼藏在一群人中，我們如何把狼找出來呢？其中可能就會出現失言的情況，而這種失言往往就是他在無意識中的自我表露。

比如，最經典的一種失言情況是這樣的。大家都說，我是一個好人；輪到狼的時候，他可能一緊張就說成了「我是一匹好人」。聽到「一匹」的失言之後，就能知道這個人一定是「狼」，因為他已經將自己代入狼的角色了。

內向或外向，用檸檬來判斷

以上是佛洛伊德的精神分析理論，教我們如何正確看人識人，而從生物學的角度來說，也有一些方法。

很多行為是有其生理基礎的，在此教大家一個特別有趣的小測試，可以測試自己或朋友到底是不是個內向的人。

將一顆檸檬切成兩半，把檸檬汁擠進杯子裡，然後喝下去。喝完後，你要做的事情就是看自己流出多少口水。這是最重要的指標。什麼樣的人算是內向的人？答案是：口水流得特別多的人！而口水流得特別少的人則算是外向的人。

注意，不建議讓孩子做這個實驗，因為小孩可能忍受不了檸檬的酸。

為什麼會產生這種現象？從生物學的角度來解釋，如果一個人比較內向，他對外界的刺激會比較敏感，感受性會比較高，因此他的反應也會更大。

內向者的生理作用會導致他對檸檬汁的刺激耐受性更差，更無法忍受檸檬汁的刺激，所以會分泌更多唾液。相反地，外向者對這些刺激習以為常，他的感受性很差，反應性也很差，所以不會有過度的反應。

在日常生活中，你也很容易觀察到，內向的人到了陌生環境，往往會手腳出汗，覺得很不自在，這是因為他們的感受性很強，能察覺到環境中的危險信號。

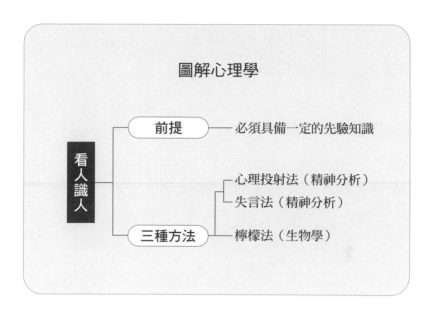

07 為什麼我們會被洗腦？

心理學效應 探究意識

意識是人的神經反應。當人出生時，意識就與生命同在，是一種自我感受、自我存在感與對外界感受的綜合表現。

進入正題之前，先看一則童話故事。

有一天，一隻青蛙遇見了一隻蜈蚣，他很好奇地問：「蜈蚣大哥，我用四隻腳走路都很困難了，你有那麼多隻腳，走路時會先抬哪隻腳？」蜈蚣聽後說：「青蛙老弟，我一直就這樣走路，從來沒想過先抬哪隻腳，等我想一想再回答你。」

於是，蜈蚣一邊思考一邊向前走了幾步，最後卻趴下了，他對青蛙說：「請你再也別問其他蜈蚣這個問題了。我們一直都是這樣走路的，可是現在你問我先抬哪隻腳，我就不知道了，搞得我現在都不會走路了，我該怎麼辦？」

大家可能還聽到過類似的故事，像是有個人的鬍子很長，然後別人問他，你的鬍子這麼長，睡覺時你會把它放在被子外面還是被子裡面？然後那個人晚上睡覺時發現，不管把鬍子放在被子外面還是裡面，都會不舒服，結果他就失眠了。

從心理學解讀「意識」

藉由以上兩個故事，我想引出本文要討論的主題──意識。

我們說一個人失去了意識，就是指這個人昏過去或者死掉了。那麼在心理學上，意識到底是指什麼呢？《科學》（Science）雜誌曾經列舉了科學家想解決的一些世紀難題，意識的本源就是其中之一。

在心理學上，意識本身的概念很複雜，不過我們可以透過兩個角度予以理解。

第一個角度：意識是種覺知

作為觀察者，你覺察到某種現象或者事物。比如，女朋友剛換了新髮型、手機裡傳來了美妙的音樂……等，你覺察到這些外界事物的存在，這表示你意識到了它們。

當然，覺察的事物不僅限於外界，覺察到內在的狀態或體驗也屬於意識的一部分，比如，感到疲勞、頭暈、焦慮、舒服、饑餓等。

第二個角度：意識是種心理狀態

意識會在不同的狀態下進行轉換，比如，雖然你正在看這本書，但在閱讀中途你暫時放下書本去做其他事；或是當你專心思考某個問題時，根本就沒聽到或沒聽懂別人對你說了什麼。再比如，你覺得上午精神特別好，做事效率很高，但到了下午就沒什麼精神，想睡覺。還有，早上起床刷牙時，突然想起去年發生的某件事情，然後思緒就如脫韁的野馬，瞬間冒出了無數個念頭……等。如果你有過這樣的經驗，就說明你在日常生

活中經歷了不同的意識狀態。

在不同的意識狀態下，人對周圍世界和自身變化的敏感程度是不一樣的。像是睡覺做夢是一種意識狀態，它和人在清醒時的意識狀態不同。

催眠則又是另一種意識狀態。人進入催眠狀態後看似睡著了，但其實並沒有真的睡著，因為人在催眠狀態下的腦波圖和人在清醒狀態時是一樣的。

潛意識：冰山之下的力量

與意識相對的另一種狀態就是潛意識（無意識）。它是相對意識而言的，也是人們不易覺察的一些心理活動。

佛洛伊德在精神分析學說中就提出了人的意識的冰山模型。他認為，露出水面的冰山一角是人類的意識，那是人類可以直接觀察到或者覺知到的，但它只占人類心理很小的一部分。人類更多的心理活動或心理過程都是藉由冰山下的潛意識完成，而這些行為是不受意識控制的。

比如，你在沒有學會騎車之前，會覺得騎車是件難事，需要耗費大量的精力去學習，要保持平衡、保持方向感都是非常困難的。但是當你學會騎車之後，你甚至可以一邊騎車一邊跟別人聊天，這些對你來說完全沒有問題，因為這時候騎車變成了一種潛意識下的自動化行為。

在我們的日常生活中，這種潛意識下的自動化行為非常多，你可以做個實驗，用手機把自己的日常活動錄下來，看了影片後，你會發現自己的許多小動作，比如玩頭髮、抿嘴……等，這些都是潛意識下的動作，說不定你會對自己許多無意識的行

為感到驚訝。

除此之外，人類也常會對一些刺激感到無意識，而這些刺激往往會對人類的行為或者決策產生影響。有位心理學家就進行了這樣一個實驗：讓受試者戴上耳機，兩邊同時播放兩種不同的內容，但要求受試者只聽其中一邊耳機中的內容，盡量避免聽另一邊耳機中的內容。讓受試者聽的內容有一個共同的特徵，就是存在歧義，比如，有一個句子是："They threw stones toward the bank."。bank 這個單字在英語中是一個多義詞，既可以指銀行，也可以指岸邊，所以這個句子就有兩個意思：「他們朝銀行丟石頭」；或是「他們朝岸邊丟石頭」。

與此同時，另一邊耳機播放的內容是可以說明確定這些歧義單詞意思的內容，比如money（錢）或者river（河）。等受試者聽完之後，研究者要求他們解釋聽到的句子涵義，結果發現，雖然受試者根本不記得自己聽到了哪些詞彙，但他們多半會將句子解釋為與這些詞更相關的意思，像是聽到了money 的人，會說這個句子的意思是他們朝銀行扔石頭；聽到river的人，會說他們朝岸邊扔石頭。這就是潛意識的強大作用。

入侵潛意識

在瞭解意識和潛意識這兩個基本概念之後，我們就會在現實生活中發現，它們時時刻刻都在發揮作用。

很多廣告就利用人類的無意識來達到宣傳效果。一九九九年，哈佛大學的心理學家曾經研究了一些叫作「閾下知覺」的行為反應。閾下刺激並沒有被人感知到，但它確實存在，它對人類的行為，尤其是老年人的一些行為可能會產生影響。

這個實驗是這樣的：研究人員讓兩組老年人玩電腦遊戲，其中一組受試者的電腦螢幕上會不時快速閃現「敏捷」、「聰明」等形容詞。但因為閃現的速度太快了，一般人都無法記住這些詞彙，也就是說，這是一種閾下刺激或者叫潛意識的刺激。

另外還有一組受試者的電腦螢幕上，則會閃過「衰老」、「生病」等詞彙。結果發現接受了敏捷、聰明等積極詞彙的受試者在玩完遊戲之後，行為發生了巨大的改變，他們走路的速度變得更快了；相反地，接受衰老或生病等消極訊息的受試者，他們走路的速度明顯變慢了。

這個實驗說明，即使人在意識層面並未覺知到某些刺激，但是人的感覺器官（或是大腦），還是會進行相應的處理。

還有一個實驗與上面的實驗相似。在一個人很口渴，想買飲料的時候，如果研究人員在他眼前快速閃過「立頓紅茶」這個資訊，他就更可能在眾多飲料中選擇立頓紅茶。

這兩個實驗說明潛意識在廣告中發揮了巨大的作用，雖然它不一定能讓不想買產品的人立刻產生購買的欲望，卻可以影響那些想購買產品的潛在客群選擇不同的品牌。

在這裡介紹大家一個做清醒夢的方法。清醒夢是一種比較特殊的意識狀態，發生的機率比較低，但是非常迷人。在清醒夢中，你會感覺自己在夢中是完全清醒的，能夠正常思考和活動。你問自己，這是在做夢嗎？如果答案是肯定的，那麼你就是在做清醒夢。

你可以試試，當你從夢中醒來時，先用幾分鐘的時間回憶夢境，並且記住它，再花大約十分鐘去看書或進行其他的活動。然後，立刻躺回床上再次睡覺，睡之前對自己說，下次做夢的

時候，我要記住自己是在做夢。最後，你可能就會夢到自己躺在床上睡覺並在做剛才所做的夢。

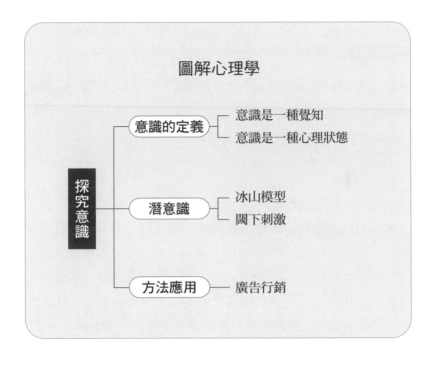

08 為何臉部表情會出賣內心的真正想法？

心理學效應 觀察微表情 ——————————————

人類在試圖隱藏某種情感時，無意識地做出短暫的臉部表情，稱為微表情。

———————————————————————————————

　　大家有沒有看過一部著名的美劇，叫《別對我說謊》（Lie to Me）？ 這部影集主角的原型是一位著名的情緒心理學家保羅・艾克曼（Paul Ekman），他把自己在微表情識別的相關研究改編成電視劇，塑造了一個叫作萊特曼的形象。萊特曼主要的工作就是透過辨識別人的微表情進行測謊，進而幫助警察破案。

　　其中有一集很有趣，萊特曼發現有個人在撒謊之前會下意識地摸一摸鼻子，他就利用這個動作判斷這個人是不是在撒謊，而他研究後得出的結論是：男人的鼻子有海綿體，當他想要掩飾什麼的時候，鼻子就會癢。

人類的六種基本情緒

　　在心理學的領域，表情是情緒或情感的一種外在表現。研究發現，無論是中國人還是外國人的表情，都是高度一致的。達爾文認為，臉部表情是天生的、固有的，並且會被所有人類理

解，也就是說，世界上的人都有相同的臉部表情。

達爾文的觀點也被心理學家艾克曼驗證了。艾克曼最著名的一項研究是在太平洋的一個島國巴布亞紐幾內亞做的，他在小島上和當地的原住民一起生活了一年多，觀察當地的人如何表達情緒。

你可能會好奇，觀察原住民的情緒有什麼用處？美國有那麼多大城市，那麼多人口，為什麼不觀察城市中的人，而要去觀察一個島國上的原住民？其實，這牽涉到一個很有趣的心理學問題：人一共有多少種基本情緒？

所謂基本情緒，就是達爾文研究天生的、與生俱來的情緒，和基本情緒相對應的稱為後天習得的情緒。因為後天習得的情緒是高度社會化的，大部分只有在社會情境下才可能出現，不屬於基本情緒。

比如，嫉妒這種情緒只在有其他人的情境，尤其是牽涉到社會比較的情況才會表現出來。艾克曼的目的是研究人到底有多少種基本情緒，城市中的人受到太多社會化的影響，觀察結果可能不準確。而他在太平洋小島上進行觀察，能更準確地達到目的，因為那些原住民的社會化程度相對來說比較低。

經過一年多的觀察，艾克曼發現，人類的基本情緒大概有六種。

- 第一種：**愉快**。對應的臉部表情是嘴角會向上翹，臉頰會上揚並且皺起，眼瞼收縮。
- 第二種：**恐懼**。臉色會蒼白，眉毛上揚，嘴巴和眼睛張開，鼻孔張大。
- 第三種：**生氣**。臉部表情通常是前額緊皺，眉毛下垂併攏，嘴唇緊鎖，臉部漲紅。

- 第四種：悲傷。臉部表情通常是眼眉拱起，嘴角往下垂，會流淚。
- 第五種：驚訝。嘴唇和嘴巴張開，眼睛張大，眼瞼和眉毛上抬。
- 第六種：厭惡。臉部表情是額眉往內皺，嘴巴微張，牙齒緊閉，嘴角上揚。

在發現這六種基本情緒後，艾克曼便找來居住在城市裡的人，讓他們表達這六種基本情緒。之後他在全世界的各個國家和地區，讓受試者辨識這些情緒，結果所有受試者都能準確分辨出這六種基本情緒，顯示這些情緒有高度的一致性。

微表情心理學

艾克曼的貢獻遠不止研究這六種基本情緒，他另一個很重要的成就就是微表情。

艾克曼和他的同事弗里森（Wallace Friesen）曾受一位精神病學家的委託，對一位憂鬱症患者進行測謊。那位精神病學家說，這位憂鬱症患者一直聲稱自己絕不會自殺，所以精神病學家想請艾克曼和弗里森來判斷一下患者話語的真偽。

他們兩人觀察錄影的時候，並沒有發現任何異常，因為這個患者表現得非常樂觀，笑著跟他們說，我不會自殺，我沒有問題。從表面上看，他沒有顯現出任何企圖自殺的跡象。但很不幸的是，他後來還是自殺了。

艾克曼和弗里森很自責。接著他們又對患者生前的那段影像進行分析，這一次他們並沒有以正常的速度播放，而是以非常慢的速度將影像逐個觀察與分析。結果發現患者在回答一個關

於未來計畫的問題時，產生了非常強烈的痛苦表情，而這個表情持續的時間大概只有十二分之一秒，也就是不到一百毫秒的時間。

這兩位學者把這樣一個持續非常短時間的表情稱為微表情，也就是一種還沒有完全表達出來的情緒，維持的時間大概在五百毫秒以內，可能表情並沒有做完就被掩蓋過去了。後來他們又把微表情理論發揚光大，做出了非常多的貢獻。

在這裡，我要提醒一下，其實微表情是個非常複雜的概念，它和我們在《別對我說謊》等戲劇影片裡所看到的微表情還是有些許差異。

在測謊過程中，它只能作為一種線索，而不能作為真正的證據。即使員警在對犯人進行審訊時，可以透過微表情來判斷他是否說謊，但也無法保證這種判斷的準確度能達到百分之百。另外，觀察微表情，要真正做到科學而專業地讀心，光靠肉眼是不夠的，還需要借助更高級、精密、尖端的儀器設備。當然，觀察者也需要經過相關的訓練。

艾克曼曾研發一套在微表情領域中非常重要的訓練系統，叫作臉部動作編碼系統（FACS）。在這套系統中，他規定每個微表情的持續時間在五百毫秒以內，同時，這些微表情是基於生理學家對人的臉部肌肉的解剖來完成。系統把臉部肌肉劃分成大約四十六個動作單元，然後透過大量的實證性工作，以及觀察大量的影像資料，歸納出一套行之有效的動作編碼系統。

其實，微表情不是只有以動作基礎為依據，還有一些生理基礎。正如前文所說，男人在說謊時會摸鼻子。如本文一開始所說，鼻子裡有一個海綿體，人在說謊時，血液會流向鼻尖，鼻尖就會發熱，進而導致人會試圖利用摸鼻子來降溫；或是說因

為發熱，所以人會覺得癢癢的，就去摸鼻子。發現這個現象的心理學家把這個效應稱為「皮諾丘效應」，也就是說這與小木偶皮諾丘說謊後鼻子就會變長的狀況類似。

如何分辨「應酬式笑容」？

辨識微表情對人們的日常生活到底有什麼幫助？有個最簡單的應用，就是可以分辨一個人是在真笑還是假笑。

真笑和假笑的區別主要在於眼睛。想想當你不太開心，但又要強顏歡笑時會怎麼做？人們通常會把嘴角往上揚，但臉部其他的肌肉則不會動。但人在真心高興露出笑容時，除了嘴角會向上揚之外，還有一個非常明顯的特徵，就是眼睛周圍的肌肉也會牽動，甚至會出現明顯的魚尾紋。

所以我經常被我太太嘲笑，她說我現在已經有魚尾紋了。我當然知道這是為什麼，其實就是我笑的頻率比較高，而且我的笑都是發自內心的真笑，所以才會有魚尾紋。如果你發現一個人笑的時候，總是簡單地嘴角上揚，而沒有任何眼部的動作，就可以知道他可能只是出於禮貌地對你微笑，而不是真的很高興見到你。

在此給大家一個小練習。你可以觀察一下演員在笑的時候，到底是在真笑還是在假笑。雖然都是在演戲，但是那些演技好的演員在用臉部動作表達情緒時會更加精確。

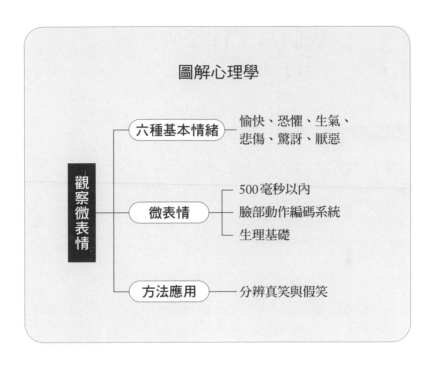

09 我們為了什麼而行動？

心理學效應　動機理論

動機是一種行為的驅動力，促使人們朝向某一個目標前進的心理力量。

有一群孩子經常在老人的家門前吵鬧。老人的兒子說，我去把他們趕走。老人說不用，你越趕，他們越來。我有辦法。

第二天，老人給每個孩子三塊錢，並對他們說，你們在這裡玩，讓我家門口變得很熱鬧，我很開心，這點錢是表示對你們的感謝。孩子們很高興，第三天一如既往地前來吵鬧，老人再次出來，還是給他們三塊錢。

第四天，孩子們又來了。這時老人愁眉苦臉地說，我的退休金沒有那麼多了，沒辦法給你們那麼多錢，所以今天只能給你們一塊錢。孩子們聽了之後，覺得還可以接受，於是他們第五天又來了。但是到了第六天，孩子們來的時候，老人說，我沒辦法再給你們錢了。孩子們一聽非常生氣，覺得一毛錢都不給，就別想讓我們在你家門前玩，於是頭也不回地從老人的家門前離開了。

老人沒有費太多功夫，就把一群吵鬧的孩子打發走了。

孩子們一開始在老人家門前玩並不是為了錢，只是單純想在

那裡玩。但是當老人開始給他們錢的時候，「玩」的動機就被「金錢」取代了。在孩子們看來，自己是為了錢才在老人家門前玩的。在心理學中，這被稱為「動機」。

動機喚起程度和行為表現呈倒U形

動機就是讓我們去做一件事情的驅動力。「滿足需求」就是驅動力之一，比如，我們之所以做出喝水這個動作，是因為我們口渴了。

在一般情況下，整個動機的過程會包括幾個部分。首先是產生需要，也就是內在的一種缺乏狀態，像是我們尋找食物的行為是因為體內缺乏能量。然後需要會導致內在驅動力（內驅力），這是一種被激發的動機狀態，例如饑餓就是一種內驅力。之後會引發反應，也就是以行動推動我們實現特定的目標。當目標實現之後，這個動機的過程就結束了。

接著來瞭解「動機喚起程度」和「行為表現」之間的關係。是不是動機喚起程度越高，行為表現就越好呢？答案是不一定。

心理學研究發現，動機喚起程度和行為表現之間呈倒U形的關係，也就是說，在中等的動機喚起程度時，人的行為表現最好，發揮最出色。舉個例子，假如你明天要考試，若喚起程度過低，你對這場考試就會不夠重視，提不起精神，就很難考好。但如果喚起程度太高，過度在乎這場考試，就會導致焦慮，影響正常發揮。

最佳的動機喚起程度也不是固定的，它會因為任務的難易度而改變。對於比較簡單的任務，需要的動機程度高一點比較

好；對於複雜的任務，動機程度低一些會比較好。

　　當然，高低其實也是相對的。如果是短跑比賽，相對來說比較簡單，只需要盡快跑到終點就可以了，所以運動員的動機喚醒程度就要高一些。但如果是打高爾夫球，相對來說就複雜得多，如果運動員的動機喚醒程度過高，往往就會出現失誤。

「要我學」是外在動機，「我要學」是內在動機

　　所謂內在動機指的是發自內心、出於興趣去做某件事情的動機，具有高度的自主性與創造力。而外在動機是為了獲得獎勵、避免懲罰或社會認可，而去做某件事情的動機。

　　北京大學諮詢中心的徐凱文老師，曾在一次演講中提過大學生的「空心病」現象，這背後就是動機的問題，而且和前面提到的內在動機、外在動機是互有關聯的。

　　所謂的「空心病」，指的是很多大學生在上了大學之後，發現自己一下子沒有了目標，覺得生活好像都沒有意義了，無法保持像高三準備高考時那種動力滿滿的狀態，而引發一連串嚴重的心理問題。經過分析，我們可以發現一個問題，就是很多人考大學的動機主要來自外界，比如父母會跟孩子說，只要考上大學你就自由了，我們就不再管你了。這些人其實是為了父母而考大學。

　　還有一些人是為了學到更豐富、更深入的知識，為了未來能實現自己的某個目標而考大學。他們一定是在非常強烈的內在動機驅動下學習，認為學習會使他們快樂。

　　這也是很多高中老師經常會說的一句話，從「要我學」轉變成「我要學」。所有「要我學」的行為背後是外在動機，而「我

要學」這個行為背後就是內在動機。

找到最佳激勵法

瞭解了外在動機和內在動機的概念後，應該如何在生活中靈活運用呢？

首先是善用外在動機。我們並非不能使用外在動機，而是很多時候我們的行為塑造離不開外在動機的獎勵或懲罰。像是在馬戲團裡，馴獸師會用食物來引導野獸做出一些行為；在學校裡，老師會藉由發獎狀或獎品來激勵學生努力學習；在公司裡，管理者會利用加薪或發獎金來提振員工的工作熱情。

但過分使用外在動機可能會適得其反。因為內在動機和外在動機之間是此消彼長的關係，外在獎勵越多，內在動機可能就會越弱，甚至變成做任何事情都是為了獲得獎勵，就像本文開始故事中的那些孩子一樣。

心理學家愛德華‧L.德西（Edward L.Deci）做過一個非常著名的實驗：他讓大學生在實驗室裡解一些有趣的智力難題。實驗分成三個階段，第一階段，所有的受試者都沒有獎勵；第二階段，將受試者分為控制組和實驗組，實驗組的受試者每完成一個難題就會得到一美元，而控制組的受試者還是沒有獎勵；第三階段，不讓受試者繼續做題，而是讓他們自由休息，但在這個階段中，研究人員會測試受試者會不會主動繼續解題。結果發現，在控制組，也就是始終沒有獎勵組的受試者，他們更願意在休息的時間去解題；而實驗組，也就是有獎勵組，在休息時絕不會去解題。這個實驗證明，當人們在做一件他認為比較愉快的事情，比如這種智力測驗時，提供獎勵反而會減少這

項活動對他們的內在吸引力。

由此可知，外在動機可以施加，但是不宜過多。使用外在動機僅僅是為了提高或激發內在動機，絕不是為了塑造或者控制他人的行為。

其次是關於動機在兒童教育方面的應用。如果要稱讚孩子，也是有不同需求的。心理學家齊格勒（Zigler）和坎策爾（Kanzer）在二十世紀六〇年代曾做過一個實驗，實驗對象是中低年級的學生。他們將這些學生分成兩組，要求學生做一些相同的練習。對其中一組學生，不管他們做得如何都會給予表揚與鼓勵；而對另一組學生，則著重於糾正他們的錯誤。

幾週之後，他們對這兩組學生進行測驗，結果發現，表揚組的低年級學生，學習成績有更明顯的進步；而在矯正錯誤的組別中，中年級學生的成績有更大的進步。

這個結果顯示，對於小學生，尤其是低年級的小朋友，要以鼓勵、表揚為主，激發他們學習的熱情；但對於中高年級的學生，讚美可能就沒那麼有效了，實事求是地糾正及指導反而會更有效果。

總之，找到做一件事的意義，才能幫助我們貼近內在動機，使我們比較能享受其中、發現樂趣，並獲得成就感。

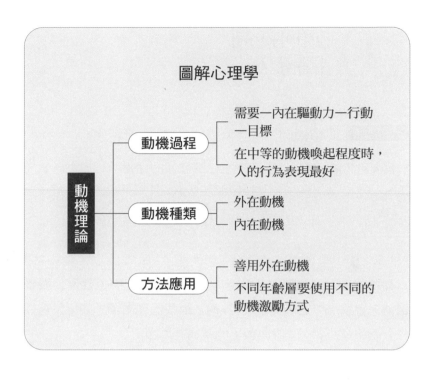

10 如何提高情商？

情緒智商 ─────────────────

一個人自我情緒管理以及管理他人情緒的能力指數。

春秋時期，齊景公帶著大臣外出遊玩。過程中，齊景公觸景傷情，感歎道：「我的國家多美啊，而我已經老了，如果我能長生不老該多好啊！」說完後，他就痛哭流涕。

看到國君哭了，齊景公的寵臣梁丘也趕緊大哭起來，和齊景公一起悲痛。看到此情此景，另一位大臣晏子反倒樂了，而且還笑出聲來。齊景公非常不滿，就責問晏子：「你不哭也就算了，反而大笑，是在譏笑我多愁善感嗎？」

晏子不慌不忙地解釋：「假如這大好河山都應該讓賢明的人長期擁有的話，那麼齊太公、齊桓公、齊靈公、齊莊公這些先祖就仍然會活著，您又怎麼會成為如今齊國的君主呢？正是因為先祖一代代地用智慧治理齊國，然後又一代代地離去，如今才輪到您用自己的智慧將齊國治理得國泰民安。假如古人都長生不老，現在哪能輪到您住在皇宮裡呢？」

晏子解釋得非常好，一方面讚揚了齊景公是賢明的人，另一方面又安慰齊景公不必傷懷。由此可見，晏子是一個情商非常高的人。

情商的五大要素

如果一個人處事圓滑，會獻殷勤，很會講話，人們會認為對方情商高，跟他相處能讓人覺得非常舒服自在。

在心理學上，情商又叫作情緒智商（EQ）。這個概念是由心理學家彼得・薩洛維（Peter Salovey）和約翰・梅耶（John Mayer）在二十世紀九○年代提出的。它是指識別、理解自己和他人的情緒狀態，並利用這些資訊來解決問題和調節行為的能力。

只是一般大眾對情商的理解和心理學上對情商的定義有很大的差別，有不少相關的培訓課程以及大眾媒體，都把情商簡單化了，認為情商指的就是一個人處理人際關係的能力。實際上，情商並不是單一面向的概念，除了處理人際關係的能力之外，還包括其他方面的能力。

哈佛大學心理學家丹尼爾・高曼（Daniel Goleman）把情商分為五個方面的能力，主要是「面對自己的情緒」和「面對別人的情緒」這兩大類型。

一、瞭解自身情緒

這是情商的核心，能意識或控制情緒隨時產生的變化，並察覺某種情緒的出現，這是人最基本的能力。如果連這個都做不到，人就會被情緒牽著鼻子走而不自知。

二、管理情緒

調節自己的情緒，是建立在能意識到情緒的基礎上。比如，有的人性格暴躁，容易生氣，過度焦慮……等，這些都是缺乏

情緒管理和調節能力的表現。

三、自我激勵

能夠根據自己的目標，控制、調動和指揮情緒的能力，使人走出生命中的低潮，重新出發，也能夠讓人集中精神，抑制內心的衝動。

四、識別他人的情緒

能夠透過細微的社會信號，敏銳地感受到他人的需求與欲望，認知到他人的情緒。這是與他人正常社交，實現順利溝通的基礎。心理學中經常說的「共情」，就建立在識別他人情緒的基礎之上。

五、處理人際關係

在本質上屬於管理他人情緒的一部分。

以上第一到第三個方面是面對自己的情緒的能力，第四、五個方面是面對別人情緒的能力。

此外，智商和情商不是成反比的，並不是情商高的人，智商就低。這兩者反而多半是成正比的，也就是情商高的人，智商很可能也高。

高情商的人這樣說話與傾聽

要提高情商，有一個很重要的觀點是：並非所有的情商都能經由訓練提升。管理自己的情緒可以透過訓練提高，而識別他

人的情緒的能力則並不那麼容易提高。因為情緒識別和很多基礎的認知功能是相關的，若是一個人的執行能力或控制能力比較差，他在情緒識別方面可能也會差一點。

想提高處理人際關係能力需要具備兩種技巧，一種是如何說話，另一種是懂得傾聽。

那麼，高情商的人會如何說話？有一個技巧就是將「你」變成「我」。比如，「你快把我逼瘋了，我真想揍你。」「你太讓我生氣了，我根本不想跟你說話。」這些話都有共同之處，它們都表達了某種情緒：氣憤、失望或沮喪。而且每句話都以「你」字開頭，帶有強烈的指責和批評的意味，任何人聽了都會覺得不舒服，甚至還可能用同樣怒氣沖沖的話回嗆你，導致更大的分歧。

但是當我們把開頭的「你」，換成「我」時，就更容易準確描述自己的感受，並以不帶批判的口吻表達出自己的想法，這樣更能讓對方理解。比如，將「你快把我逼瘋了，我真想揍你。」變成「我覺得快瘋了，我快控制不住自己了。」後者的說話方式就比前者少了批判和指責的意味。

高情商的人又會如何傾聽？如果你在聆聽的過程中無法真正理解對方的感受和想法，可以直接詢問：「我不確定你對這件事的感覺，你能再解釋一下嗎？」在傾聽的過程中，也可以簡單複述對方的話，將資訊回饋給對方，以獲得確認和澄清。也就是說，當朋友向你傾訴了一堆事情後，你可以將對方說過的話做簡單的總結，並且用對方說過的詞語或同義詞，問他是不是這樣，這樣會讓他感受到：「對，我就是這樣想的，你真懂我！」

11 你為什麼會不快樂？

心理學效應 情緒產生 ————————————

在某種事件或情境的影響下，在一定時間內所生成的某種情緒。

————————————————————————————

在生活中，人會產生各式各樣的情緒。比如聽到一首歌，勾起了對過往的回憶，不禁感傷起來；被人批評誤會了，會氣到說不出話……等。

這些情緒都是怎樣產生的？有個最基本的認識就是：情緒來自大腦，換句話說，這些情緒的產生都有各自的生理基礎。

情緒如何產生？

大腦分成兩大部分，一部分叫作邊緣系統，包括杏仁核、海馬迴、扣帶迴、下視丘等，主要負責情緒、記憶、動機等，因此又被叫作「情緒腦」。另一部分叫作大腦皮質，主要負責思考、決策、計畫等高級的認知功能，因此又被叫作「理性腦」。

情緒就是由邊緣系統和大腦皮質所共同產生。邊緣系統可以產生迅速而模糊的本能情緒；而大腦皮質則負責理性判斷，然後再以理性去干預本能情緒。隨著年齡的增長，人們會變得越來越理性，這是因為隨著成長，大腦皮質對邊緣系統的控制會

越來越強，因此本能情緒的表達就越來越受到調控。比如，小孩子肚子餓了會一直哭，但成年人則會理性地克制自己的行為。

在早期的情緒研究中，有以下三個很重要的理論。

第一個理論認為：人是先對事物有一定的理解，之後才會產生相應的情緒。比如，看到老虎，人產生的是害怕的情緒，再由害怕的情緒引發逃跑的行為。

第二個理論認為：人不是先有情緒再產生行為，而是先有了行為之後，再針對行為加以解釋，進而產生了情緒。比如，看到老虎之後，人會本能地先逃跑，開始跑了之後，大腦再去分析「跑」的行為：一定是產生了害怕的情緒，所以才會逃跑。同樣的道理，人不是因為開心了才笑，而是因為笑了才覺得開心。

第三個理論認為：情緒的產生是兩個獨立的路徑，第一個路徑是人對事件的理解，第二個路徑是相應的生理喚醒的狀態。例如，看到老虎之後，一方面，人產生了害怕這種情緒狀態的一些生理反應，像是發抖、冒冷汗等；另一方面，人也產生了逃跑的行為，兩者是同時發生的。

情緒背後隱藏的情緒

有時候，情緒並不是那麼純粹而單一，它可以分成原生情緒和次級情緒兩大類。

原生情緒是人對觸發事件的第一反應；而次級情緒，則是由原生情緒衍生而來，是對原生情緒的情緒化反應，也可以說，次級情緒是對感受的感受，是由情緒引發的情緒。

　　舉個例子。假設有一天你開車回家，突然有輛車變換車道超車到你前面。當下你覺得很危險，也很害怕，於是你迅速避開了那輛車。但幾秒鐘之後，你可能會想：「太過分了！那個人是不是故意的？」之後，害怕的情緒就變成憤怒的情緒，而這種怒氣可能會引發你的攻擊行為——開始狂追那輛車。

　　在這個例子中，最初的害怕情緒就是原生情緒，後來的憤怒情緒則是次級情緒。原生情緒是單一的情緒，是對你所經歷事情的一種本能情緒的反應。像是遇到危險時，會自然產生害怕的情緒，而害怕又讓你採取了躲避的行為。次級情緒則要複雜得多，可能憤怒中又包含了被欺負的感覺，最後可能導致產生違規超速的行為。

　　你可以想想，在生活中哪些是原生情緒，哪些是次級情緒。很多時候，問題不在於原生情緒本身，而在於次級情緒，它會讓人失去理智，做出一些錯誤的行為。

做情緒的旁觀者

　　在生活中，我們該如何覺察自己的情緒呢？前面提過，情商的第一個要素，就是瞭解自身情緒。其實很多人之所以情商不高，無法控制自己的情緒，是因為他們根本就沒有覺察到自身的情緒狀態，結果淪為情緒的奴隸。

　　有一個故事是這樣的：有位好鬥的武士去問一位禪師，什麼是極樂世界，什麼是地獄。結果這個禪師就罵他：「粗鄙之輩，何足論道！」意思是，你這個粗俗的人也敢來和我論道？武士聽了之後很生氣，覺得自己受到了侮辱，於是暴跳如雷，拔出刀要殺禪師。這時，禪師就跟他說：「此為地獄。」意思就是，

這就是地獄。武士突然領悟，禪師所說的地獄就是指被情緒控制，當他意識到這一點時，馬上就平靜下來，向禪師鞠躬致歉。這時禪師又說：「此為極樂世界。」

很多時候，我們根本沒有意識到自己處於某種情緒狀態，只是被動地做出最習慣的反應。要避免這種情況的發生，就要在平時有意識地訓練「第三隻眼」，覺察自己的情緒，也就是讓自己成為一個旁觀者，來察覺自己的情緒，而不急著做出情緒反應。比如，當你生氣即將大發雷霆前，先讓頭腦裡的自我意識，察覺到「這件事激怒了我，我覺得憤怒」，這便是自我覺察。

能做到這樣並不容易，但我們可以有意識地去練習。

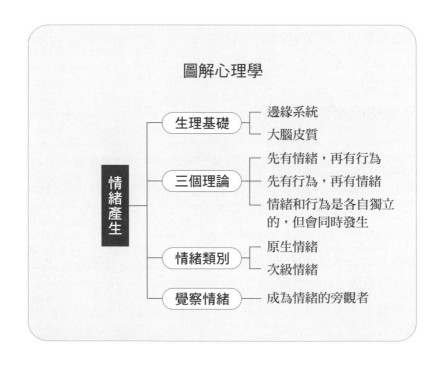

圖解心理學

情緒產生
- 生理基礎
  - 邊緣系統
  - 大腦皮質
- 三個理論
  - 先有情緒，再有行為
  - 先有行為，再有情緒
  - 情緒和行為是各自獨立的，但會同時發生
- 情緒類別
  - 原生情緒
  - 次級情緒
- 覺察情緒 —— 成為情緒的旁觀者

12 如何讀懂他人的情緒？

心理學效應 情緒識別 ────────

透過觀察他人的表情、音調、身體姿態等個人或情境的線索，用來辨別與瞭解他人情緒的能力。

────────────────

　　近幾年，人工智慧（AI）的話題非常流行。在人工智慧領域，有一個主題是研究情緒識別。荷蘭的阿姆斯特丹大學和美國的伊利諾大學就聯合推出了一款情緒識別軟體，研究人員用這個軟體為名畫《蒙娜麗莎的微笑》中的蒙娜麗莎做情緒辨識，結果發現，蒙娜麗莎的微笑中帶有百分之八十三的喜悅，百分之九的厭煩，百分之六的恐懼和百分之二的憤怒情緒。

　　此外，目前市面上已經出現專門針對審訊領域的情緒識別系統，它的運作原理就是建立人類的表情資料庫，然後利用一定的演算法系統，來測試人的真實情緒。比如，當被問到一些關鍵問題時，觀察被審訊人的微表情、微動作、聲音的強弱、心跳變化等，進而掌握其真實的心理反應和生理反應。

情緒辨識的性別差異與投射性

　　情緒識別的人工智慧研究感覺很厲害，但其實我們每個人都

有情緒辨識的能力，只不過沒有辦法做到像人工智慧那樣非常快速地辨識出別人的微表情。

達爾文說過：「有些陌生人非常友善，願意幫助你；有些陌生人則充滿敵意，可能隨時會暗算你，是否能夠意識到這兩種類型人之間的不同，將決定你能活下去還是會喪命。」達爾文的這段話說明，情緒識別對我們的生存具有重要意義。

人類之所以可以識別他人的情緒，是因為大腦中有一個叫作「鏡像神經元」的系統。從進化的角度來說，當大腦中進化至有相應的腦神經迴路專門負責情緒識別時，這是很重要的一件事。從社會性的角度來說，能成功識別他人的情緒，對人適應社會也至關重要。

但你可能不知道，情緒識別能力具有性別差異，也就是說，男性和女性的情緒識別能力是不一樣的。相較於男性，女性的情緒識別能力更強。

研究發現，不管是臉部表情，還是一些場景圖片中的情緒，女性都能更準確而快速地辨識出來。女性對情緒的敏感性更高，而且這種優勢從十三歲開始，會一直延續到更年期。比如，孩子在外面遇到不開心的事情，非常生氣，回到家後，可能爸爸根本沒注意，而媽媽就會立即意識到並詢問發生了什麼事。戀愛中有很多男生總是被吐槽為白目，明明女朋友已經非常生氣了，但男生卻一點反應都沒有，那是因為男生的情緒識別能力天生就比女生弱。

另外，在對他人情緒進行識別的過程中，會帶有個人的自我投射。在右頁的圖片中，你能看出最左列的表情代表什麼情緒嗎？答案是：沒有情緒的中性表情。但有些人可能會把這種表情解釋為憤怒、生氣、憂鬱等其他情緒，這很可能是自我內在

的一種投射。

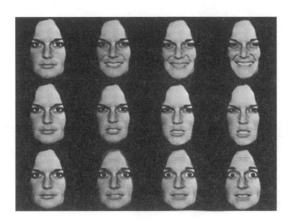

情緒圖片

　　有位來自佛蒙特大學的心理學教授愛麗絲・薛爾曼恩（Alice Schermerhorn）對九十九位九到十一歲的孩子做了一個實驗：她先利用問卷的方式篩選出父母經常吵架的一些孩子，然後測試他們在判斷一系列人像照片上的情緒的能力。研究人員原本的假設是，這些孩子不善於解讀高興的表情，結果卻發現，父母經常吵架的孩子在辨識高興和憤怒的表情時，與其他孩子的能力一樣強，唯獨不能準確判斷中性的表情。研究進一步發現，那些童年時期遭受過暴力、情感忽視甚至身體虐待的成年人，更容易從中性的表情中解讀出並不存在的敵意。

　　無法識別中性表情只是父母經常吵架造成的影響之一，也有其他原因同樣會讓一個人無法準確識別出中性表情。

識別情緒的技巧

　　我們可以從下面兩種方式來辨識一個人的情緒狀態。如果缺乏情緒識別的能力，可想而知，他的人際關係可能就會處理得不太好。

一、透過語言中的人稱來識別情緒

　　有研究發現，積極的情緒能讓人以更開闊、富想像力的方式思考，當人們描述開心的經歷時，會傾向使用「我們」。而悲傷的情緒會讓人們更關注自己，這時人們傾向於使用「我」。同時，悲傷與回顧過去和展望未來相關，所以悲傷的人可能會更常提到過去和未來。

　　另外，當人處於憤怒狀態，說話會更常使用第二人稱及第三人稱。

二、透過身體語言來識別情緒

　　觀察人們身體傾斜的方向，一般來說，人們會比較靠近或偏向自己喜歡的人。另外，交叉的手臂代表防禦、憤怒或自我保護的態度；當人們咬嘴唇或舔嘴唇時，其實是試圖在壓力或尷尬的情況下安撫自己。

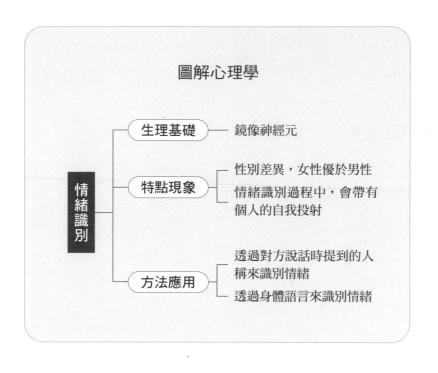

圖解心理學

情緒識別

生理基礎 —— 鏡像神經元

特點現象 —— 性別差異，女性優於男性
　　　　　　情緒識別過程中，會帶有個人的自我投射

方法應用 —— 透過對方說話時提到的人稱來識別情緒
　　　　　　透過身體語言來識別情緒

13 如何控制情緒開關？

心理學效應 情緒調節 ————————————————

對於自己要有哪些情緒、何時會發生這些情緒，以及如何體驗和表達這些情緒的過程。

你可以試著做以下的測試：

請你在接下來的三十秒之內，不要去想一隻白色的熊，如果你想到一次白熊，就捏自己一下，最後，看看大概捏了自己多少下。

除了這個測試之外，我還想再問你幾個問題：你容易失眠嗎？是不是越想睡，就越睡不著？你最後是如何讓自己睡著的？此外，你會如何安慰有情緒困擾的朋友？是勸他不要胡思亂想，還是用其他的方法？

情緒調節的五個階段

大部分的人對情緒調節的認知，可能是認為把情緒表達出來、宣洩出來就好了。比如一個人失戀了，很鬱悶，你可能會對他說，哭出來會好一點。其實，這種說法不一定正確。因為研究發現，有時候盡力表達情緒並不能有效調節情緒。實驗發

現，如果鼓勵人們在觀看悲傷的電影時哭泣，哭泣的人跟嘗試抑制淚水的人相比，感覺會更差；感情不和睦的夫妻，如果彼此宣洩憤怒，反而會導致雙方更加不和睦。

但是，壓抑情緒也不好，它會消耗認知資源，還會對身體產生負面影響。實驗發現，逃避不去想近期負面事件的人，在工作記憶的測試中會比其他人表現更差。有一個實驗，研究人員讓女性觀看有關第二次世界大戰廣島和長崎原子彈爆炸的電影片段，然後要求她們討論電影中的內容。

在討論過程中，要求一組女性自然流露情緒反應，另一組女性則要克制情緒，結果發現，抑制情緒的女性出現了明顯血壓升高的反應。

因此，無論是盡情表達，還是一味壓抑，都不是有效的情緒調節方式。在情緒調節層面，有一個非常重要的形式，是由心理學家詹姆斯・格羅斯（James Gross）提出來的，即情緒調節過程模式。

格羅斯發現，人們在情緒發生過程的每個階段都會產生情緒調節，主要包括下列五個階段（或者說五個步驟），其中，前四個階段是在情緒產生之前，第五個階段是在情緒產生之後。

第一個階段：情境選擇

這是指人們會主觀地提前靠近或避開某些人、事件、場合，以達到調節情緒的目的。這是人們會首先使用、也是經常用到的一種情緒調節策略，主要用來避免或降低負面情緒的發生，以增加積極情緒體驗的機會。比如，一個人對社交很恐懼，那麼他就會努力避免參加各種社交場合，以減少焦慮。

第二個階段：情境修正

這是指針對情緒事件進行初步的控制，努力去改變這個情境。比如，當人處於尷尬的境地時，他會努力改變這件令人困窘的事情。

第三個階段：注意分配（注意力轉換）

意思是把關注的焦點放在某個或某些方面，包括努力使注意力集中在一個特定的話題或任務，避開原來的話題或任務。比如，當談到令自己不愉快的話題時，人們就會刻意忽略這些話題，轉而關注別的事情。

第四個階段：認知改變

這是指去改變可能會讓人產生負面情緒的事情的看法，換個角度來看它。

認知改變經常會被用來減少或加大情緒反應，甚至直接改變情緒的性質。比如，當別人踩了你的腳時，如果你認為對方不是故意的，可能就不會生氣。

第五個階段：反應調整

這是指情緒被激發之後，透過你的心理體驗、行為表達、生理反應等，對情緒反應的程度施加一定的影響。比如，別人踩了你的腳後沒有道歉，儘管你很生氣，但是你會努力控制自己的憤怒情緒，這就是反應調整。

停止誘發更多負面情緒的自控力

瞭解情緒調節的五個階段後，你會發現，其實每個階段都有對應的調節情緒方法。

比如，我們會把情境選擇和情境修正視為同一類情況，這兩個階段都顯示我們對情境有預先的判斷，進入情境之後，還可以即時修正。這兩個階段都與情境內容的細化有關。

人有一種本能，會預先判斷一種情境會讓自己產生什麼樣的情緒，以及是否希望體驗這種情緒。如果不想體驗，我們很可能就不會進入那個情境。

第三個階段是注意分配，其實就是轉移注意力。比如，有人失戀了，如果你讓他不要繼續想，這樣做對他其實沒有幫助，你不如陪他去運動、購物，把他的注意力從失戀轉移到別的事情上。但這種轉移並不是解決問題的方式，因為轉移注意力之後，引發情緒的刺激並沒有消失，壓力源還在。所以，在一些情況下，轉移注意力可能會產生反效果。如果出現這樣的情況，就不建議用轉移注意力的方式，而是要選擇真正能解決問題的策略。

第四個階段是從解決問題的角度看，即認知改變。我們可以重新定義引發負面情緒的事件。比如，你發訊息給男友，他沒有回覆你。這時你可以有兩種解釋：一種是他不像以前那麼愛你了；另一種解釋是他現在正在忙，沒有看到。後者能使人的負面情緒減少，所以這是更有效的一種調節情緒的策略。

最後一個階段就是反應調整。當產生情緒以後，我們應該如何控制自己的情緒？比如，與朋友吵架後覺得很生氣。一個好的方式就是關注自己的呼吸，讓呼吸慢下來，利用身體反應來

調節情緒。

這樣做，讓壞情緒Out

從格羅斯的情緒理論模式出發，可以得到以上調節情緒的方法。在日常生活中，也還有一些行之有效的方法可以嘗試。

一、吃咖哩和黑巧克力

研究發現咖哩中含有一種叫作薑黃素的物質，可以藉由其抗炎和抗氧化的特性調節情緒。此外，來自加州洛馬林達大學的研究人員發現，可可含量高的巧克力不僅可以調節情緒，還可以增強記憶力，提高免疫力，減少壓力和發炎，因此可以適量地吃可可含量高的黑巧克力。

二、表達性書寫（Expressive Writing）

阿莉西雅・恩斯特（Alycia Ernst）醫學博士藉由實驗發現了這個方法。實驗要求學生在三到五天內每天花半個小時，寫下自己與不幸創傷體驗有關的最深層想法和感受。實驗組的學生寫下人生中的創傷性事件，例如朋友或親人的離世，或遭遇身體虐待或性虐待的不幸經歷等。

後續的追蹤研究發現，實驗組的學生比控制組的學生更少酗酒，更少生病，也有更好的成績。因為實驗組的學生在書寫的過程中，會嘗試重新理解壓力事件，並且調整自己對事件的反應。

三、「想像挑戰」應對法

想像一下，當挑戰來臨時，我們如何應對，這樣可以增加我

們的控制感。

比如，在一項研究中，首次懷孕的女性被要求想像和描述分娩的場景。那些描述得既精確又詳細的女性，對即將到來的分娩擔憂會更少。這種想像並不是「白日夢」，它更像是一種認知排練，可以用來應對壓力情境。

四、冥想

平時每天抽出幾分鐘，平靜地坐下來，什麼事情都不做，把注意力放在呼吸上，或是訓練自己保持專注，無論出現任何想法都不要分心。越來越多的研究結果顯示，冥想對緩解憂鬱、焦慮等負面情緒都有一定的幫助，甚至還能增強幸福感。

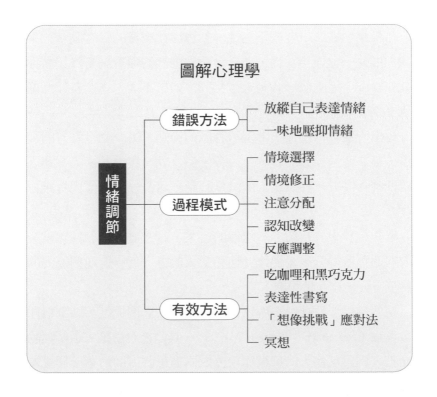

圖解心理學

情緒調節

錯誤方法
— 放縱自己表達情緒
— 一味地壓抑情緒

過程模式
— 情境選擇
— 情境修正
— 注意分配
— 認知改變
— 反應調整

有效方法
— 吃咖哩和黑巧克力
— 表達性書寫
— 「想像挑戰」應對法
— 冥想

14 為什麼我們容易有刻板印象？

心理學效應　刻板印象理論 ────────────

人們在判斷剛認識的人時會本能地利用兩大準則來歸類對方，分別是友善度（他們想傷害我嗎？）以及能力（他們能夠傷害我嗎？）這樣能幫助我們判斷對方是敵是友，以及是否對我們構成威脅。

────────────────────────

　　如果讓你描述一位成年男性，你會用什麼樣的形容詞？如果讓你描述一位成年女性，你又會用什麼樣的形容詞？然後請你比較一下，這兩個形容詞是否相同？如果不同，它們有什麼區別？

　　再出一道題目，這次限定形容詞的範圍，第一個是友善的程度，第二個是能力的程度，再分別給女性、男性、富人、窮人這四種人評分，如果是1到10分的話，你會分別給他們打幾分呢？

　　現在，我來公布第二道題目的答案。研究發現，男性和富人友善的程度得分，普遍比女性和窮人的得分低，但他們能力的程度得分，比女性和窮人高。

　　這個結果涉及社會心理學當中很重要的一個模型，即刻板印象理論（Stereotype Content Model）。具體來說就是，這個理論是把人們對其他人的刻板印象分成兩個主要方面，第一個是友

善的程度，第二個是能力的程度。

很多研究都發現，對男性和富人來說，人們對他們的刻板印象一般都是高能力、低友善；而對女性的刻板印象往往是高友善、低能力。

但在現實世界中，你會發現有很多與這個結論不一樣的例子。比如，我周圍很多的女性，她們不只待人和善，工作能力也很強。雖然很多富人並不一定就對人不友善，但像是比爾·蓋茲，就是能力強也很友善的典型例證。可見上述的刻板印象就是非常典型的偏見。

根深柢固的偏見往往是負面的

說到偏見，我還想強調一點：存在即合理，也就是偏見的存在是有其合理性的。

為了簡化對世界的認知，大腦會形成各式各樣的預先判斷，而偏見就是針對一個群體及其成員的一些預先判斷。這種先入為主的習得性態度，人們便不需再花心思去瞭解真相，真實的世界可能會被這些刻板印象與偏見掩蓋。

既然偏見有很多負面的影響，那為什麼人們還是會形成各種根深柢固的偏見呢？

整體來說，偏見形成的根源，一方面是大腦需要節省認知資源，因此才形成了各種的預先判斷。

另一方面是與社會心理學中的內團體和外團體概念有關。人們會自動把世界分成我群和他群。讓人們有歸屬感的就是我群，比如，我們都是某所學校的學生，我們都是某個地區的人，我們都是中國人。而所謂的他群就是指不屬於這個圈子的

人，比如，我是中國人，這就是我群，而外國人就是他群。

當然，我群和他群有很多不同的類型，也會隨著情境與認知的不同而發生變化。

這兩種群體的區分，其實是為了維護個體的自尊。若是一個人沒有穩定的自尊，這種區分就可能會對其心理健康產生不利的影響。也就是說，如果我在某個群體中一直處於被貶損的狀態，而在他群處於被稱讚的狀態，這樣的狀態就不會持續很久，因為這會影響這個群體以及個體的自尊。

為什麼年輕人與老年人之間會有隔閡？其實這是不同群體的區分問題。對年輕人來說，與他年齡相近的都是我群，年齡更大的都是他群。而這樣的劃分，其實是為了幫助年輕人對抗焦慮，比如，對於衰老甚至死亡的焦慮。

既然區分不同的群體就會產生偏見，那麼反向思考一下，是否可以藉由拉近這兩者族群的距離來消除偏見呢？這個想法一直是社會心理學家研究的重點。

社會心理學中有個很重要的理論 —— 接觸理論，該理論認為，如果要消除偏見，必須要和這個群體的人有一定程度的接觸。比如，你可以和他成為朋友、同事，或者至少與他一起生活一段時間。當我們能夠對他群有直接的接觸、認識及瞭解時，就為消除偏見提供了很大的機會和可能性。

克服偏見的處方箋

根據接觸理論，我們可以利用下面的方式糾正偏見。

一、利用旅遊，去某個地方實際接觸當地的人

在旅途中，你可能會發現其實那裡的人和大家一樣，都是人類。這類旅行體驗，對我們更進一步瞭解其他人是非常有幫助的。

二、與他群的人建立共同目標

心理學家曾經做過一個經典的實驗。他們帶著兩組男孩去夏令營，將他們分成「老鷹隊」和「響尾蛇隊」，讓他們在營地分別活動。一週之後，讓他們進行了一連串的競爭活動：拔河、籃球、足球……等比賽。結果，兩組的競爭越來越激烈，成員之間產生了很深的敵意。

眼看這種敵意越來越深，研究者把競爭賽事改成了合作活動。比如，兩組男孩必須一起把故障的卡車推上山坡、一起生火做飯、共同準備食物等。在這種緊密的合作中，兩隊人員彼此依賴，敵意也漸漸消失了。

設立共同目標本質上也創造了深度接觸的機會，在合作完成目標的過程中，雙方需要彼此相互接觸，這樣他們就有機會消除偏見和敵意了。

三、資訊上的接觸

拿最簡單的例子來說，在教室裡多掛幾幅女性成功人士的畫像，就能夠有效鼓勵女生追求成功。

像是華盛頓大學心理系的副教授薩普娜・切爾楊（Sapna Cheryan）把電腦科學系教室的《星球大戰》和《星際迷航》的圖片換成了沒有性別暗示的藝術和自然圖片。這樣一來，女生就不會認為學好電腦是男性的優勢，覺得自己也可以在電腦方

面有一番成就。結果，她們的平均成績真的提高了。

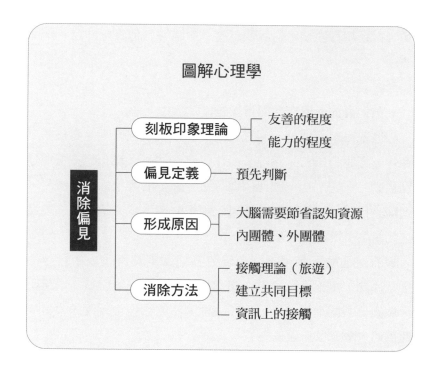

圖解心理學

刻板印象理論 ── 友善的程度
　　　　　　　　　 能力的程度

偏見定義 ── 預先判斷

消除偏見

形成原因 ── 大腦需要節省認知資源
　　　　　　　內團體、外團體

消除方法 ── 接觸理論（旅遊）
　　　　　　　建立共同目標
　　　　　　　資訊上的接觸

15　為什麼我們總是會自欺欺人？

心理學效應　認知失調 ───────────

當人擁有兩個相互矛盾的想法時，會產生不安的感覺。為了改善這種不適，我們會不自覺地改變原來的行為或想法，以安撫自己所相信的理念與行為間其實沒有衝突。

　　關於認知失調，想必大家都聽過一句俗語，「吃不到葡萄就說葡萄酸」。有個童話寓言：狐狸經過葡萄架，上面結滿了果實纍纍又碩大的葡萄，狐狸想吃，可是怎麼摘也摘不到，於是牠就生氣地走開了，邊走邊氣憤地說：「我敢打賭，這些葡萄一定是酸的！」

　　由此引伸出來的酸葡萄心理，就是形容這類人，在自己的真實需求無法得到滿足，產生挫折的時候，就編造一些理由來自我安慰，以從這種得不到的難受狀態中解脫。其實，這就是認知失調的一種情況。

人的內心無法同時容下矛盾的兩種想法

　　認知失調這個概念是美國社會心理學家里昂・費斯汀格（Leon Festinger）提出來的。他注意到，我們在生活中難免會

遇到讓自己內心處於衝突狀態的事情。比如，一個人在做出決定、採取行動或接觸到一些新資訊時，假如這些做法或訊息違背他原有的信念、情感或價值觀，那麼他就會出現這種問題。就像想吃葡萄的狐狸那樣，牠一開始覺得葡萄甜，好吃，於是就想得到，但是嘗試了很多辦法都無法如願，那麼，「我想要」與「我得不到」之間就產生了心理衝突，狐狸會很難受，於是認知失調的感覺就產生了。

這是態度和行為不統一時產生的認知失調情緒。比如，很多癮君子都知道吸菸有害健康，假如讓他們閱讀「吸菸會導致癌症」的醫學報告，那麼「我吸菸」和「吸菸會導致癌症」之間的關連性就會引發吸菸者強烈的負面情緒。要切斷這樣的關連性，最好的方式就是戒菸。但戒菸是很困難的事，因此抽菸的人可能就會換另一個方向思考，告訴自己有很多吸菸且長壽的名人，以證明醫學研究不可盡信，繼而能心安理得地繼續抽菸。

在日常生活中出現的各種認知失調，人們的第一反應都是想辦法化解這種失調的狀態。這是因為當人自身的行為與態度產生衝突，或者自己的態度與外在的資訊產生衝突時，這種衝突會引發一種令人厭惡的狀態。厭惡是一種基本情緒，而遠離不安全的事情是我們的本能，所以我們的第一反應就是化解失調，想辦法為自己的行為尋找合理的理由。

比如，有些人在雙11網購被騙之後並不會承認「我被騙了」，因為這樣的想法會引發負面情緒，他們反而會自我安慰，相信自己買到的次級品也是好東西，因為他們當初在購物下單時，也是花了很長時間去研究各種商品、優惠券的組合……等，仔細挑選過的。他們會認為，都花了這麼多心思，居然還

被商家坑，這就太說不過去了，於是他們選擇相信自己的眼光。

　　心理學家費斯廷格做過一個很有意思的研究來證明這點。他讓學生參加一個非常無聊的活動，做完之後要求他們說謊，告訴別人這個活動很有趣，很好玩，推薦別人也參加。有一半學生在做完這些事情之後能獲得二十美元的報酬，但另一半學生的報酬只有一美元。結果，得到一美元報酬的學生產生了認知失調，他們改變了自己的看法，真的認為這個活動就是有趣、好玩的，並不覺得自己在撒謊。原本研究人員認為，得到二十美元的學生會有很正當的理由去做這件事，「撒一次謊能獲得二十美元」，這個理由很充分。但得到一美元的學生為什麼也會願意做呢？明明活動很無聊，他們也花時間去做了，結果還要撒謊，並且只有一美元的報酬。他們做的事太說不過去了，於是他們的內心就產生了認知失調，為了減少失調的焦慮，他們竟然寧願改變心態，硬是相信一個無聊的活動是有趣的。

　　由此可見，為了逃離認知失調的狀態，人們能夠在態度上做出截然相反的改變，甚至不惜自欺欺人。

　　在減少認知失調方面，有五種做法。如果在選擇方法上有什麼原則的話，那就是簡單、快速、有效，越快、越有效地讓自己擺脫衝突的痛苦越好。

一、改變態度

　　心理學家費斯廷格的實驗中的學生就是採取了這種策略，他們改變對人或事物的看法，使自身的態度與行為一致。

二、增加認知

當兩個人的認知不一致時，可能會透過增加更多一致的認知來減少彼此間的失調。

很多考完試的人可能會有這種情況：和其他人對答案時，當你發現自己的答案和別人的答案不一樣時，你會再去找其他人，直到找到和你的答案相同的人，並且互相鼓勵和確認：「我們的答案才是正確的。」

三、改變認知的重要性

人們會認為一致性的認知更重要，而那些不一致的認知沒那麼重要。

比如，股民在選擇股票時，會更相信利多的好消息，而對於具有警告性的風險信息，他們即使看到也不會重視，而是選擇性地忽視它們。

四、減少選擇感

你會讓自己相信，之所以要做出與態度相矛盾的行為，是因為自己別無選擇。比如，明知道作弊不對，但考試時還是會偷偷帶小抄，事後就安慰自己：沒辦法，這次考試特別重要，要是考不過下場就會很慘，給自己「我是逼不得已」、「我別無選擇」的洗腦。

五、改變行為

你會讓自己的行為不再與態度相衝突，例如，戒菸就是改變行為。

雖然減少認知失調有很多方法，但其實人們在面對認知失調

時並不會進行那麼多理性思考，通常都是出於本能來減少認知失調的。

人類並不理性，只是懂得尋找合理解釋

受害者有罪論也是一種很典型的認知失調的表現。這是指當某個人成為犯罪受害者時，大家會產生一種是「這個人一定有問題，所以他才會成為受害者」的看法。

例如，如果有人被騙了，很多人的第一個反應會是：「這個人怎麼這麼笨！」他們會責備受害者，而不是譴責騙子。這種情況在女性受到侵犯這類事情上更明顯，網路上的輿論經常是「一定是妳穿得太少」或是「半夜沒事走什麼夜路」、「別的女孩子都沒有這麼晚還在外面逛，人家就沒出事。」等。

這些言論給人一種「受害者會遭遇傷害，都是他們的錯」的感覺，雖然人們可能知道這樣說並不合理，但還是會忍不住這麼想。因為大多數人都認為世界是公正的，那些受害者是和我們一樣的普通人，但真相太恐怖了，不免令人產生恐懼：難道我們每天都生活在危機裡嗎？太危險了，一定要找到合理的原因才行。於是便把錯誤歸咎於被害者：就是因為她穿得太露，就是因為她晚歸，在這一點上，我們跟她不一樣。經過這樣的自我解讀，自己就安全了。

舉這個例子是想告訴大家：當我們遇到一些事情時，不要急著下判斷，思考一下，到底是不是內心的認知失調在作祟，導致自己產生了不合理的想法。

此外，善用認知失調，還可以幫助我們有效說服別人。像是單身人士難免會遭父母逼婚，這時就可以運用一些技巧來勸說

他們。如果你的父母自認為很開明，那你就可以跟他們這麼說：「爸媽你們知道嗎？我有個同事，每天工作都忙到三更半夜，幾乎連休息的時間都沒有，她媽媽卻不管自己女兒的工作有多辛苦，三天兩頭就只知道打電話催婚，真是太不通情達理了。」父母一聽，為了表示自己和別人不一樣，就不會再這麼做了。

另外，認知失調還可以幫人戒菸。對癮君子來說，他們可能隨時都處在「我想抽菸，但抽菸有害健康」這種認知失調的糾結狀態中。

通常，他們會找一些簡單的理由來欺騙或麻痺自己，然後繼續抽菸。但如果在短時間內提高認知失調，他們就不得不主動戒菸。比如，邀請一群吸菸者製作反吸菸的廣告和宣傳影片，交給他們指導別人戒菸的任務。一方面，雖然自己很想偷偷抽菸；但另一方面，自己又在做宣導拒菸的工作，這種認知失調的衝突會很激烈，在大多數情況下，他們就會強迫自己開始戒菸。

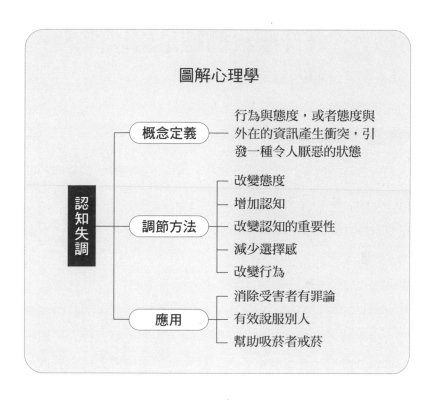

圖解心理學

認知失調

概念定義 ── 行為與態度，或者態度與外在的資訊產生衝突，引發一種令人厭惡的狀態

調節方法
- 改變態度
- 增加認知
- 改變認知的重要性
- 減少選擇感
- 改變行為

應用
- 消除受害者有罪論
- 有效說服別人
- 幫助吸菸者戒菸

16 為什麼我們總是嚴以律人，寬以待己？

心理學效應 歸因理論 ─────────────

人們對自己或他人的行為進行分析，推論出這些行為的原因的過程。

───────────────────────

《都挺好》這部電視劇曾大受歡迎，郭京飛飾演的蘇明成很渣、很媽寶，又啃老，還動手打妹妹，觀眾追劇很投入，都恨他恨得牙癢癢，甚至有很多人還在郭京飛的微博上留言罵他。郭京飛本人幽默地在微博上說，看到蘇明成被罵，自己心裡很爽。但這樣的自嘲仍然阻止不了憤怒的觀眾跑去罵他。

為什麼觀眾明知道郭京飛是演員，蘇明成只是他飾演的一個角色，還是會把角色與演員本人連結起來呢？這就涉及歸因了。

歸因理論的三種面向

一九五八年，奧地利知名的心理學家費里茲‧海德（Fritz Heider）提出了歸因理論。歸因理論指出人們會用兩種方式來歸納行為的意義：一種是內部歸因，也就是將人的成功與失敗歸因於個人特質；另一種是外部歸因，也就是將人的成功與失

敗歸咎於外在環境。

　　比如，老師想知道一個平常功課不好的學生考試成績突然提高，究竟是因為他這段時間努力讀書，還是他投機取巧作弊了，尋找導致某一事件發生的原因，這就是歸因。

　　美國心理學家溫納 (Bernard Weiner) 則透過研究，認為歸因除了分為內因與外因兩種，還進一步把歸因理論細化成三種面向。

一、歸因來源

　　也有學者稱之為「控制點」，即一件事情的發生是由內在因素還是外在因素導致的。

　　比如，與男朋友約會，結果他遲到了。這時候，假如女生問「是不是路上塞車了」或者「是不是又加班了」，把原因歸結為外在的環境因素，這就是外在歸因。假如女生生氣地說：「你就是個不守時的人！」認為遲到是男朋友自身有問題，這就是內在歸因。

二、穩定性

　　即一件事情的發生，其影響因素在性質上是不是穩定的。

　　比如，公司開會討論一個案子執行的成效好壞，老闆說：「這個案子之所以成功，是因為團隊有能力。」能力這個因素是相對穩定的。接著，他又說：「除了能力之外，主要還是因為你們很努力。」努力就不是穩定因素了，可能所有人都很重視這個案子，所以都很努力，下次或許就會有人偷懶、不努力工作。

　　但如果老闆說：「你們這次是運氣好。」運氣也不是穩定因素，這次運氣好，下次可能就沒那麼好了。

三、可控性

　　即一件事情的發生，其影響因素是否能由個人意志決定。

　　比如，男朋友遲到的這個例子，如果是因為塞車，那就是不可控的，因為他不能決定交通是不是順暢；如果是因為不守時，那就是可控的，下次他提前安排好時間，就能準時赴約。

　　而在檢討會議的這個例子中，如果是能力的問題，那就是不可控的，短時間提升能力是比較困難的；如果是工作態度的問題，那就是可控的，員工個人可以決定自己付出多大程度的努力去做一件事情。

別人成功只是運氣好，自己成功是因為很努力？

　　有一個比較有意思的現象，就是人們在檢視原因時，通常都無法客觀。

　　為了維護自己內心的穩定與自尊，我們會做出「自利歸因」：把成功歸功於自己，卻與失敗撇清關係。也就是說，在成功時，比較有可能使用內在歸因，認為是因為自己能力強、聰明；如果做得不好，就較可能使用外在歸因，認為是因為自己運氣不好、是別人扯後腿……等。

　　此外，我們在檢視他人的失敗時，則傾向使用內在歸因，也就是覺得別人犯錯是因為他的個人特質。但當別人成功時，我們則傾向使用外在歸因，也就是對方是因為運氣好，而低估環境產生的影響，這就是在歸因上經常出現的「基本歸因偏差」。

　　有研究者做過一項實驗，讓受試者與一個女孩交談。這個女孩有時候表現得冷漠挑剔，有時候表現得熱情友好。交談結束後，實驗員告訴其中一半的受試者，說女孩本來就是這種個

性，忽冷忽熱；告訴另一半受試者真相：女孩這麼做，都是實驗安排的，與她這個人無關。結果，知道真相的受試者也完全沒有考慮實驗人員告訴他們的真實資訊，被熱情友好對待的就認定女孩真的是性格溫柔，被冷漠挑剔對待的就認定女孩是難相處的人。

　　此外，為了進一步分析基本歸因偏差，有社會心理學家研究過一支球隊在輸球和贏球之後，當地報紙所發表的評論文章。在地居民基本上都是這支球隊的支持者，社會心理學家發現了一個非常有意思的現象：如果這支球隊贏了，當地報紙的評論文章就會寫是因為球隊特別優秀，都是內部歸因；如果球隊輸球了，當地報紙的評論文章大部分時候會使用外部歸因，像是指責裁判不公、對方的球迷鬧事造成干擾，或者比賽的場地不佳……等。

不過度自責，也不過度推卸責任

　　常見的歸因偏誤之一是基本歸因謬誤，這是將他人的行為歸因於個人因素，而低估了情境的影響。所以正確歸因可以使我們更清醒地認識自己。

　　首先，看看影響自己的內在因素有哪些，例如能力水準、努力程度、身心狀態；再檢視影響自己的外在因素有哪些，像是任務難度、運氣好壞、環境狀況等。其次，查看所有這些因素的穩定性。最後，判斷這些因素的可控性，如果是穩定可控的，就可以重點著手改善；如果是不穩定但可控的，就提升自己；如果是不穩定、不可控的，那就不要在意，放過自己。

　　在任何關係中，正確歸因都能有效減少摩擦，增加人際關係

的和諧。以親子關係來說，正確歸因能幫助孩子健康成長。父母在教育小孩時，可能經常會說「你真棒」或是「你怎麼這麼調皮」，不管孩子做得好壞，都把原因歸於孩子的性格特質、人格特徵。這種內部歸因往往是批判的、判斷式的，很容易讓孩子覺得：原來我是這種人。

　　相反地，把事情或問題歸因在孩子的行為，而不是個性上，則能幫助孩子形成發展的正確態度，增加改變的可能性。比如，把「你怎麼這麼調皮」改成「你怎麼把小明的玩具弄壞了」，把「你真棒」改成「你能獨自完成這個拼圖，真的很厲害」，將責備或誇讚的內容具體化，更有利於孩子的健康成長，幫助他們形成完善的自我認知。

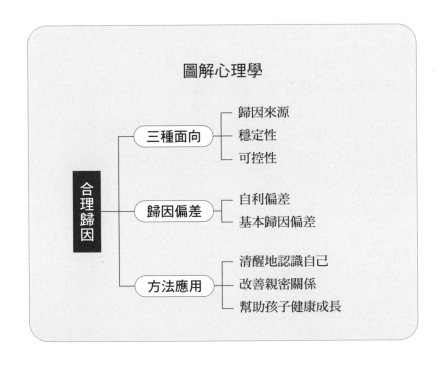

人際心理學

在團體與職場中的生存技能

2

17 你是如何失去個性的？

心理學效應 去個人化

在某種群體情境中，人們更可能拋棄道德約束，因而忘記了個人的身分而順從群體規範。

你過馬路時會闖紅燈嗎？大家可以在心裡問自己這個問題。或者換個問法：你覺得自己闖紅燈的次數多，還是不闖紅燈的次數多？可能大部分人會說，「我不會闖紅燈」，或者「我很少會闖紅燈」。

但如果去街上觀察，你就會發現，其實闖紅燈這件事很普遍，以至於有一個名詞專門形容它，叫作「中國式過馬路」，意思就是不論路人可通行的綠燈號誌是否亮起，只要有一定的人數，大家就會一起過馬路，和紅綠燈無關。而且事實上，這種不看號誌過馬路的方式無國界之分，全世界都普遍存在。

但是，本文要討論的一個問題就是，為什麼很多人都說自己不會闖紅燈，實際上卻是會跟著人群一起闖呢？

讓人失去自我感的群體效應

說自己不會闖紅燈，與跟著大家一起闖紅燈過馬路的人可能

是同一群人，只是這群人前後的個人狀態不一樣罷了。

那麼，他們哪裡不一樣呢？

當我問你「是否會闖紅燈」這個問題時，是把你視為一個單獨的個體，這時你有充分思考的時間，同時，你的個性與個人意識是非常強烈的，當然會說出符合自己特質或社會規範的答案。

但是當你站在馬路上時，情況就變得複雜了：可能馬路很寬，你急著要去某個地方，或是在等著過馬路的行人特別多，有一瞬間，你發現車子很少，幾乎沒有車了，這時，你前面的人開始走了，後面的人也開始跟著走了，你夾在中間，到底要走還是不走呢？可能在大多數情況下，你連想都不想就跟著一起過馬路了。

回到最前面的問題：你頭腦清醒地認為自己不會闖紅燈，又或是不會跟著一群人一起闖紅燈，這兩種情況的差異很大，實際上，其背後就是「個人化」和「去個人化」這兩種極端狀態。

個人化是一個人的自我意識和自我控制能力都很強的狀態，你會自主地自我調節；而去個人化則是在群體情境下，個體自我意識和自我控制能力降低的狀態，這時，個人會放棄正常的約束，轉而服從群體的力量。一般來說，當一個人身處群體中，並感覺到自己被激發，而且是處於匿名狀態時，就有可能執行去個人化的行為。

去個人化是泯滅人性的開端

你注意到去個人化的關鍵因素了嗎？那就是匿名性、被激發

和群體的淹沒性。

一、匿名性

二十世紀七〇年代，在美國心理學家菲力浦・金巴多（Philip Zimbardo）的研究中，匿名性這個特點首次獲得重視。

研究者用一個編造的故事來測試一個人在壓力下的創造性，這個壓力就是被電擊的恐懼。研究者讓參與者相信，在實驗中，參與者真的為兩位女性執行電擊，而且是很痛苦的電擊，這些參與者全程都能看到被電擊者的狀態。

實驗採取小群體的方式，每組有四名參與者同時成為電擊執行人。其中有兩位參與者處於匿名狀態，他們穿著一樣的實驗服，只露出眼睛，彼此也都不認識，名字都改為數位編號；而另外兩位參與者則別上名牌。結果，在匿名情境下的去個人化小組，比個人化小組按電鈕的次數多達將近兩倍，並且每次按下電鈕的持續時間也更長。

實驗中的另一個細節則更證明去個人化對人性影響的嚴重性。這兩位被電擊者實際上是研究小組事先安排的「暗樁」，一位被設計成具有非常和善的性格，另一位則被設計成非常不討喜的性格，讓參與者會對這兩個人產生不同的喜好態度。

在電擊開始前，所有人都說自己比較喜歡那位和善的女士。結果，個人化小組的受試者給予和善女性的電擊次數和時間的確較少，態度上有明顯的差別；而去個人化小組的受試者則給予兩位女性的電擊次數都一樣多，時間也一樣長。也就是說，在去個人化的情境下，人們即使對態度和善的人也下得了狠手。這個實驗結論是不是聽上去就讓人毛骨悚然？

二、被激發

這項特點，包括人在去個人化的情境下感受到自己對其他人的支配能力，以及情緒上的激動。比如，在公共的、群體的事件中，一些平時溫和且彬彬有禮的人，可能會變得非常暴力、有攻擊性。

三、群體的淹沒性

這點和匿名性有些類似，但更著重於一個人在群體中體會到的安全感。因為去個人化的研究最早來自對暴動和群體暴力行為的關注。研究結果認為，人們之所以會做出極端的行為，尤其是極端暴力的行為，是因為人們處在去個人化的狀態下。

在通常情況下，如果每個人都保持自身的個性化，人們會意識到彼此之間的不同，別人會做出的極端暴力行為，自己是做不出來的。但是當大家都穿上相同的衣服或都戴上相同的棒球帽時，人們會覺得自己跟他人是一樣的，那麼他的行為就很可能超出大家的預期。這也是為什麼在很多遊行中，大家要統一穿一樣的衣服，目的就在於去除自己的個性，讓人們意識到自己和其他人是一樣的。

有一個成語叫「法不責眾」，就特別適合運用在這種情況，意思是如果人數眾多，且大家看起來都一樣的話，就很難追究其中某一個人的責任，那麼個人就會覺得自己安全了。

近年來，備受關注的網路暴力，就是結合以上這些特色的產物。在網路上進行網路暴力與霸凌的人都特別毒舌，什麼難聽、惡毒的詛咒都罵得出口。如果注意一下這些人的帳號，其頭像、暱稱往往都和真實的長相、姓名無關，這就是匿名的作

用。

此外，網路上的言論往往很有煽動性，人們也很快會隨之起舞，在不知道事情的真相前就急忙選邊站，還寫下具有情緒性的留言。同時也覺得，那麼多人都在罵，別人肯定不會只注意到自己，而且罵完還覺得很過癮。

事實上，那些讀者很可能平時並不是那種被激發狀態的人，他們的行為只不過是去個人化狀態下的一種發洩。

拉開我們與惡的距離

人是群體性的，任何人都無法離群索居，但我們也永遠要小心任何團體對我們進行的去個人化。那麼，如何才能避免去個人化所激發的人性之惡呢？

一、記住名字

美國伊利諾大學教授愛德華‧迪納爾（Ed. Diener）曾設計一個巧妙的實驗。在萬聖節前夕，研究人員在西雅圖觀察了一千三百五十二個孩子玩「不給糖吃，就惡作劇」的遊戲，發現結伴而行的孩子比單獨行動的孩子多拿到糖的機率要高一倍，匿名的孩子比那些被問及姓名和地址的孩子出現違規行為的機率也高一倍。

我們可以利用匿名的特點瓦解去個人化。比如，當你站在一個小群體的對立面，可以利用叫出他們之中每個人名字的方式，來瓦解小群體的去個人化狀態。

如果你是某個群體中的一員，也要隨時記得自己是誰。就像電影《神隱少女》一樣，記住自己的名字，才能知道自己要做

什麼，要走什麼樣的路。

二、布置環境

這裡的環境既可以指外在的社會環境，也可以指一個人周圍的環境。千篇一律的環境容易造成去個人化的暗示；而獨特的環境，如辦公環境、服裝、髮型等，這些可以幫助你保持自我覺察，維持高度自我意識喚醒狀態。

另外，在環境中安裝鏡子、錄影機等，可以有效提升一個人在環境中的自我意識。

三、人性化管理

十多年前，很多大工廠流行統一化管理，廠服、規則、制度，所有事物都千篇一律，於是，誇張的髮型就流行起來，因為全身上下能夠表達個性的地方就只剩下頭髮了。

一般來說，統一化會讓人內心疲累，如果太過壓抑，嚴重時甚至會造成心理上的扭曲。

所以，這就提醒管理階層，不能只是一味追求統一化和制度化，也要適當尊重員工的個性化需求，做人性化的管理，才能讓員工發揮最大的潛能。

在群體中容易出現去個人化的現象，而很多時候我們又不得不處在群體當中，那麼，有什麼辦法可以幫助我們發揮群體的積極作用呢？這一點在之後的文章中會提到。

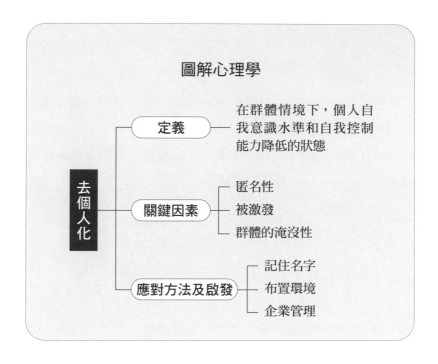

18 為何好人會變成惡魔？

心理學效應 權威服從研究 ——————————

在面對權威者下達違背良心的命令時，人性所能發揮的拒絕力量到底有多少。

秦朝時期，賦稅刑法很重。西元前二〇九年，朝廷徵調了九百位農民前往漁陽防守。因為連日大雨，他們耽誤了時間，按照規定，他們會被判死刑。

陳勝和吳廣兩人商議，橫豎都是死，不如抗爭一下。於是，陳勝把大家召集起來，說男子漢不能白白去送死，死也要死出個名堂來。王侯將相，難道是命中注定的嗎？（「王侯將相，寧有種乎！」）

大家聽了紛紛表示贊成，並一致推選陳勝、吳廣為首領，九百人很快占領了大澤鄉。鄰近的農民聽到消息也紛紛響應，沒有武器，他們就砍樹木做刀槍，削竹子做旗杆，隊伍很快壯大起來。

這個故事可以引導大家思考一個心理學問題：為什麼陳勝、吳廣有魄力反抗呢？你可能會說，秦暴政，人們受壓迫久了，一定會抗爭。但面對壓迫，並不是所有人都勇於反抗，否則陳勝、吳廣也不會名垂青史了。

又如第二次世界大戰時期，德國迫害猶太人，進行了慘絕人寰的大屠殺，很多奉命執行死刑的人並未抗命。戰爭結束後，迫害猶太人的執行者阿道夫・艾希曼在軍事法庭上接受審判時，不僅不認罪，還辯稱自己只是在執行命令，上級讓他做什麼，他就做什麼。但數百萬的猶太人因他而死，是不爭的事實。

在我們的現實生活中，很多人都會像艾希曼那樣，遵從權威的意見。權威是一個相對的概念，它可能是某個人，也可能是某個機構。像是對孩子來說，父母、老師是權威；對一般大眾來說，教授、名人、政府機關等都可能是權威。

我們對權威重視到什麼程度呢？有些人甚至都沒怎麼思考就對權威深信不移。當然，也可能在思考之後仍然繼續相信權威。

65%的人會聽命做壞事

對於這個問題，美國社會心理學家史丹利・米爾格拉姆（Stanley Milgram）最早著手研究。在做了一系列實驗後，他提出了一個在當時非常具有震撼力的觀點：人類似乎有一種服從權威命令的天性，甚至在某些情況下，人們會背叛自己向來遵守的道德規範，而聽從權威人士去傷害無辜的人。

這個觀點一經提出就震驚了全美國，因為這讓人們意識到，原來每個人都有可能像納粹一樣屠殺手無寸鐵的人，或者做出非常不道德的行為。

我們先來看看著名的米爾格拉姆服從實驗（Milgram's Obedience Experiment）是怎麼進行的。這個實驗與上一篇文章中提到的

實驗一樣，都是利用對他人施行電擊。米爾格拉姆做了很長時間的準備工作，設計了一個看起來很先進的電擊設備，上面有一排按鈕，代表了從安全到高危險足以致命的電流。接著，他又設計一個很吸睛的廣告，吸引觀眾前來一起參加實驗。此外，他還聘請了一位扮演學生的實驗助手。

　　實驗正式開始了。前來的受試者都是在看到廣告後才來參加這個叫作「懲罰會如何影響記憶」的實驗。他們來到實驗室後，都「偶遇」了一位和自己同樣來觀看實驗的參加者，而這個人就是實驗助手。然後，所有的參加者抽籤決定自己的角色，其中一個角色是老師，要負責懲罰實驗中做得不太好的學生；而另一個角色就是學生。

　　在受試者不知情的情況下，他們每次都會抽到老師的角色，而助手則是扮演學生。研究員告訴老師，學生要坐在特定的椅子上，身上貼上電極，老師則負責教學生一些特定的字彙。如果學生沒有記住那個字彙，老師就要對學生進行電擊懲罰。觀察在有懲罰的情況下，學生的記憶力是否會有所提升。同時，還有一個要求就是，如果學生一直犯錯，就要加大電擊的強度，直到學生不再犯錯為止。

　　毫無意外地，學生總是出錯，於是電擊的強度越來越高，學生開始不斷喊叫，說自己心臟不好，覺得很痛。同時，學生還會求饒：「求求你，請你不要再對我進行電擊了，我不會再犯錯了。」

　　學生其實是實驗助手，他的行為是演出來的，但是扮演老師的受試者並不知情。

　　有的老師不忍心繼續電擊學生，開始猶豫遲疑，但研究員要求他們繼續對犯錯的學生進行懲罰。在這種情況下，有百分之

六十五的老師還是選擇了執行命令。

不知道你有沒有一種細思極恐的感覺？如果這個實驗真的在研究懲罰與記憶的關係，學生會不會真的被電死？而且，那個「高危險致命」的燈號提示非常明顯，可是受試者還是遵照研究員的命令，按下了電流按鈕。

願意服從權威的三大原因

究竟是什麼原因讓這些受試者冒著殺人的風險也要服從權威呢？在米爾格拉姆的服從實驗震驚了學術界之後，很多人也加入了服從研究的行列，並且得出諸多可以解釋人類為什麼會服從權威的結論。

一、與受害者的情感距離

在實驗中，如果扮演老師的人無法看到扮演學生的人，他表現出來的同情會最少。試想下面的三種情況：如果你有能力阻止會使兩萬五千人喪命的洪水，能阻止使兩百五十人喪命的事故，以及能阻止讓至親死亡的車禍，你會首先阻止哪一種呢？我相信很多人可能會選擇第三種，這就是情感距離對一個人的影響。

二、權威的接近性與正當性

接近性是指我們在心理或實際空間與權威靠近的程度，越接近權威，服從權威的機率就越大。比如，一個人獲得了知名教授親筆簽名的著作，還是自己網購了某個作者的書，對其理論的信服程度通常會有差異，人們可能更願意相信有教授親筆簽

名書籍中的內容。

　　正當性是指權威本身必須是正當合理的。拿服從實驗來說，如果不是實驗教授親自下令，而是讓一個助手代替實驗教授隨意給予指導，那麼可能大多數受試者就會提出抗議而不從命。

三、群體服從的一致性

　　是否有人率先提出與權威不同的意見或抗議也會有所影響。比如，在實驗中增加安排了反抗研究員的假扮者，當他們表達不願執行的意見後，大約有百分之九十的受試者也都會表達反抗的態度。就像本文一開始所講述的那段歷史，在反抗秦暴政這件事上，陳勝、吳廣起義之後，秦國各地也都紛紛爆發了農民起義。

　　看到這裡，你可能會有一種感覺：難道服從權威就不好嗎？我們必須要反對和規避嗎？其實也不盡然。從客觀的角度來說，權威的存在對我們有很多幫助，我們應該理性看待。比如，儒家傳統文化所提倡的長幼有序、尊師重道的理念，在某種程度上算是對權威的維護。尤其是尊師重道，老師為學生樹立的不僅是學習的榜樣，更是道德規範的榜樣，這也是學校重視師德師風的原因。

　　再比如，醫療領域的權威可以給我們在健康生活、疾病防治方面，提供正確有效的指導和建議。我們也可以藉由努力學習、提升自我，讓自己變成某一方面的權威或者有一定影響力的人，繼而讓周圍的人甚至大眾都受惠。

　　所以，服從權威的研究結果，並非顯示權威不好，而是盲目、不加思考和選擇性地服從權威可能會產生問題。

如何避免盲從權威？

那麼，我們如何才能消除權威在自己心中的光環，戰勝盲目服從權威的天性呢？

有兩種思維訓練。一種是問題法，也就是在面對權威時，多問自己下面幾個問題：這個權威是不是真正的專家？他在哪方面有專長？他表達的意見或讓你做的事情是否出於什麼目的或利益？

另一個是想像法。想像一下，專家和自己一樣也是人，會吃飯、睡覺、上廁所，同樣也會犯錯。拿掉他專家的頭銜後，再分析一下他所說的話，還可靠嗎？

研究發現，穿制服能夠建立和提升權威感。研究人員讓一名三十一歲的男子在不同的地方闖紅燈，隨意橫越馬路。在一段時間裡，他穿著一套熨燙得很平整的西裝，繫上領帶；而另一段時間，他穿的是普通服裝。結果發現，當他穿著西裝闖紅燈時，跟隨他闖紅燈的人數是他穿普通服裝時的好幾倍。

僅僅是穿一套西裝，就能獲得陌生人的尊敬和追隨。我們也可以在職場中利用這一點，在特定的場合，提升自己的權威感及成熟度，讓工作進展得更順利。

在教育方面，服從權威的研究結論給我們的啟示也很重要，那就是不要培養一味聽話的孩子。我們常聽到父母對孩子說：「聽話才是好孩子」，但實際上，這種教育方式是非常危險的，因為一個從小聽話的孩子長大後很可能變成一個順從、缺乏主見的人。我們應該鼓勵孩子說出自己的想法，鼓勵他們多多表達，尤其是在孩子的想法與父母不同時。因為敢在父母面前堅持自己意見的孩子，更能抵抗壓力。所以，要多訓練孩子問

「為什麼」，或者要多問問孩子：「你覺得如何？」「如果讓你選，你會怎麼選？」等，把主動權交給孩子。

有一本關於米爾格拉姆的傳記，叫作《電醒人心》，記述了他的生平及其重要研究背後的故事。書中除了介紹這個實驗，還有他另一個非常知名的理論——六度分隔理論（小世界效應），說的是想要認識一個人，透過六個人就可以聯繫到他。如果你有興趣，可以找來閱讀。

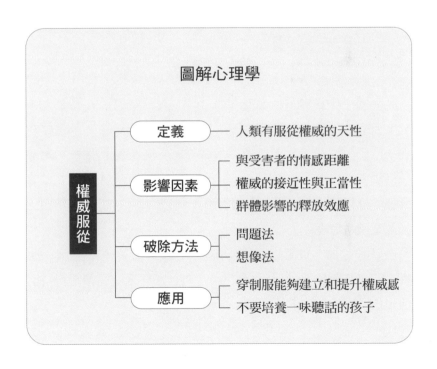

19 你的判斷是如何被別人影響的？

心理學效應 資訊從眾

當很多人表現出同樣的行為或抱持同樣的想法時，這些行為與想法便會傳遞出特定的訊息，告訴你應該怎麼做。

先來看一則網路上的笑話。二〇〇三年ＳＡＲＳ流行期間，大家都搶著買鹽；二〇〇七年流感的時候，大家又在瘋狂買鹽；二〇一一年日本福島核事故的時候，大家熱情依舊，繼續搶鹽囤積。只有一位大嬸甚是淡定，別人問她：「大家都在搶著買鹽，妳怎麼不去呀？」大嬸答道：「我家裡二〇〇三年時買的鹽都還沒吃完呢！」

儘管專家說，吃鹽不能抗病菌、防輻射，可是「造謠一張嘴，闢謠跑斷腿」。你有沒有想過，為什麼謠言總是傳播得特別快、特別廣呢？

我們會不自覺地融入群體

這個現象與從眾有關，這是指為了消除真實的或者想像出來的團體壓力而改變自己的行為或信念，並且團體並未直接提出要求，從眾者也沒有改變行為的充分理由。

　　從眾這種現象最早是美國心理學家，也是現代社會心理學創始者穆薩佛・許瑞福（Muzafer Sherif），透過一個自主運動效應的實驗發現的。實驗人員要求參與者判斷一個光點的運動範圍，這個光點是出現在一個全黑的背景上，沒有任何參照點。雖然它實際是靜止的，但看上去像是在運動，這是一種知覺錯覺，稱為自主運動效應。

　　一開始，每個人單獨判斷時，所看到的光點運動軌跡和範圍都是各不相同的。但當參與者聚在一起時，他們的判斷會趨向一致。即使讓他們再重新單獨回到房間判斷，他們仍然遵從在集體判斷時所形成的群體規範。

　　後來，研究者每做一輪自主運動測試，就更換一名小組成員，直到群體中都是新成員。先後經過幾代小組成員的傳遞，群體的自主運動規範依然和最早那一批的觀點一樣。

　　在這個實驗中，受試者互相參照彼此看到的光點運動軌跡，就存在對信息的從眾，也就是對答案一致性的看法：「我看到的點如果和大家不一樣，那我就聽大家的。」其中，也包含對群體規範的從眾，小組已經反覆更換好幾輪了，但新來的成員還是做出了與既有成員一樣的判斷，也就是說，其他人的觀點已融入新成員的想法中。

謠言為何無法止於智者？

　　「資訊」和「群體規範」是從眾的兩個基本機制，人們總是習慣參考周遭其他人的想法、觀點和知識來探索自己所處的世界。

　　但是，為什麼闢謠的資訊卻沒人從眾呢？主要有五個原因。

　　第一，人們首先獲得的資訊是謠言，對資訊的需要已經滿足了，因此，這時人們對瞭解資訊沒有急迫性，自然也就聽不進去了。因此正確的資訊一定要第一時間公布，這樣才不會讓謠言有機可乘。

　　第二，謠言一般是透過周邊路徑讓人相信的，而闢謠往往只能依靠中央路徑。專家辛辛苦苦講了半個小時，解釋ＳＡＲＳ到底是什麼，為什麼補充碘不能預防這種疾病，但很多人聽完之後可能還是一頭霧水，自己也缺乏生物學或流行病學等相關知識，怎麼會相信專家呢？甚至因為已經對謠言的資訊有信任基礎，反而抱著半信半疑的防備心在聽，闢謠自然就困難重重了。

　　第三，我們常說的「參考一下別人」，也是一種從眾心理。比如，朋友Ａ讓你評價一下他的自拍照，可能你剛看了一眼照片，旁邊的朋友Ｂ就搶著說：「好帥又好有氣質！」你本來覺得照片中的朋友Ａ比現實中更醜，但聽了別人的話之後，心裡就會想：「是不是我的眼光有問題」，於是又多看了幾眼，然後告訴朋友Ａ：「嗯，真的挺帥的。」

　　你不僅改變了說法，也從內心真的認同了朋友Ｂ的觀點。

　　第四，性別也會影響人們是否產生從眾。因為男性普遍認為，擁有獨特的看法能證明自己是有能力的，所以男性通常較少出現從眾心理；而女性多半認為，與人合作並且達成一致意見，才能展現自己的魅力或能力，所以女性會比男性更容易從眾。

　　第五，自信與是否從眾也有關連性。如果你對某個領域很熟悉，也很專業，基本上你就不會盲從。比如，ＳＡＲＳ疫情期間，跟風的人裡，就不太可能會有醫生這個族群；一個時尚達

人對妝容和服飾的美醜評判也不會人云亦云。但如果一個人擁有很多知識，但卻缺乏自信，那麼即使他很專精某個領域，也還是會從眾的。

保持理性，避免集體錯覺的陷阱

由上述我們可知，為了適應群體，符合社會期待，或是為了融入群體，我們就容易因為看到大家都這麼做就一味跟風。尤其是在資訊爆炸的時代，大眾每天都會接受很多訊息，比如，謠言就是利用人們的知識盲點，也多半會激發人們的情緒；且謠言具有資訊模糊的特點，在資訊不確定的情況下，更容易引發資訊從眾現象。

那麼，該如何避免這種情況發生呢？首先，我們要克制自己的盲從情緒；其次，尋找資訊來源；最後，判斷是否符合常理。

以消費者來說，商場以及網站常常將它們販售的產品標示為熱銷產品，在購物網站上，還能看到已有多少人購買了某個產品的資訊。消費者剛開始並不確定自己是否需要購買，但在看到廣告後，可能就會受到廣告的影響，進而購買產品。身為消費者，要反思自己是否真正需要該產品，以及產品的廣告是否具有真實性。貼一個熱銷的標籤，標示已有一萬人購買，大家一看覺得有口碑，既然別人都買了，自己也要參一咖，本來不是熱銷商品也變成熱門了，結果你就被收了「智商稅₁」。

你有沒有輕信謠言的經驗？後來又是怎麼發現並破除謠言的？

---

1 —— 網路流行語。指由於在購物時缺乏判斷能力，花了冤枉錢。

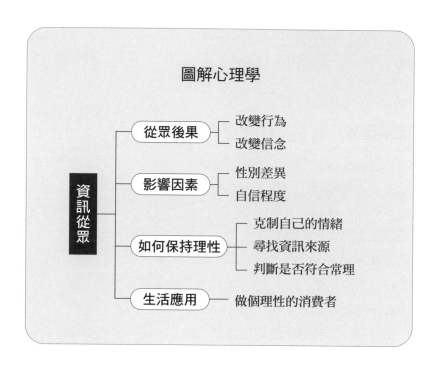

20 你的行為是如何被別人控制的？

心理學效應 規範從眾

為了滿足他人或群體的期望而聽從別人的意見，目的是為了獲得獎勵或避免處罰。

　　前文闡述了資訊從眾，本文要說明的是規範從眾。

　　在二〇一九年的倫敦時裝周，發生了一個很有意思的惡作劇：有幾個年輕人用市面上的廉價衣服把一個男生打造成倫敦時裝周的新秀模特。第一天，這個男生穿著朋友給他的衣服去秀場外走了一圈，有一個假裝是攝影師的人一邊追著他喊：「等一下，超級名模，來拍幾張照吧！」邊說邊狂拍，結果很快就吸引了一群攝影師也一起拍照。第二天，他們如法炮製，讓這個男生穿上另一套廉價服裝，他的鞋子甚至是監獄裡犯人穿的那種款式。結果，在秀場外依然引發一股拍攝風潮，人潮甚至一度把馬路都擠得水洩不通了。

　　很快地，這個男生直接就和一群名人及模特兒一起走進秀場，而他的夥伴則因為沒有入場券而被擋在外面。

　　聽完這個荒謬的新聞，你是不是覺得匪夷所思？為什麼那群跟拍的攝影師會那麼瘋狂？為什麼沒有工作人員指出那位男士並不是受邀去走秀的模特兒？又為什麼沒有人站出來批評這個

男生的服裝？

這個男生之所以被一群攝影師注意到，是從那個假攝影師開始的。那位喬裝成攝影師的人對著他瘋狂拍照之後，其他攝影師才注意到他，並且很快也加入拍照的行列，沒有一個人注意到或是懷疑這個男生根本不是模特兒。

我們害怕跟別人不一樣

群體規範是人們希望獲得別人的接納與喜歡而從眾，包括表面上接受某一類團體的主導標準或者規範，以獲得（或者避免失去）來自團體的正向情感——喜歡、尊敬和接納，也就是為了追求歸屬感以及與別人的相似性而從眾的一種表現。

一般來說，一旦人們偏離了群體規範，往往需要付出非常慘烈的代價，包括情感代價，例如被社會排拒而產生的痛苦。在倫敦時裝周的惡作劇裡，那些爭相拍照的攝影師其實是害怕自己錯過時尚潮流，即使有人心裡納悶：「這個男生是從哪裡冒出來的，怎麼穿得這麼醜？」也不會因此停止拍照。

規範從眾是心理學家所羅門·艾許（Solomon Asch）透過從眾實驗發現的。研究者招募了一些受試者，告訴他們參加的是一個視覺研究，會分組進行。每個小組有八個人，每位受試者的任務都是判斷下面左邊卡片上的線段和右邊卡片上的A、B、C三個線段中的哪個一樣長，然後輪流回答。

在這個實驗中，只有一個人是真正的受試者，其他七位都是實驗者安排的暗樁。而且實驗中有個關鍵，就是讓唯一真正的受試者，不是第一個回答，就是最後一個回答。結果發現，如果真正的受試者第一個回答，他的答案基本上都是對的；但如

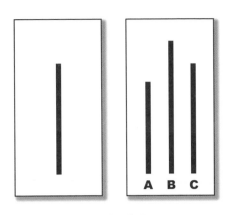

線段實驗

果他是最後一個回答，就會經歷一個內心非常波折的過程，因為前面七個人的答案顯然都是錯的。實際上，正確答案是C，但是這七個人都說：「我覺得B和左邊卡片中的線段一樣長。」這時候，如果你是第八個回答的人，會怎麼辦？你會繼續堅持說C是正確答案，還是說B是正確答案呢？

結果艾許發現，有百分之七十的人都會屈服於群體壓力，他們的答案和前面七個人的錯誤答案相同，認為B是正確答案。如果真正的受試者是第一個回答，那麼他們都會認為C才是正確答案。

那麼，在發現自己的答案和其他人不一樣時，受試者是否會改變心意呢？從上文中我們知道，資訊從眾會讓一個人的行為和信念都發生改變。而在艾許的實驗裡，我們發現，受試者在獨自答題時會說出正確答案，但在現場答題時卻出現了規範從眾，在這種規範性影響的情況下，從眾只改變了人們的行為，而沒有改變人們的信念或者說主觀判斷。既然其他七個人都這麼說，那受試者也只好這麼說。但實際上，他的心裡仍然覺得

自己的判斷才是對的，前面七個人根本頭腦有問題。

人們希望從被認可中找到歸屬感

那麼，為什麼會產生規範從眾呢？因為群體壓力會迫使我們行為從眾，去做一些違心的事情。但話說回來，研究人員並沒有像之前米爾格拉姆實驗中的研究人員那樣要求受試者服從，或者要求大家的答案必須一致，他們只要求受試者依次把自己認為正確的答案說出來，為什麼受試者就感受到群體壓力了呢？

這是因為人們普遍具有被認可的渴望。也就是說，人們希望融入一些圈子，希望獲得他人的認可。這種來自群體壓力的真相是：人們害怕失去社會支持，失去社會關係。就好像參加實驗的受試者，會認為和自己一組的其他七個人都是來參加實驗的受試者，在實驗室這個小環境裡短暫地形成了同一種身分的共同體，假如自己的答案和其他人不一樣，而其他人的答案都一樣，自己不就相當於被孤立或被排斥了嗎？但是受試者不想被這麼對待，因此就表現得和其他人一樣了。

此外，艾許透過更進一步的實驗來證明了這一點。

一到七號都是被安排的假受試者，假如其中一個人「叛變」，堅持回答正確答案，那麼輪到真正的受試者時，他有勇氣說出正確答案的可能性便大大提高了，有百分之九十四的人會選擇說出正確答案。也就是說，即使只有一個同伴，受試者仍會覺得自己沒有被完全孤立，哪怕自己處在少數的狀態下，心理上都是相對安全的。

在更嚴重的情況下，規範從眾會弱化一個人拒絕的勇氣與魄

力，變得不敢說「不」，只是一味順從，也就是對於被拒絕感到恐懼。比如，一些叛逆的青少年，可能剛開始因為大家都是同班同學，就成群結黨在一起。後來，其中一個人發現其他同伴都抽菸，這時他還沒有抽菸的打算，因為他知道抽菸有害健康。但有天大家一起出去玩時，有同學給了這個人一根菸，說：「試一下就好。」這時候，這個人就抽了，他心想：反正就只有這一次。結果，每次大家一起出去時，其他人都會給這個人菸，於是這個人慢慢就會變成抽菸的人。

其實很多時候，我們的想法、態度和行為就是在這種看似很平常的生活事件中，被群體的規範從眾控制了。

雖然從眾分為資訊從眾和規範從眾，但很多時候，這兩者是互相交織，共同影響人的行為及態度。

比如，有項研究就調查了什麼樣的文字訊息會影響人們對節能減碳的心態。研究人員在美國加州居民的門把上，分別掛上以下五種標語的其中一種：

一、研究發現，百分之七十七的住戶在夏天都用電風扇，而不是開冷氣來消暑降溫。（這是一種描述群體規範的資訊。）

二、研究發現，如果你吹電風扇，每個月會比開冷氣節省五十四美元。（這是與自我利益相關的資訊。）

三、研究發現，如果吹電風扇，每個月你可以減少排放一百二十公斤的溫室氣體！（這是環境保護取向的資訊。）

四、研究發現，如果吹電風扇，每個月你的用電量可以減少百分之二十九！（這是社會責任取向的資訊。）

五、今年夏天你怎樣才能節能？請使用電風扇，而不是開冷

氣。（這是只給出對照組的資訊。）

　　研究的結果非常有趣。研究人員首先詢問加州居民在看到這五種宣傳標語時，哪一種文字敘述對他們產生的激勵作用最大。結果發現，第一種標語對住戶的影響最少，也就是說，在節能減碳這件事上，他們不在乎鄰居是怎麼做的。但一個月後，研究人員查看住戶的電錶後發現，規範性資訊，也就是門把上掛著第一種標語的居民用電量最低。這顯示人往往說一套做一套，「和鄰居一起節約能源」才是影響大家用電的最大誘因。

　　在這個實驗裡，這五類文字都是宣傳標語，傳達的也是同一種訊息與概念。但第一種標語的內容和群體規範有關，雖然它不一定直接影響個人的態度，但是它確實能影響個人的行為。

「做自己」的勇氣

　　既然規範從眾的影響這麼大，少數族群該怎麼堅持自己的意見呢？有以下兩種建議。

一、全力以赴，用百分之百的努力堅持

　　有一項研究證明，實驗中被安排的假受試者堅持把綠色說成是藍色，但他們是少數，多數真正的受試者並沒有理會他們，看起來對實驗結果沒有產生什麼影響。然而在接下來接受單獨測試時，原來沒有被影響到的真正受試者，在遇到藍色和綠色兩種顏色接近的色卡時，都把綠色說成了藍色。

　　雖然之前的少數族群沒有立即影響到人數居多的真正受試

者，但真正的受試者後來的態度仍然受到了影響，這說明堅持立場很重要，哪怕發出的聲音很微弱。

二、多認識人，增加影響力

假如你的意見屬於少數群體，如果你只認識十個人，就只能說給十個人聽；但如果你認識一萬個人，或是認識一百萬個人呢？即使你是少數族群，但當你認識的人很多時，你的影響力就會更大。比如，如果有知名網紅說圖片是藍色的，那麼由於他們在網路社群裡的地位，很多人也就會認為圖片是藍色的。

假如你是一個團隊的管理者，在看完這篇文章之後，建議你在團隊裡找一個人來扮黑臉當壞人。因為在重大決策的討論過程中，如果大家總是意見一致，其實是有風險的，因為很可能並不是因為這個方案很好所以才全數通過，而是因為規範從眾而沒人敢提出不同的意見。所以，在團隊裡如果能有一個獲得你授意的唱反調角色，就像那些實驗中的假受試者一樣，其他人發表真實看法的可能性就會大大提高，而不是只一味地贊同或反對。

此外，商家可以利用資訊從眾和規範從眾相結合的方法，來吸引顧客。比如，「我們每個人都欠周星馳一張電影票」的宣傳用語，就是資訊性和規範性結合的好例子。不可否認的是，並非所有人都是周星馳的粉絲，但是這種宣傳手法一推出，有些對周星馳的電影抱持可看可不看態度的人也會進電影院。類似的做法還有在廣告文案上寫「已有××人購買該產品」，或是在社區裡宣傳「已有××比例的家庭正在進行家庭垃圾分類」，都可以很好地誘導人們做出廣告中的行為。

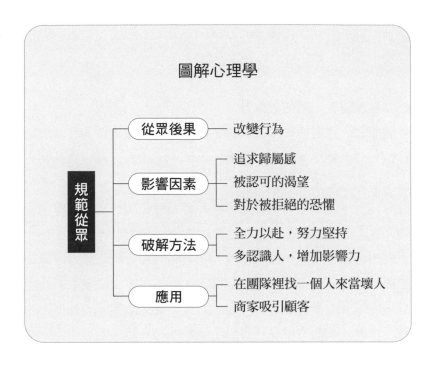

圖解心理學

規範從眾

- 從眾後果 ── 改變行為
- 影響因素
  - 追求歸屬感
  - 被認可的渴望
  - 對於被拒絕的恐懼
- 破解方法
  - 全力以赴，努力堅持
  - 多認識人，增加影響力
- 應用
  - 在團隊裡找一個人來當壞人
  - 商家吸引顧客

21 如何辨識出身邊的危險分子？

心理學效應 **攻擊行為**

個人存心或有意傷害他人（包括身體的傷害與語言的傷害）或破壞物品之行為。

　　二〇一三年七月，在北京某公車站，兩個男子因為停車和一個女子發生了衝突。在爭執過程中，其中一個叫韓磊的男子打了這個女子，還抓起嬰兒車內的女嬰，舉過頭頂摔在地上，導致女嬰嚴重受傷而身亡。韓磊最後也被判了死刑。

　　一般來說，人們在路上是有可能會跟陌生人吵兩句，但不會鬧到殺人的地步。韓磊稱，他十四歲時第一次被抓是因為偷了一輛自行車；十八歲第二次被抓，是因為跟朋友坐公車時，「一個男子用手肘撞我們，下車後我們就打了他一頓。」他在監獄裡，曾自我檢討自己從小脾氣不好，特別衝動，容易抓狂，他覺得主要是因為自己沒念什麼書。他朋友是這樣回顧事發當時的：「一開始也沒覺得他有多生氣，但過了一會兒，我再一看，他們已經動手了。」

　　為什麼有的人攻擊性這麼強呢？像韓磊，他朋友說一開始也沒看出他的怒氣，那麼，準備發動攻擊的人有什麼信號是能夠被識別出來的？

人為什麼會產生暴力行為？

　　攻擊是指一個人讓其他個體造成心理或生理上傷害的行為，大至國家之間的戰爭，或是在日常生活中常見的人與人互相打罵……等，都含括其中。

　　是什麼原因讓人們產生攻擊行為呢？這個問題也一直是心理學研究的熱門課題，不同的理論流派有不同的解釋。

一、精神分析理論

　　佛洛伊德認為，攻擊是人的本能之一，人的原慾[2]的積累可能是產生攻擊行為的根本原因。

二、生物學的流派

　　該流派認為一個人攻擊性的強弱與生理因素有關，也就是大腦中的神經傳導物質或某些特定的腦區。

　　例如，若人體的神經傳導物質5-羥色胺的濃度出現問題，可能會降低大腦調節負面情緒和衝動行為的能力，使人們更容易做出高危險行為。大腦的額葉則有抑制攻擊的作用，如果該系統受損、未發揮作用或被切除，人也更容易產生攻擊行為。

三、挫折—攻擊理論

　　該理論流派認為挫折是比攻擊先產生的，如果人們經歷了挫折，就會誘發攻擊行為。這裡說的挫折是一種廣義的挫折，不

---

2 —— 也稱慾力或利比多（libido）。這是心理能量的一種形式，由生命本能操控，會驅使人朝向愉快的行為和想法前進。

僅指人生經歷中的不順利或失敗，而且與情緒類似，當人們有一些負面感覺時，包括身體或心理上的，比如身體疼痛或遇到燥熱的天氣等，更容易誘發攻擊行為。

有研究人員根據相關資料歸納後指出，在其他條件不變的情況下，全球溫度每升高約攝氏兩度，就會使美國增加大約五萬起攻擊和謀殺事件。

四、認知流派

攻擊行為的線索，也就是如何解讀外界環境與他人的行為，決定了人在這個情境下攻擊性的強弱。

例如本文一開始提到的摔嬰案，可能其他人只會將新聞中產生的爭執解讀為中性的行為，但韓磊會將之解讀為具攻擊性，甚至有挑釁意味，而當他覺得別人在挑釁時，第一個反應就是要打回去。他可能把「女子看了他一眼」這樣的行為，解讀成了「這個女人在挑釁我」。一個攻擊性強的人，會把更多的中性線索解讀成有攻擊性的線索，因此他覺得自己應該反擊。

再比如，一個熟人從你面前走過卻沒跟你打招呼，要是你脾氣暴躁一點，會覺得他漠視你、看不起你，內心憤憤不平，可能還會追上去質問他，甚至打他。但換作另外一個人，可能就會想：「他可能是因為趕著去哪裡所以才沒看到我」，把這當成一件很小的事情，根本不在意。

五、阿爾伯特・班杜拉（Albert Bandura）的社會學習理論

這個理論認為，人的攻擊行為是透過後天學習而獲得的一種認識，或者說處理事情的方式。

班杜拉曾做過一個非常經典的實驗來論證這個理論——芭比

娃娃實驗。

　　研究人員讓幼兒園的一些小朋友參加一項有趣的繪畫活動，同時，在房間的一處角落有個成年人，那裡有組合玩具，包括萬能工匠、一個錘子和一個芭比娃娃。在玩了一分鐘萬能工匠之後，成年人突然站起來用錘子攻擊芭比娃娃十分鐘，一邊還大叫著：「揍她的鼻子，打倒她，踢死她！」

　　目睹了這次突然的意外狀況後，小朋友們被帶到另一個房間，裡面有很多漂亮可愛的玩具。但在兩分鐘之後，研究人員打斷了小朋友，說這些是他最好的玩具，他必須「把它們留給其他的小朋友」。於是遭到拒絕的小朋友又被帶到另一個房間，裡面有各種玩具。結果，沒有看到成年人富攻擊性示範的小朋友，很少表現出攻擊性的言語和行動；但是那些觀察到成年人攻擊行為的小朋友，更有可能會學著拿起錘子錘打玩具娃娃。

　　這個社會學習的實驗讓我們瞭解，觀察學習對一個孩子行為的塑造有多重要，而這個結論對我們的現實生活有很大的意義。比如，很多研究者注意到暴力遊戲對孩子和成人的影響，都是基於這個理論。

　　的確，也有研究發現，玩過暴力遊戲的大學生，在面對真實世界中的暴力影片，諸如殺人、射擊和監獄鬥毆等，會表現出較弱的反應。也就是說，這些大學生不再覺得那是不應該發生的事情，他們可能認為這很稀鬆平常。這種影響會使生活中產生更多的暴力行為，也會使人們對暴力的反應更加麻木。一般人看了殺人報導、社會案件之後會非常害怕或憤怒，但是經常玩暴力遊戲的人，可能就對真實世界的暴力行為不再敏感。

用技巧緩和對方的攻擊性

那麼在生活中，我們該如何辨識周圍那些攻擊性很強的危險分子，以及萬一遇到這種人，該怎麼辦呢？

既然生物學相關的理論證明了攻擊性有生理的因素，我們就能從這個人的外表和行為上觀察出一些端倪。儘管我們無法看到他體內的腎上腺素，以及大腦裡神經傳導物質的變化，但只要細心一點，還是能觀察出這個人表現出的生理變化。比如，有沒有流汗、牙關緊咬、顫抖、呼吸急促、握緊拳頭、瞪大眼睛、坐立不安、聲調變化等現象。

此外，更容易發現的還有行為上的改變。比如，大聲講話或叫喊、大動作的比劃、辱罵，對言語過於敏感、做出具有攻擊性的姿勢、跺腳、敲打或踢東西……等。這些都是線索，提醒我們這個人的情緒可能產生了波動。至於能否提前注意到，關鍵就在於自己的觀察力和細心程度了。

如果遇到有攻擊性的人，該如何面對呢？我們可以設法緩和對方的攻擊性。像是注意自己的肢體語言，擺出不具威脅性的姿態，如雙手自然下垂、面露微笑，都會有所助益。還可以與對方保持良好的眼神交流，溫和地看著對方，但是不能盯著對方一直看。如果你和他靠得很近，可以嘗試緩慢平穩地移開，在這個過程中，要盡量保持身體動作平和。

此外，一個人攻擊性的大小其實是可以測試出來的。Buss-Perry 攻擊性量表就是檢測人的攻擊性的量表，分別從身體攻擊性、言語攻擊性、憤怒、敵意和自我攻擊性這五個層面探討一個人攻擊性的高低。總分越高，攻擊性可能就越高。

以下三十個問題與你的行為和思考方式有關，請從「符合」、

「較少符合」、「通常符合」、「較多符合」、「完全符合」五個答案中，選擇一個最適合自己情況的答案。答案無對錯之分，請不要花太多時間思考。

Buss-Perry 攻擊性量表

題目	不符合	較少符合	通常符合	較多符合	完全符合
1. 在某些情況下，我會因控制不住而打人。	1分	2分	3分	4分	5分
2. 當我不同意朋友的意見時，會當面提出反對。	1分	2分	3分	4分	5分
3. 我很容易生氣，但氣過之後很快就會恢復。	1分	2分	3分	4分	5分
4. 我的嫉妒心較強。	1分	2分	3分	4分	5分
5. 當我很煩躁時，我會想傷害自己。	1分	2分	3分	4分	5分
6. 如果有人故意找我麻煩，嚴重時我會揍他。	1分	2分	3分	4分	5分
7. 我喜歡否定他人的意見。	1分	2分	3分	4分	5分
8. 當事情不順利時，我的煩躁之情會表現出來。	1分	2分	3分	4分	5分
9. 我覺得自己遇到不公平的事較多。	1分	2分	3分	4分	5分
10. 當我很生氣時，我容易因不小心而受傷。	1分	2分	3分	4分	5分
11. 如果有人打我，我會還擊。	1分	2分	3分	4分	5分
12. 當人們干擾我時，我會毫不客氣地指責他們。	1分	2分	3分	4分	5分
13. 我生氣時就像個火藥庫，隨時會爆炸。	1分	2分	3分	4分	5分
14. 當陌生人對我過於友好時，我會懷疑對方另有目的。	1分	2分	3分	4分	5分
15. 當我特別激動時，我會忽略自身安全。	1分	2分	3分	4分	5分
16. 我跟別人相比，我與人打架的頻率稍高一點。	1分	2分	3分	4分	5分

17. 當人們與我意見不同時，我會忍不住與其爭論。	1分	2分	3分	4分	5分
18. 我難以控制自己的脾氣。	1分	2分	3分	4分	5分
19. 我對某些事情容易耿耿於懷。	1分	2分	3分	4分	5分
20. 當我很自責時，我會懲罰自己。	1分	2分	3分	4分	5分
21. 必要時我會用武力維護自己的權利。	1分	2分	3分	4分	5分
22. 我容易與人發生爭吵。	1分	2分	3分	4分	5分
23. 當看到不順眼的事情時，我很容易發火。	1分	2分	3分	4分	5分
24. 我知道有「朋友」會在背後說我的壞話。	1分	2分	3分	4分	5分
25. 當我情緒不好時，我會做出諸如大量吸菸、喝酒或不注意飲食等危害自身健康的行為。	1分	2分	3分	4分	5分
26. 如果周圍的人為難我到一定程度，我會和他們動手打架。	1分	2分	3分	4分	5分
27. 我會無緣無故地發脾氣。	1分	2分	3分	4分	5分
28. 當別人對我特別好時，我會覺得他們是另有所圖。	1分	2分	3分	4分	5分
29. 當我很生氣時，會當著他人的面摔東西。	1分	2分	3分	4分	5分
30. 我懷疑有人在背後嘲笑我。	1分	2分	3分	4分	5分

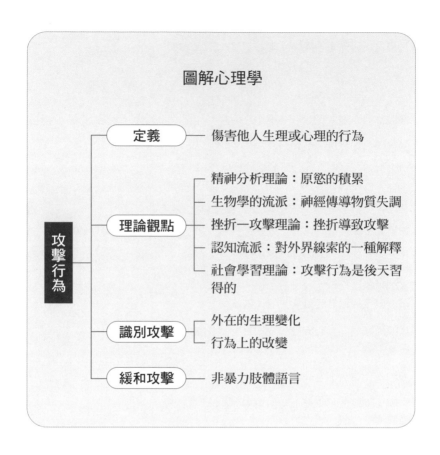

22 如何讓別人願意幫助你？

心理學效應 利他行為 ─────────────────

一個人做出的行為對他人是有利的，而對自己並沒有明顯的利益。

　　二〇〇八年發生了汶川大地震。在災難面前，出現了很多非常值得讚揚的人和事蹟。

　　比如，四川汶川映秀鎮小學的數學老師張米亞，在大地震來臨時用雙臂緊緊抱住兩個小學生，以雄鷹展翅的姿勢護住孩子，用自己的死換來兩個孩子的生。當救難人員趕到時，由於時間太久，張老師緊抱孩子的手臂已經僵硬，救援人員只好含淚把他的手鋸掉，才能把孩子救出來，兩個孩子得以生還。張米亞老師以實際行動詮釋了自己生前最喜歡的那句話：「摘下我的翅膀，送給你飛翔！」他是每個人心目中的英雄！

　　面對危險，有人選擇犧牲，但也有人選擇了堅持自我。這篇文章就介紹一下心理學是如何解釋利他行為的。

自私與利他，都是為了更大的利己

　　我們從小就被教導要樂於助人，與人為善。人類用文化和道德規範的方式把利他行為代代傳承下來。可是，為什麼利他行

為會被傳承？利他行為是人類獨有的行為嗎？該怎麼解釋這一類行為呢？

其實這個疑問也一直困擾著心理學家。從進化心理學的角度來說，有一個核心觀點是，人都是自私的。《自私的基因》這本書裡有系統地傳達了這樣的觀點：生命的本質使我們的基因得以存活下來，但它是有條件的，自私和利他並不完全矛盾。

在人類資源比較豐富的情況下，自私的基因可能會更容易發揮作用。因為資源充足，所以每個人都想讓自己的生命能夠存活、延續，因此是相對自私的。但如果在資源匱乏的情況下，情形就完全不同了。你可能會以為，在這種情況下，大家會更加自私，彼此之間拚個你死我活，搶個頭破血流。然而真實的情況恰恰相反，當資源比較匱乏或環境比較嚴苛時，利他反而會成為主導的因素，因為大家互相幫助，才能戰勝困難，一起活下去。

關於這一點，二○一一年中科院心理所的李紓研究員曾經做過一個研究，觀察在嚴酷程度不同的環境下，助人行為或者利他行為究竟如何。結果確實證明，環境越苛刻，一個人表現出的利他行為就越多。

社會規範對利他行為的制約作用

在社會心理學當中，還有其他的理論可以對此做出解釋。比如，社會交換理論就把利他行為視為和其他社會行為一樣，是由代價最小化和收益最大化的追求所驅動的。也就是說，很多的利他行為並不純粹是為了利他，而是用利他的形式做利己的事情。比如我們在為別人做一件好事時，往往心裡會有個隱藏

版的想法：這次我幫助他了，下次他可能也會來幫我。

　　但在某種程度上，人類已經把這種利他行為以文化和道德規範的形式傳承下來，也就是說，除了原始心理本能傾向的利他，人類還發展出了一套社會規範，認為我們幫助別人之前，並不會在心裡計較他下次會不會也幫自己，而是理所當然地覺得自己本來就該幫他。

　　像是幫新來的鄰居搬行李箱、男生應該幫助女生，或是在路上撿到錢包應該交到警察局，這些所謂的「應該」，其實就是我們內化了社會的期望，遵守了社會責任下的規則。

　　除此之外，最近我跟合作的研究者還發現了另一個可能的影響因素，那就是自我控制，這是指人們會不會在深思熟慮之後再做選擇。

　　在研究過程中，我們發現，當一個人自我控制程度較低，同時剛好又處在比較不利的環境（比如：危險、急難的情況），就更容易利他。因為此時人們大腦深處啟動的是進化論所提到的——在危急情況時人們應該更團結，以確保大家的基因都有機會傳承下去。而自我控制低，指的就是這種利他，是人們不假思索做出來的行為。

　　相反地，在安全情境下，如果自我控制低，就會本能地覺得，自己已經有足夠的資源可以活下去，不需要幫助他人，因此會更利己。但如果是自我控制較高的人，在經過深思熟慮後，社會規範會產生作用，人就會變得更加利他。

四個小技巧，讓人更願意幫助你

　　利用下面的一些小技巧，可以使其他人更願意幫助自己，或

者更能激發別人的利他行為。

一、人們傾向於幫助與自己相似的人

這是因為人們更容易設身處地與自己相似的人產生共情。因此當你需要幫助時，找那些和你有共同點的人求助會更容易成功。

像是跟你同齡、同鄉的人，或是透過聊天，找到彼此的共同點、愛好等，這些人可能更願意幫你一把。

二、人們更願意幫助對自己坦誠的人

這也是我們在研究中發現的一個結論。我們讓一些人向他人求助，其中一部分人跟被求助者分享一些自己的私人資訊，比如自己的經歷或現狀，而另一部分人只是客觀地表示自己需要幫助。這時，我們發現人們更願意幫助那些分享了私人資訊的人。

所以，如果下次你需要別人幫忙，不妨多說一些自己的人生經歷或故事，這樣更可能打動別人，使對方願意對你伸出援手。

三、站在一棵樹下

在一項實驗中，志願參與實驗的大學生被隨機分為兩組，一組被要求仰望一幢高樓，另一組則被要求仰望一片茂密的樹林，持續時間為一分鐘。

研究者發現，仰望樹林的學生會感受到更多的敬畏感，感受到超越自身更宏大的存在。之後，當一位實驗主持者假裝不小心掉落一支筆時，那些仰望樹林並體驗到敬畏感的學生，比仰

望建築物的學生更有可能幫忙撿起筆。

　　研究者推測，敬畏的感覺能讓人們將注意力從關注自身中轉移，而增加助人的行為。

　　以後，如果你在街頭需要問路或求助，不妨多走兩步，站在比較茂盛的大樹下向人求助，這樣你獲得幫助的機率可能會更大。

四、選一個好時機

　　這個好時機包括環境因素，以及我們選擇的求助對象。

　　有研究顯示，在天氣好、溫度適宜的情況下，人們會更願意幫助他人。比如，你可以透過觀察對方的神色或動作來判斷他的心情好壞，又或者是否有空。

　　早在一九七三年，普林斯頓大學的心理學家丹尼爾・巴特森（Daniel Batson）就透過實驗發現，在特定情況下，會不會幫助別人其實根本不取決於這個人是否善良，而是看他有沒有足夠的時間。

　　研究者招募了一批神學院的研究生作為受試者，要求他們去一個地方發表一場簡短的即興演講，並且告訴其中一些受試者，他們已經遲到了，聽眾等很久了；而對另一些受試者說，他們的時間還非常充裕，可以慢慢走過去。這個研究中最關鍵之處不是受試者如何進行即興演說，而是研究者在這些受試者去演講的必經之路，安排了一個需要幫助的人，那個人坐在門口，低著頭，閉著眼睛，動彈不得。這些受試者經過時，能夠清楚聽到他的咳嗽和呻吟聲。結果，在遲到組裡，只有極少數人停下來幫助他；而時間充裕組中，則有三分之二的人會停下來幫忙。

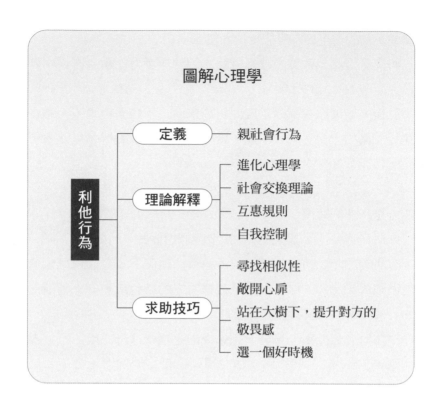

23 如何贏得別人的好感？

人際吸引力 ───────────────

人與人彼此注意到對方，進而產生好感，最後彼此接近、建立關係的情感歷程。

───────────────────────────────

　　關於人與人之間的吸引力，你認為人的哪些方面容易吸引別人的注意？是外貌、氣質，還是其他原因？

　　我們先來看一個春秋時期的故事。

　　衛國有一個外貌非常醜陋的人，名叫哀駘它。雖然他醜得讓人看到他就覺得不舒服，但是他特別受歡迎。據說，男人和他相處，每每相談甚歡，捨不得離開。女人要是和他在一起，甚至會向父母請求做他的小妾。

　　長那麼醜，還有人喜歡他，是不是因為他是一個思想家或是博學多才的人呢？我查了相關資料之後，發現史料中並沒有記載他有什麼特別之處，此人既非商業奇才，也未身居高位，更沒有巨額財富。這可真是個謎。

　　這樣一個相貌醜陋，各方面可能又很普通的人，到底是憑什麼受到男男女女的喜愛，讓眾人願意親近呢？我雖然也沒想通，但在這篇文章中我想探討一下人際吸引的話題。

這是一個以貌取人的社會

所謂人際吸引，說得直白一點，就是想接近某個人的渴望。人際吸引幾乎是所有社會關係的前提和基礎，尤其是愛情。

外貌的確會影響一個人的吸引力，因為我們認識人的第一眼，往往就是看他的長相。在印象形成的初期，外貌的刺激是唯一會產生作用的因素。

也就是說，只有在外貌引起他人的注意後，人們才會有進一步交往與互動的可能性。而前文提到的哀駘它，並不是看第一眼就會喜歡的那種人，這也是大家不懂為何他會那麼受歡迎的原因。

研究發現，不管是大人還是小孩，絕大部分都喜歡漂亮、有吸引力的人。關於這點，在進化心理學上有很強的證據證實。在人類進化的早期，人們需要找到生育能力強且身體健康的伴侶，但遠古時代並不像現在有先進發達的醫療系統，那麼，我們的祖先如何判斷一個人是否健康呢？在大部分的情況下，只能透過外貌來判斷，例如身材豐滿勻稱、長得好看等，這些都是身體健康、沒有疾病的象徵。

當然，外貌在印象形成過程中只是第一步，或者說是第一步中的一個重要影響因素。但之後還會陸續產生很多其他方面的原因，讓外貌不再只是別人決定對你觀點的唯一要素。

人際吸引力法則

雖然外貌很重要，但在人際吸引上，可能也只是一個敲門磚，還有很多因素也影響著一個人的吸引力。因此，我們可以

假設，哀駘它的人際吸引力可能就是長相以外的其他因素。

比如之前提到的，當我們知道某人可能喜歡自己的時候，我們往往也會對對方抱有好感。如果是微妙的愛情，一旦知道對方也喜歡自己，就可能會對他更加念念不忘，覺得對方非常有吸引力。而且，一項配對的研究也證實，當某些人特別喜歡你而不是別人時，這種情感回饋也會讓人有更強的自信，讓你會更願意和對方繼續交往。

這裡涉及人際吸引力最基本的假設是：讓我們感到被吸引的人，他們的出現往往能給我們帶來回報，而且這種回報可能是直接的。比如，與對方交往所帶來的積極面——享受對方把注意力全部放在自己身上的感覺；也可能是間接的，比如，第一次認識某人的時候，剛好自己喜愛的球隊贏了比賽，讓你很開心，那麼下次再見到這個人時，你可能仍然會覺得很快樂，這種因為環境帶來的情感基調，也會讓你覺得某人是個有吸引力的人。善用這種間接的回報，就可以用來提升他人對你的好感度。

另外，還有兩項重要的吸引力法則。

一、接近性效應

想要與對方產生良好的關係，彼此所在的位置越接近，關係就容易越好。比如你的同學、同事、社團朋友、客戶、鄰居等，因為距離相近，彼此有很多互動的機會，也累積相同的回憶，就會更容易互相瞭解，進而建立情誼。

有個經典的笑話就說明了接近性的重要：有個男孩子曾寫給女友數百封信，懇求她嫁給自己，而她最後確實也結婚了——但新郎是那位送信的郵差。

接近性效應的基礎在於「熟悉度」，或說是「建立熟悉感的機會」，因為人類的本性就是不喜歡陌生的感覺，並且害怕未知，總是喜歡親近自己所熟悉的東西。

二、相似性效應

興趣相同、品味相同、成長經歷相似，甚至性格相近……等，都可以提高你和對方彼此的吸引力。「物以類聚，人以群分」說的就是這一點。

研究指出，當別人的意見與自己越相似，我們就越容易喜歡對方。而在與他人相處之後，我們也比較容易對那些與自己有相似性格的人，產生較高的好感。甚至，在外表方面（例如髮色、戴眼鏡與否），我們也常在無意識的情況下，選擇和自己外形相似的人交好。

也就是說，我們都容易對那些與自己「相似」的人，產生更親近的關係，不論是性格、意見，或僅僅是外表上的特徵，也不論自己在意識層面上是否有察覺此一傾向。

如何讓人喜歡你？

每個人都希望能博得他人對自己的好感與認同，而這件事其實是可以透過心理學效應進行練習的。

一、變色龍效應

自然地模仿他人的姿態和語言，能使別人喜歡你。當然，是要模仿他人高興的表情或者不經意的小習慣，而非對方的消極表情（如：生氣）。

　　模仿他人的行為有利於人與人之間的交往，人們往往會模仿自己讀過或聽過句子中的語法，又因為行為會影響態度和情感，這種模仿也會令你對他人感同身受。

　　比如，在和別人線上溝通或聊天時，適當合宜地模仿對方標點符號及表情符號的使用習慣，可能就會增進彼此順暢地溝通，甚至增加好感度。

二、富蘭克林效應

　　富蘭克林是美國十八世紀著名的發明家，也是位傑出的政治家。他曾經很想與賓州立法院的某個議員合作，但這位議員是出了名的難纏且鐵石心腸的人。那麼，富蘭克林是怎麼做的呢？

　　富蘭克林知道這個議員的私人藏書中，有一本稀有的書，於是他詢問議員是否能把那本書借給他看兩天，這位議員同意了。而富蘭克林於一週後歸還書籍，並附上一張紙條，表達他的感激之情。關於接下來發生的事，富蘭克林是這樣描寫的：「當我們再次見面時，他主動對我說話了，（他以前從來沒有這麼做過）而且很有禮貌。後來，他還向我表示他隨時願意為我效勞。」

　　富蘭克林把他借書所帶來的成功歸結為一條簡單的原則：曾經幫過你一次忙的人，會比那些你幫助過的人更願意再幫助你。換句話說，要使某個人喜歡你，可能就要請他幫你一個忙，這會讓對方感受到被認同和尊重，進而拉近彼此的心理距離。

三、將關係與美好的事物聯繫在一起

　　這就是前面我提過的：間接的回報。人們透過條件反射，會形成對於與獎賞性事件有關的事和人的積極感受。

　　舉個例子，在一週的緊張工作結束之後，當人們圍坐在營火前，享受可口的食物、醇香的美酒和美妙的音樂時，就會覺得身邊的一切都是那麼溫馨，包括身邊的人。可能平時人們並不覺得那些人多麼具有吸引力，但在那種溫馨而放鬆的氛圍下，可能就會覺得對方是迷人、更讓人喜歡的。

　　相反地，如果某人正處於焦慮不安，那麼他可能對遇到的人就沒那麼有好感了。

　　浪漫的晚餐、在劇院觀賞表演、在家共度夜晚、外出度假，這些對增強人際吸引力都很重要。如果你希望維繫與伴侶的關係，就讓你們的親密關係與美好的事物產生連結吧。

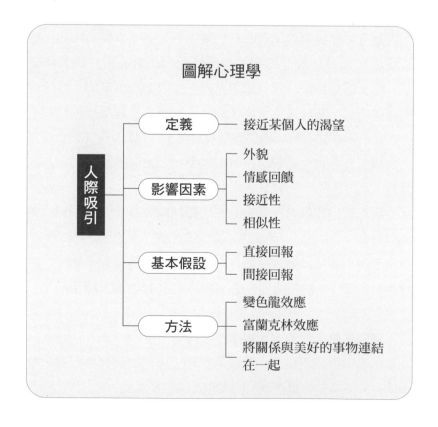

24 為何人多反而容易誤事？

心理學效應　責任分散

如果除了自己之外，還有許多人在現場，責任感會被分散，人們在面對事件發生就會變得退縮，認為會有其他人承擔更多的責任。

　　曾有媒體報導過二十世紀六〇年代一個震驚美國社會的事件，標題很聳人聽聞——「三十八人目擊謀殺發生卻無人報警！」

　　一九六四年三月十三日凌晨三點左右，紐約一位年輕女子基蒂・吉諾維斯在上完夜班即將到家前，遭到持刀歹徒的侵犯，她驚恐地尖叫並懇求幫助：「天啊！我被刺傷了！請幫幫我！」淒慘的聲音在寧靜的深夜中迴盪著，顯得分外刺耳，吵醒了鄰居。很多人走到窗戶邊觀望了片刻，目睹歹徒離去又重返多達三次。直到有人打電話報警，歹徒才離開，當時吉諾維斯早已倒在血泊中。之後調查發現，一共有三十八個人目睹了這場暴行，卻都無動於衷，沒人採取拯救行動。

　　這場慘案引發社會心理學家的研究熱潮。是什麼原因讓這三十八個人都如此冷漠，不願伸出援手，也沒有報警呢？是因為他們都是一群冷酷無情、見死不救的壞人嗎？

「此事與我無關」

　　造成這場悲劇的很大一部分原因在於「責任分散效應」，它是指旁觀者越多，就越無人願意插手的現象。當不只有一人能夠在緊急事件中幫忙時，人們經常會假設其他人願意或也應該幫忙，於是他們自己就會退縮或選擇不插手。因此我們可以推測，那些聽到呼救聲的鄰居並非沒有同情心，他們當時可能想：「離受害者住得更近的人可能已經報警了，或者其他人可能已經報警了，我就不需要再多此一舉了。」

　　在這樁集體冷漠所造成的慘劇發生四年後，兩位社會心理學家畢博・拉塔內（Bibb Latane）和約翰・達利（John Darley）研究分析了各種緊急情況，從決策的角度發現了旁觀者在面對緊急事件時的思考與行動過程。

　　旁觀者是否注意到了這個緊急事件呢？如果都沒注意到，那麼當然根本沒有救助的可能性。這也是二〇一一年「小悅悅事件₃」發生時，一部分人從她身邊經過但沒有停下腳步的原因，因為兩歲的小女孩身形太小了，忙著趕路的行人中，有些人很可能就沒有注意到她。

　　但如果人們注意到她了呢？就像這個事件一樣，受害者深夜裡驚恐的尖叫和求助聲一定驚醒了很多人。旁觀者在注意到之後會進一步對情況做出分析：這是不是一個緊急事件，情況有沒有非常危險？如果旁觀者判斷，這件事不緊急，求助者早一

3 ── 二〇一一年十月十三日，兩歲女童小悅悅在廣東佛山，被一輛貨車輾壓兩
　　次，之後又被另一小貨車輾過。過程中共有十八位路人或駕駛人士目擊，卻
　　無一人出手相救。最後有一位拾荒婦人把小悅悅抱到路邊並通知她的母親，
　　可惜小悅悅送院時已不治。

點或晚一些獲得幫助的影響並不大，那麼旁觀者就很可能不提供幫助。

如果把這個事件解釋為緊急事件，旁觀者會怎麼做呢？他們會進一步判斷，我在這件事情裡有責任嗎？如果他們判斷自己沒有責任，或者即使有也非常小，小到不會影響整個情勢，那麼他們也會選擇不挺身而出。旁觀者只有認定自己在這個事情上責無旁貸時才會伸出援手。

該伸出援手，還是明哲保身？

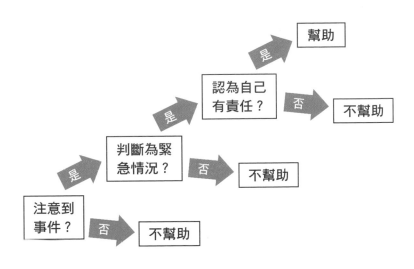

旁觀者的內心判斷

從上面的決策路線圖中，只有一條路線能夠讓旁觀者採取行動，但是這中間會有很多條岔路使他們袖手旁觀，這些岔路分別是覺察、解釋和責任，也是引發責任分散的關鍵因素。

一、覺察：旁觀者越多，反而更不會注意到發生的事，也可能不認為自己必須幫忙

在同一個場景中，如果旁觀者越多，會注意到事情發生的可能性反而越小，這將導致受害者更少有機會獲得幫助。

比如，有位研究人員和一百四十五位合作者一共測試了一千四百七十九次，當他們在搭乘電梯時假裝不小心掉落了硬幣和鉛筆。當旁邊只有一位乘客時，他們得到幫助的可能性有百分之四十；當旁邊有六位乘客時，他們得到幫助的可能性只有百分之二十。因此研究人員推測，當旁觀者的人數增加時，所有旁觀者都更不會注意到事件的發生，也更不容易視其為重大問題或緊急情況，因此就更不認為自己有採取行動的責任。

二、解釋：求助者是否提出確切的理由，說明自己為何需要別人的幫助

一九七六年，研究人員設計了一項實驗，他們讓一位男性和一名女性假裝在打架。結果發現，當女子大叫「走開，我不認識你」時，有百分之六十五的機率會得到別人的幫助；但如果她說「滾開！我不知道我怎麼會嫁給你！」時，只有百分之十九的機率會獲得幫助。

類似的情形也發生在真實生活中。曾經有受害女生被歹徒當街騷擾，當歹徒向周圍的路人說「吵架啦，這是我老婆」的時候，原本準備瞭解情況、提供幫助的路人就都走開了，最後導致受害女生在公共場所陷入無人協助的困境。

這個研究的基本結論是，求助者應該給出足夠有力的解釋，為什麼需要別人的幫助，好讓旁觀者判斷自己是否應該伸出援手。「我不認識你」就是一個有力的解釋，這讓旁觀者知道男子

在「欺負」或「侵犯」女性；而「我不知道我怎麼會嫁給你」，
這個解釋會讓旁觀者覺得，這是別人的家務事，就不要插手了
吧。

三、責任：對方提出的請求是否能引發你的責任感

在一個實驗中，有個人（實際上是實驗者特意安排的）會對
旁邊的陌生人提出不同的請求，他有時會問：「你有空嗎？」有
時則是問：「你能在我離開的時候幫我看一下行李嗎？」前一種
情況並未讓旁觀者產生責任感，因此當小偷拿走受害者的東西
時，那些人只是袖手旁觀；但那些答應替對方看著行李的人，
在小偷偷東西時幾乎都介入了，有些人甚至窮追不捨地抓住小
偷。

一個小小的請求——「你能在我離開的時候幫我看一下東西
嗎？」這句話所具有的社會心理學力量，幾乎使得每一個旁觀
者都能熱心地提供幫助。當然，注意因素中提到的人數也是一
個誘因，在人越多的情況下，每個人覺察到自己應該有責任的
可能性就越少。

除了這三個因素之外，前文提到過的內團體和外團體也是引
發責任分散的因素之一。我們每個人都會自動定義與自己來自
同一群體的人，以及與自己不屬於同一群體的人，也就是in
group member（組內成員）和out group member（組外成員）。

之所以會產生責任分散效應，很可能是因為我們把需要幫助
的人當成外團體的成員，認為他和自己不屬於一個群體，自己
對他沒有責任，當然不會提供援助。比如，有一個家境清寒的
同學生了重病，急需醫藥費，如果他是你的同班同學，那你很

可能會二話不說馬上捐款，給予協助；如果他是你的校友，你可能也會捐款，但金額就不會太多；但如果他只是其他學校的學生，他的學校你連聽都沒聽過，只是在社群網路上看到有人發起募款的連結，那可能你看完之後就忽略了，因為你不覺得自己和他有什麼關係，也就感覺不到自己有責任了。

由此看來，把需要幫助的人從組外成員變成組內成員，可能就是克服責任分散的一個關鍵。因此，就像之前提到的，增加接觸的方法，對這種情形下的責任分散是比較有效的，比如，一起旅遊、聊天等方法。

如何降低責任分散效應？

以下就列舉一些方法，可以降低責任分散效應出現的機率。

一、向特定的人求助

如果我們在外面遇到了緊急情況需要幫忙，應該盡可能讓旁人把注意力集中到自己身上，進而克服責任分散的阻力。

如果附近的人不多，首先要大聲呼救，讓周圍的人注意到自己正處於危急時刻。只要達到一定的人數，就馬上指定其中某個人，比如，眼睛注視著一個人，說：「穿紅色衣服的那位女士，我需要你的幫助。」直接向特定的人求救，而不是被動地期望有人能主動幫助自己，這樣做能夠大大提升自己獲得幫助的可能性。

二、把責任具體落實到特定的人身上

如果你是主管或公司負責人，當你把某個任務交給一個團隊

完成時，一定要指定負責人。任務的細節具體到哪個環節該找
誰，出了問題該找誰，最後直接跟這些負責人溝通即可。當團
隊無法完成任務時，如果你想讓自己的批評變得有力，就要讓
批評具有針對性，一定要將責任具體到人，也落實到事上，不
要讓大家有一種「這是所有人的責任，我一個人不努力也沒關
係」的感覺。

　　記住，將責任具體落實到特定的人身上，可以降低責任分散
的可能性。

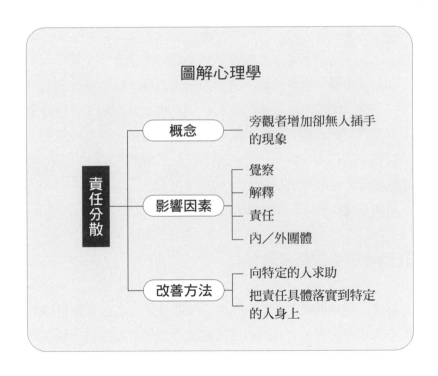

25 如何避免成為偏激的大多數？

心理學效應 群體極化

在經過討論之後，群體最後的決定往往會比他們個人原本的傾向來得極端。

在做決定時，如果你請不同的人給予意見，你會發現，若只是問一個人的意見，往往這個人的意見會比較中肯，或對方會認真幫你分析利弊。但如果是一個集體的決策，或你同時在一個群體裡問很多人對某個意見的看法時，他們提供的意見則會比較類似，這是為什麼呢？

這與本文要解釋的群體極化現象有關。

我們會朝主流意見靠攏

群體是指兩個或更多的人在較長時間裡進行互動，並會以某種方式相互影響，將他們和自己視為「我們」的團體，所以群體可說是有相似身分認同的共同體。

而群體極化就是，假如我們在群體中共同討論專案，需要做出決定，當大家得出一個比較相似的觀點，然後在這個基礎上互相討論時，群體做出的決定會更加偏向兩極，不是更加保

守，就是更加激進。

很多心理學家都證實了這個現象。比如，有項研究就發現，讓大學生們集體討論一件證據模糊的交通事故時，當他們最後給出明確的「有罪」判定時，如果陪審團成員傾向判定應當賠償損失，集體討論的賠償金額同樣也會傾向高於陪審團成員提出的金額，同時批判的言辭也會更加激進。

至於為什麼會出現群體極化的現象，從目前的研究來看，可能有以下幾個原因。

一、資訊的影響

在大家一開始觀點都相似的前提下，如果發現對方的說辭跟自己所想的一樣，就會覺得自己的觀點獲得支持了，信心倍增，同時也比較容易從其他人那裡聽到了支持這個觀點的新證據。在有人信服和有新資訊支持這兩個因素的影響下，都會讓群體中的個人更加堅定原本抱持的觀點。

如果是初始觀點不同的情況，在討論初期，會先形成一個互相說服的局面，看哪一方提出的觀點支持性資訊較多，就會更令人信服，於是群體中的其他成員就會傾向改變自己原來的觀點，轉而支持具有說服力的一方。最終，大家不但意見一致，而且與自己原來的觀點相比，會更加支持眾人達成的共識。

二、群體規範的影響

群體中的每個人都希望自己能融入身處的團體中，也被團體的其他成員接納，所以會刻意或無意識地研究群體的趨向性，在整合歸納出眾人的喜好與被認可的觀點後，再以更進一步的方式提出自己的意見。這樣一來，就可能達到一箭雙鵰的目

的——不僅分享了想法，贏得了認同，還能展現出自己的領導才能。同樣地，其他的成員也會有類似的心理，隨著討論的進行，就形成了觀點反覆核實的循環。最終，極端的觀點也就出現了。

集體情緒的力量

關於群體極化的例子，你可能還會聯想到公司的腦力激盪會議或小組討論。除此之外，還有哪些情況會出現群體極化呢？

一、網路環境

隨著網路的發展，「個性化推薦」已經成為非常普遍且通用的演算法功能。比如，你今天在網路上搜尋了某一款鞋，於是，近期各大電商平臺都會為你推薦類似的鞋子。這會形成一個比較可怕的過濾氣泡效應[4]，也有人喜歡用「同溫層」來形容，指的是網站針對個人化搜尋而提供篩選後的內容。

過濾氣泡會導致即使現在網路資訊非常發達，但我們卻看不見也接觸不到這些多元化的訊息。網路非但沒有讓我們拓寬視野，反而把我們困在自己的舒適圈，聽到的都是自己聲音的回音，看到的都是自己的倒影。

舉個例子。為什麼在很多熱門的社會事件上，大家容易形成同一種觀點？這往往就是過濾氣泡的作用。因為和不同觀點對話及辯論是非常燒腦的，但若不斷利用自己已經認同的觀點和

---

4 —— Filter Bubble，運算機制會依據網路民眾先前的網路行為（像是按讚、點擊和搜尋紀錄），決定民眾能夠看到的文章，使人身處多同質性高的言論環境中。

評價，與跟自身認知相同的網友一起隔空討論，就能滿足自己群體歸屬和維持自尊的心理需求。一旦缺乏理性思考，就可能變成「偏信則暗」了。

所以，一方面是網路技術在製造過濾氣泡，另一方面，人天生就喜歡待在過濾氣泡裡，這就導致網路言論比現實生活更容易出現群體極化現象。

二、衝突的情境

在衝突的情境中比較容易出現群體極化，而且這種情況會讓衝突更加劇。

舉個例子，二〇一八年法國爆發「黃背心」抗議運動，當時法國油價持續上漲，民眾已經開始感到不滿，這時政府又為衝突加了一把火——通過了調高燃油稅的法案。

當時法國市民曾用一般的正常管道表達過不滿，但政策卻越來越糟，顯然之前的回饋完全無效，怎麼辦？那就上街示威抗議！「黃背心運動」最後的結果就是衝突不斷加劇。

讓集體決策更有智慧

看到這裡，大家可能會覺得，群體極化就是不好的，應該設法避免。但凡事都有一體兩面，不能武斷地下結論。群體極化在某些情況下其實還是有可取之處的。

比如，可以運用群體極化宣導一些社會正義的事情。例如有些城市的機車道路設計得很完善，但是自行車道比較少，一般人可能會覺得，自己不常騎腳踏車，影響不大。但如果有人在路上騎腳踏車發現，騎了一會兒，自行車道突然就會消失了，

不得不騎到人行道或者機車道上，這時候就容易發生交通事故，這是很危險的。如果這時有一些人能站出來宣導，要設計更完善的自行車道，並且列舉各種證據來說明自行車專用道的好處，這樣就可能使本來覺得事不關己的人，慢慢也覺得：「沒錯，的確應該好好規劃自行車道。」

在這個例子中，宣導者一開始的確是少數族群，他們利用了群體極化來影響多數人，但無論是從目的還是結果來看，都是往更好的方向發展。

除此之外，我們還應避免群體極化造成的不良影響。

從個人層面而言，首先，我們可以有意識地提升自己的資訊吸收量與批判性思維的能力，這對我們避免網路上的群體極化非常有幫助。當我們看到網路上的文章或觀點時，多問自己幾個問題。比如，他為什麼這麼說，有什麼目的？或者，他說的這些觀點有事實根據嗎？有沒有人持反對意見？反對的那一方又是怎麼說的？這樣我們就不會被那些極端的言論輕易帶偏。

其次，我們還要避免因為個人好惡、群體認同、歸屬感而加速群體極化的發生，這樣可以讓我們對內心的矛盾與衝突保持比較敏銳的覺察。當發現自己的想法改變時，先不要急著換邊站，而是先冷靜下來，思考自己為什麼會轉向認同新觀點。如果你發現是因為群體歸屬、個人情感等因素的影響，就要謹慎對待了。

就群體而言，可以從制度層面設計一些避免群體極化的方法。比如，在主要團體之外，在外部設立顧問群或評審團之類的部門，他們不需要參與具體的討論過程，而是負責監督群體的決策，從批判性的角度給予建議。像股份公司，除了董事會之外，還有監事會，這樣的編制就具有預防群體極化的作用。

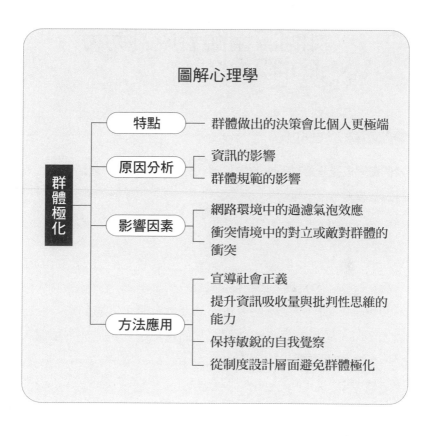

26 如何讓圍觀者成為助力而非阻力？

心理學效應 社會助長 ──────────

我們在完成某種活動時，會由於他人在場或與他人一起活動而提高行為效率。

───────────────────────────────

　　回想一下你的學生時期，在參加運動會時，當看到別人為自己加油時，是不是就會特別賣力？而當你為別人加油，那個人是不是也會比其他人表現得更好？

　　這種現象在心理學上叫作「社會助長效應」，也稱為「社會促進效應」，指的是一個人在進行某種活動或某項任務時，會由於他人在場而產生行為效率提高的現象。

　　也許有的讀者會說，我也打籃球，怎麼覺得一被人圍觀，就會打得更爛呢？別急，在後文中，我會把社會助長，以及它的發生條件、阻礙條件都解釋清楚。

社會促進對簡單行為更有效

　　可能大家都碰過，當自己正在寫作業或工作時，爸媽或同事湊過來或圍觀而被打擾的情況。這時你是不是會覺得自己成為被注視的焦點，可能連字都寫不好了？

如果是這樣，這不就跟前面所說的社會助長互相矛盾了嗎？那麼，為什麼有時候會出現截然不同的情況呢？其實這就是社會助長理論的有趣之處，因為在社會助長理論被提出後，心理學家確實發現了這兩種相互矛盾的現象，也著實因此苦惱了一陣子。

用現代的方法重新分析，提出社會助長理論的心理學家諾曼‧特里普利特（Norman Triplett）的第一個實驗發現，所謂社會助長並沒有顯著的效果。這個差異類似於跑一千公尺只比對手快了一秒，這微乎其微的差距可以忽略不計。然後，有些研究者設計了其他實驗，結果發現，他人在場非但沒有帶來預期中的社會助長，反而還妨礙了受試者的行為表現。

看來心理學家的困擾和我們經驗中互相矛盾的情況是類似的，而且意見分歧的兩派無法說服彼此，因此關於社會助長的研究和論述便暫時被擱置了。直到社會心理學家羅伯‧查瓊克（Robert Zajonc）提出了一個系統的理論來解釋社會助長現象，大家才明白這個問題，以及其中出現的矛盾。

這個理論的基礎是實驗心理學裡一條著名的定律：「喚醒狀態」能夠增強優勢反應。這個定律有點類似數學裡的公式，雖然心理學中的定律不敢說是像數學公式那麼絕對正確，但在絕大部分情況下，定律的內容都是可以證明的。

於是，查瓊克提出，他人在場可以增強一個人的優勢反應，而增強後的優勢反應能夠促進簡單行為，這是社會助長出現的根本原因。但是，增強後的優勢反應也會妨礙複雜行為，這是社會助長效應出現的負面作用，並令人感到困惑的原因。

優勢反應是指自己能掌握得很好或簡單容易執行的任務。比如，讓一群人纏線頭，這是非常簡單的工作，不用教，看一眼

社會助長及負面作用

就知道怎麼做。如果一群人一起做，就會有競爭感，結果會比一個人做來得又快又好。或者，有人看著你纏線頭，尤其是你心儀的人在一旁觀看的話，你就會更有動力。

打籃球也是如此，本來就打得好的人，如果被眾人圍觀，他會想，這是展現自己球技的機會，當然會努力表現得更好。但對於球技較差的人或初學者而言，有觀眾對他們來說就是種壓力，會出現失誤的情況也就不足為奇了。

由上述結果可知，對於簡單的任務，當有人在場時，我們在生理上會受到激發，使我們表現出優勢反應，也就是當刺激出現時我們最快、也最容易引發的反應，因而提高我們的成就；但對於困難的任務，我們通常會有錯誤的優勢反應，因而妨礙我們成功。

有別人在場，就能「喚醒」我們的狀態

那麼，為什麼有人圍觀能引起喚醒狀態呢？主要可能有兩個因素。

原因一：對評價的在意與顧忌

我們很在意別人怎麼看自己，也希望能給別人留下好印象，基於這樣的心理，就會出現喚醒狀態。也就是說，如果我們發

現有人正在評價我們，替我們打分數，那麼我們的行為就會得到一定的改善。比如，如果發現房間有錄影機，我們的表現就會收斂一點。

關於評價這一點，「圍觀」和「我在群體中」這兩種情況，雖然在情境上看起來很類似，但還是有微妙的差別。在圍觀的情況下，「我」在這個場景下的自我意識以及自我控制的程度是非常高的，此時的「我」是個獨立的個體，對「我」來說，周圍的每一個「他人」都在關注「我」，所以「我」特別在意自己的表現，這就是他人在場時更容易引起喚醒狀態的原因。

而「我在群體中」，自我意識及自我控制程度則較低。相較於上述，在群體中，「我」並不會意識到自己是個個體，而是和他人一樣，是屬於群體的一分子。這是這兩者間最大的不同點。

原因二：分心

當注意到別人在關注自己時，這個人對我們而言就是個分心物。本來我們心思絕大部分都集中在正在做的事情上，比如工作、讀書、打球等，而分心會破壞我們有限的專注力。

因此一旦出現了他人，我們就不得不分出一部分的注意力，放在那些注意我們的人身上。我們一邊關注自己的表現，一邊又在意旁人的看法或評價，這樣一來，有限的專注力可能就不夠用，認知系統負荷超重了，這種情況也會觸發喚醒狀態。

此外，查瓊克認為，如果他人只是「純粹地在場」，即當事人沒有被評價的顧忌，也沒有分心，僅僅是有別人在場，也會引發一定程度的喚醒。

舉個例子，現在有不少公司都採開放式辦公，員工的座位之間沒有完全隔離，結果所有人的工作效率都提升了。員工都各

自在自己的座位上專心工作，同事的存在只是他人在場。因為進入工作狀態之後，大家基本上不會在意坐在隔壁的同事會怎麼看待自己。有些人會把這種效率提升歸結為某種氛圍或心理場（Psychological Field）之類的原因，但其實「他人在場」是個能被實驗證實的因素。

回想一下學生時代，你一個人在家裡自習的效率，是不是遠不及去圖書館念書？在圖書館裡，即使你完全不認識身旁的人，也會發現讀書的效率提高了不少。

那麼，社會助長效應可能會妨礙複雜行為，又該如何解釋呢？

首先，在喚醒的條件下，優勢反應不一定是正確的，甚至可能是錯誤的，也就是說，我們把這個任務做錯是非常簡單的事情，而要做對就得花些心思和時間了。

其次，由於複雜行為可能存在的難度，在喚醒的條件下，「擔心出錯」的心理會造成人們很大的壓力，而壓力會妨礙我們的行為表現。這兩個因素在相互作用下，會使得一有他人在場，自己的表現反而更糟。

善用群體力量，激發好勝心與競爭感

那麼，該如何有效利用社會助長效應呢？以下舉兩個可以在日常生活中運用的例子。

一、瘦身期間減少聚餐

這裡的聚餐並不只是與同事或朋友間的相約用餐，也包括全家人一起吃飯。因為比起一個人吃飯，和別人一起用餐時，會

在不經意間吃得更多。

　　二十世紀八〇年代，健康心理學家約翰・德・卡斯楚（John de Castro）為此做過一個研究，他調查了許多人的飲食習慣，讓參與者定期提供「飲食日記」。到了一九九四年，他一共收集到五百多份詳細完整的紀錄。分析之後發現，不管和誰一起吃飯，像是朋友、同學、同事、親人……只要和別人一起用餐，就會比一個人吃飯的時候吃得多。

　　以查瓊克的理論來看，幾個人一起吃飯，就出現了他人在場的情況，而吃東西是人的優勢反應，這樣一來，社會助長效應就出現了，既然有人圍觀，就會吃得更多。可怕的是，很多人意識不到這種情況。只是中午和同事一起簡單吃個午餐，怎麼會攝取過多的卡路里呢？但它的確就發生了。

二、在條件良好的開放空間讀書或工作

　　這裡的「條件良好」是指在開放空間裡，其他人也做著和你類似的事情，例如在圖書館，或是提供自由工作者開放式的辦公空間等。從社會助長效應的角度來看，在這些公共空間做事，效率會比獨自在家大為提升。

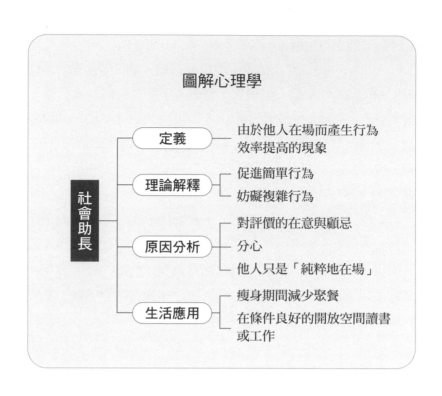

27 為什麼這個社會存在各種歧視？

心理學效應 社會認同 ────────────

人們經常依靠他人的行為來決定自己應該怎麼做，也就是在行事時樂於參照相似人們的行為。

───────────────────────────

生活中很多事情都能畫出一條鄙視鏈。比如，據說打遊戲的玩家，他們會排出各種鄙視鏈，有一條是這樣的：打《星際爭霸》的鄙視打《魔獸世界》，打《魔獸世界》的鄙視打《刀塔》，打《刀塔傳奇》的鄙視打《王者榮耀》。

在學術界，更有鄙視鏈的存在。比如，在理科領域，心理學可能就處在鄙視鏈的最底層，而心理學家剛好就會研究鄙視鏈的問題，他們會站在心理學的角度思考：為什麼人們會熱中在鄙視鏈上定位自己所屬的群體和標籤？為什麼會對自己所屬的標籤和群體產生一種優越感，覺得「我們」比「他們」優秀呢？

給自己貼標籤，是為了尋求社會認同

社會認同理論是社會心理學中很重要的理論，指的是人們對自身社會身分的認同。這個理論最早是由社會心理學家亨利・

泰菲爾（Henri Tajfel）研究的，他把社會認同定位為：人們認識到自己屬於特定的社會群體，同時也察覺身為群體成員帶給自己的情感和價值意義。舉個簡單的例子，在中、小學時期，都會以自己是某個班級的人為傲，這種積極的自豪感就建立在對自己所屬班級這個群體所產生社會認同的基礎上。

這種社會認同是怎麼發生的呢？泰菲爾設計了一個實驗來探討這個問題，結果令人吃驚——光是為人們分類，就能產生不同的社會認同。這個實驗是這樣的：他讓六十四個十四、五歲的中學男生參加這個實驗，他們依序拋擲硬幣，如果拋出的是硬幣的正面，就分到X組；如果是硬幣的反面，就分到M組。這個分組是單獨進行的，這些男孩彼此沒有機會見面，互相也不認識，他們只知道自己被分到了哪個組，而無法知道有哪些人和自己同組。

分組完畢後，實驗員給他們一筆小額的金錢，不是真錢，而是一個數字，比如十五元，並要他們把這筆錢分給另外兩個人。實驗員只告訴男孩，其中一個是M組第四十九號成員，另一個是X組第七十二號成員。除了知道這兩人的組別之外，沒有再透露任何訊息。結果，僅僅因為組別不同，男孩的分配行為就出現了非常大的差異。他們分給跟自己同組的人更多錢，平均有八・〇八元，而不同組的人平均只有六・九元。

這個研究給我們的啟示非常有趣，是不是人類為自己尋找社會認同的時候，就是這麼簡單呢？只要給自己身上貼個標籤，內心就開始往標籤那個方向傾斜了？

從自我認同到社會認同

於是，研究者抱著探討的態度，深入研究社會認同理論。他們開始探討一個問題：一個人在從自我認同轉向社會認同的過程中，會經歷哪些心路歷程呢？

研究發現，可能有下面三大方面。

一、分類

舉例來說，我的職業是老師，那我就會獲得「老師」這個分類標籤。然後，我跟其他老師相比，發現彼此有很多相似的地方，因為為人師表，我們都要符合相同的社會規範，相同的大眾期待。在分類這個層面上，我就與所有老師一樣，產生了社會認同。

二、社會身分定位

當人們為自己歸類之後，還會進一步自動將個體定位和群體定位相契合，逐漸完成心理歸屬的過程。

舉一個我個人的例子。雖然我是老師，但我在尋求認同時，會刻意放大自己身為老師的特點，因為這部分的自我與其他老師之間的相似性最高，最能找到共鳴，這部分的自我就是「群體我」。這個過程會主動地去個人化，也就是自動弱化自己其他方面的個性，並強化自身在老師群體中的共同性，以尋求一種社會認同。這時候，我身為老師的定位和老師群體的身分定位就有了極大的交集。

但在主動去個人化的過程中，並不代表會失去個人的責任感，我們的責任感依然很強。假如出現一個敗類，破壞了老師

群體的集體形象，那麼老師群體中的大多數人就會主動排斥並
譴責這個人，然後強化自我要求、加強師德方面的認同，來維
持整個群體的「群體自尊」。

三、社會比較。

　　找到群體歸屬之後，一般來說，人們的活動不會僅限於自己
的群體，還會與其他群體比較。比如，老師和學生比較，老師
和公務員比較，老師和一般上班族比較。透過這種與社會各個
群體的多方比較，老師的心理獨特性就會極大地顯現出來。這
也是當我們談起自己的職業身分時，都會在心裡出現一個非常
具體的想像的原因。你也可以根據自己的職業身分，從以上三
個角度來分析，看看是否如此。

　　說到社會比較，就不得不提內團體和外團體。因為社會比較
的最終結果就是區分內外團體。在日常生活中，如果你和另一
個不同職業的人聊天，可能會說：「我們老師如何如何」、「你
們程式設計師如何如何」。再舉一個例子，有些人經常會說「我
們本地人」、「你們外地人」等，基於地域性的不同而區分群體。
這種「我們」、「你們」，就是社會認同上對內外團體的分類，
也常造成兩個群體之間的誤解、歧視，嚴重時還會導致對立。

　　其實，除了職業之外，社會認同的領域還有很多，比如，更
大範疇上的國家認同、文化認同、性別認同；更小範疇上的各
種小群體、次文化的認同。

社會認同對我們的影響

　　社會認同會給我們帶來哪些影響？對個人來說，清晰而穩定

的社會認同能夠提升一個人的自尊。比如，學生會因為自己的班級歸屬而感到自豪，這種積極的感受能夠幫助他健康成長。

而對群體來說，成員的社會認同能夠提升團隊的凝聚力，增強集體的價值感與動力。但在兩個群體對立的情況下，社會認同則很可能會增加敵意。

那麼，從積極層面來說，該如何激發人們的社會認同呢？

一、設定群體名稱與標誌

這其實就是泰菲爾研究中所發現的分類作用。一個好的標籤能夠強烈激發人們的社會認同，比如，每個公司都會有自己的Logo，每個學校都有自己的校徽，或是有些團隊會有自己的隊呼。在行銷中，妥善運用這一點就能帶來非常好的效果。

二、尋找外團體目標

外團體目標的出現能夠強烈刺激人們的社會認同。比如，想要提高員工的工作效率，就為公司找一個有力的競爭對手，這樣大家就會團結一致對外。

三、成為少數族群

少數族群更容易因為自己的少數屬性而尋求認同。比如，前文提到的性別認同，一個異性戀可能很少會注意到自己的性別、性取向的問題，或意識到有些性取向和自己不同的人，那麼，他對於自己性別方面的認同就不一定會顯現出來。

而對一個同性戀者來說，他很可能從小就一直在思考這個問題，並且會主動瞭解相關的知識，接觸這類的團體，這就是追求社會認同感的表現。

　　你對於本文一開始提到的鄙視鏈有了新的認識了嗎？在這裡推薦大家聽英國歌手約翰・藍儂（John Lennon）創作並演唱的《想像》（Imagine）。這首歌的歌詞涵義深遠，能帶我們去一個沒有因宗教派別、民族界限而造成戰火與隔閡的世界。

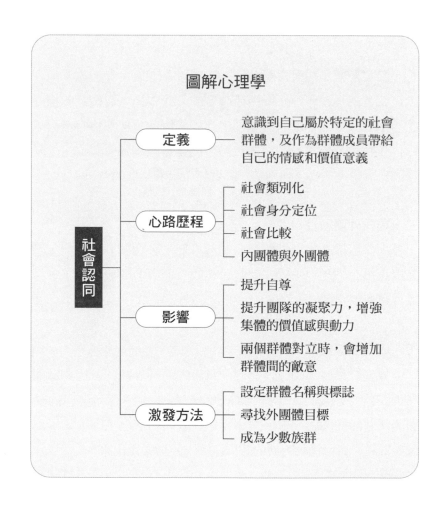

28 與金錢相比，
為何員工更希望受到重視？

霍桑效應 ──────────────────

當被觀察者察覺自己正在被觀察時，會傾向改變自己的言行。

網路上有一個這樣的問題：「如果你老公每個月給你十萬塊錢，但是不回家，你可以接受嗎？」在此我們先不探討夫妻關係，而是順著這個問題舉一反三：在工作中，如果公司給你優渥的薪水，但是工作環境非常惡劣，同事之間的關係也很糟，那麼你還會願意繼續待在這家公司嗎？

給予員工更多關注，有助提高效率

現在，以一種比較宏觀的角度來思考這兩個問題。第一個問題，假如你是員工，在什麼情況下，你會更願意努力工作？第二個問題，假如你是管理者，你會用什麼方法提升員工的績效？

第二個問題幾乎是所有公司的管理階層都會關注的問題。一九二〇年，美國電力公司為了提升員工的生產效率，委託哈佛大學的教授喬治‧埃爾頓‧梅奧（George Elton Mayo）進入工廠進行研究。梅奧團隊考察了很多可能的因素，包括燈光的變化、休息的間隔、工時的長短等各種外在因素。

最後發現，似乎不論做什麼樣的調整，員工的效率都會增加。光線亮一點，效率提升了；光線暗一點，效率仍會提升。這聽起來有點不可思議，也就是說，從心理學實驗設計的角度來說，不論使用什麼研究變數，結果都沒有差別。

後來，到了二十世紀五〇年代，在對實驗資料重新分析後，有科學家發現，其實真正產生作用的，是在實驗過程中，員工感覺到自己在被觀察，受到了關注，因此效率才會提高。

這個研究結果也就是後來廣為人知的「霍桑效應」：當人們意識到自己正在被觀察時，就會傾向改變自己的行為。霍桑效應很快就成了心理學、經濟學及其他許多行為領域的一個術語，很多研究者都用霍桑效應來強調，「參與實驗」這個行為本身就會帶給受試者一定程度的行為變化。

但我認為，霍桑效應被誇大和誤解了。我會這樣說是基於兩個原因：第一，這個實驗的年代很早，實驗設計和數據都有被誇大之嫌；第二，霍桑效應的結論只突顯了梅奧教授在霍桑工廠進行其中一個叫作「照明實驗」的內容，而後續一連串的其他實驗內容都被忽略了。

所以，我想就霍桑效應這個實驗檢視一下梅奧實驗的真實過程，以及實驗中被忽略的部分。

人是「社會人」，不是「經濟人」

上面提到霍桑效應所依據的實驗──「照明實驗」，在廣為流傳的版本裡，通常被歸納為：研究員把工人分成A組和B組，A組改變照明的亮度，B組則不做任何變化。結果發現，A組的工人在光照條件良好時，工作效率會提升；但在光照條件變差，

也就是容易引起疲勞的情況下，工作效率仍會提高。此外，在B組不做任何改變的前提下，工作效率同樣也有所提升。

但實際上，關於這個版本的實驗，完全沒有提到真正參與研究的工人只有五人。如果要進行工作環境對員工行為的影響實驗，五個受試者的樣本實在太少了。

此外，這個實驗是在實驗室進行的，環境條件比真正的工廠好很多。實驗室的空間小且安靜，空氣流通也更好；而工廠是非常大的空間，不但嘈雜，空氣流通也較差。

此外，研究人員的參與也使管理階層對工人更友善，實驗室的氛圍也比工廠好很多，員工之間有更多互相交流的機會。還有值得注意的一點是，這個實驗時間長達兩年半，過程中曾替換過兩位測試者，而替補的新工人會表現得更熱情。

所以，從這些細節中我們可以發現，原來當時的實驗根本沒有嚴謹的實驗控制方法，而且可能還受到很多其他因素影響。不僅如此，後來又有科學家找到了第一手的實驗資料，重新分析後發現，其實不存在統計上的顯著差異。也就是說，實驗結果的差異可能是由隨機因素造成，而不是由實驗的控制所導致，進而由此得出的解釋可能是沒有意義的。

分析完第一個「照明實驗」的內幕之後，再來瞭解實驗中被忽視的部分。

梅奧教授在霍桑工廠的研究，還做了很多其他方面的嘗試。其中有個實驗是為了研究激勵措施對工作績效的影響。結果很意外，他們發現，有激勵措施之後，工人的生產效率反而下降了。

實驗是這樣的：有十四位男性工人參加這個實驗，工作內容

是處理電話交換機設備。這十四個人一直在一起工作，形成了一個小團體，算是非正式的組織。然後，有工人就開始懷疑：萬一自己的效率真的提高了，實驗結束後，上司會不會找藉口解雇其他工人呢？他們認為，管理階層一定會覺得，既然員工能以更高的效率完成工作，那公司就沒有必要雇用這麼多人，精簡人事可以節省人力成本。基於這樣的猜測，他們故意讓自己的工作效率維持不變，甚至有時還會有些怠惰，因此工作效率下降了。

現在我們知道，在二十世紀二〇年代，當時處在經濟大蕭條的社會背景下，這個背景對梅奧教授的實驗也會產生影響。但當時他並沒有注意到這點，而是發現了另一個有趣的結果——員工內部存在著非正式組織，而且他們非常重視相互關心。

現在來看，大家會覺得，這不是很正常嗎？上班除了薪資之外，大家多少也會重視工作氛圍、員工福利等條件。但我們之所以說這個發現了不起，是因為它間接促進了工業與組織管理心理學研究的興起，甚至使其發展成一門應用學科，也逐漸改變了人們的觀念。因為當時的人力管理者多半認為，如果要管理好員工，只要給予足夠的薪資和獎勵就夠了，那時人們還無法瞭解員工的心理需求。

所以當我們把霍桑實驗和梅奧教授的研究結合起來看時，除了發現照明或其他刺激對員工績效會產生影響之外，還可以得到另外的啟示。

一、人是「社會人」，而不是「經濟人」

在工作環境中，每個人都會有心理需求和人際互動的需求。人無法像機器那樣只工作，而不需要任何外在的鼓勵。利用金

錢獎勵固然很重要，但卻不是鼓勵員工的唯一方式。

二、企業中存在非正式組織

這種員工之間自發性形成的小群體，其意義和價值不可忽視。這種狀態我們並不陌生。剛到一個新環境時，先認識什麼人，後認識什麼人，和哪幾個人之間的關係好，以及同事之間的親疏遠近等，給我們帶來明確的影響，這些因素可能都會影響我們對公司的認同感，以及對工作壓力、動力的感受等。

三、管理階層應該培養新的領導能力

尤其是提升員工滿意度的能力，這樣才能提升員工在工作中的士氣或戰鬥力。比如，尊重員工、滿足他們宣洩工作壓力和工作負面情緒的需求等。

如何讓軟爛員工變積極？

關於霍桑效應的傳奇與真實情況揭祕，先到此為止。我們可以看到，霍桑效應對企業管理方面還是有很大的啟發和指導意義。那麼，基於以上三點啟示，企業與團隊可以做些什麼，讓員工或團隊成員更積極，提高他們的效率呢？

一、扁平化管理與增加福利

扁平化管理很早就被驗證有效，目前也正成為一種趨勢。同時，很多徵人廣告和企業介紹，也會加上老闆很有親和力、上班不用打卡、提供免費下午茶、舉辦生日聚會、定期員工旅遊等，將之作為企業優勢之一，增加企業的吸引力，同時也是提

高工作效率的重要方式。

這些員工福利能夠增加員工在工作時的愉悅度，員工的心情好，工作效率自然就會提高。

二、營造簡單的人際關係的氛圍

工作中健康的人際關係也能讓員工感到快樂，而這種健康關係的核心就是「簡單」。越簡單越好。

比如，有很多公司強調自己的企業是一個大家庭，像家一樣溫暖。可是，「家」這個意象除了溫暖和愛之外，可能還有複雜的人際關係。而且，企業也很難真正做到像家庭一樣，畢竟還是有績效考核，甚至必要時還要扣薪資或裁員。

那怎麼辦呢？我認為還是應該讓企業和員工之間回歸簡單的交換關係。這樣一來，員工就不會因為複雜的關係而投入太多感情和精力，進而能更加沒有負擔地工作。

三、增加企業與員工之間的匹配程度

這一點對以動腦為主的知識型員工來說尤為重要。因為兩者之間的一致性程度越高，越能夠發揮員工的創造力，進而提升產能。這裡所說的一致性主要包括三個方面：一是員工個人價值觀與企業組織價值觀，或是組織文化之間的符合程度；二是員工個人需求與企業需求之間的符合程度；三是員工個人能力與企業發展所需通用能力之間的符合度。而在這三點當中，價值觀的相符可能是最重要的一點。

在哥本哈根商學院的研討會上，曾有一些跨國企業的高級主管討論他們重視的價值觀，得出最重要的五個價值觀是誠實、愛、美麗、心態平和與幸福感。而絕大多數企業秉持的價值

觀，反而是成功、效率、權力、競爭力和生產力。由此可見，
管理階層重視的價值觀和企業重視的價值觀之間有很大的差
異，這就提醒了公司的主管和老闆，應該注重樹立自己的企業
文化。同時也提醒每個人，在找工作時，要多留意公司的價值
觀與自己的價值觀是否相符，因為這與你的工作幸福感大有關
係。

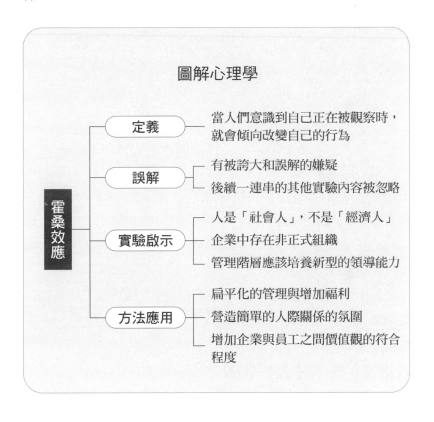

29 如何讓部屬甘願追隨你？

研究管理過程中，人與人之間相互關係的一門科學，與社會學、心理學、管理學、管理心理學有關。

　　在《西遊記》裡，孫悟空一開始非常桀驁不馴，自稱齊天大聖，還大鬧天宮，誰都不放在眼裡，雖然在五指山下被壓制了五百年，但唐僧最終將其馴服還是下了很大的功夫。一開始，唐僧靠緊箍咒來控制孫悟空，但是到後來你會發現，即使唐僧有時錯怪了孫悟空，孫悟空也會表示，「我不要離開，我要跟著師父去西天取經。」

　　這就引出了一個問題：唐僧到底用什麼方法馴服了孫悟空？是緊箍咒嗎？

什麼樣的領導才是好領導？

　　如果從組織管理的角度來看這對師徒的關係，我們會發現，唐僧絕對不是簡單地以暴力或高壓政策來管理他的徒弟，作為一個領導者，他其實是非常出色與成功的。

　　有很多人會從企業管理的角度來解讀《西遊記》，其中有一個

核心問題是：什麼樣的領導才是好領導？

可能有些人認為好的管理者本來就有領導的天賦，研究者也的確發現，大多數領導者都具有下列這四項共同的領導特質：

一、智力：一個好的領導者，他的IQ通常也比較高。

二、成熟與寬宏大量：一個好的領導者，情感往往表現得很成熟，待人接物溫和有禮，而且有比較廣泛的興趣愛好。

三、自我激勵與成就驅動：他們通常是結果導向的，在實現一個目標之後，會主動再尋找下個目標，有很強的內驅力。

四、誠實：他們為人正直，很快就能贏得他人的信任，獲得員工或者下屬忠心的追隨。

對魅力型領導者來說，最重要的是贏得他人的忠心與追隨。同樣的事情，如果換一個人做，員工可能就不會這麼賣力了。而這種魅力究竟是如何形成的呢？

研究者分析了「魅力」當中的關鍵因素，發現魅力型領導者確實有一些共同的特徵。

一、會強調共同的願景與價值觀，而這些願景與價值觀會吸引一些人願意追隨。

二、能創造並促進共同體的形成，人們對於「我們是誰」、「我們代表誰」有明顯的共識。

三、能表現大多數人理想中的行為模式，他們會做出一些自我犧牲、重視承諾的行為，尤其是符合他所提倡的願景與價值觀的行為。

將以上這些特色套到唐僧身上，他就是一個魅力型領導者。

首先，唐僧會強調，我們共同去取經，而且這是為了造福老百姓。其次，唐僧和他的團隊確實形成了共同體，也就是「我們是一個取經的團隊，而不是簡單的烏合之眾」。最後，唐僧自己就是徒弟學習的榜樣，這種榜樣是魅力型領導者非常重要的特徵。

「領導」與「管理」是兩種不同的能力

有人可能會認為，領導只是一種行為，可以透過後天學習。況且，以上對魅力型領導者的分析也發現了一些證據支持這種說法——透過對領導行為的分析，可以歸納出一些提供所有人學習的領導能力。

如果持有這種觀點的人，往往容易犯一個錯誤，那就是認為「領導者」與「管理者」並無二致。在此先就這部分進行說明。

一、思維過程：管理者的重點集中在「事情」上，檢查內部是否有問題時，通常傾向是接受現實；而領導者則著重開創事業，思考時比起集中在「人」，更傾向於觀察外界有沒有什麼變化。

二、指導組織：管理者著重執行計畫、關注當下現狀，這樣的結果往往是只見樹木，不見樹林；而領導者則重視建立願景與價值觀，創造未來，開拓新市場，這樣往往能綜覽全貌。

三、與員工的關係：管理者傾向於嚴格控制，他們與員工之間是上對下的關係，工作模式是教導、指導與協調；而領導者與員工的關係則可能是授權關係，彼此可以相互學習，互相信任，共同發展。

四、執行風格：管理者重視效能，也就是要以正確的方式做事情，他們可能會問「怎麼做」以及「什麼時候做」；而領導者則會重視有效，也就是做正確的事情，他們可能會問「是什麼」、「為什麼」，也有能力創造、改變。

五、決策方法：管理者會依據政策、制度與程序來做決定，對自己的要求是不負眾望；而領導者決策時的依據往往是價值觀與原則，對自己的要求是追求卓越。

所以，總結來看，成為一個好領導主要在於以下這幾個方面：自我管理、管理溝通、管理差異、管理道德、跨文化管理、管理團隊、管理變革。

如何提升領導力？

怎麼做可以提升領導力呢？

首先，是「員工第一」原則，也就是要把關心員工放在首位。對一個領導者來說，他可能會把需要關心的人排序為：股東、顧客、員工。但只有幸福快樂的員工才能創造出讓股東和顧客都滿意的價值。

透過與員工建立雙向溝通、互相信任的關係、充分尊重員工的觀點……等，都能達到關心的目的。

其次，要掌控工作組織。對於工作要有計畫、確實溝通、安排進度、分配任務，如此就能確保目標與計畫的執行及實現。

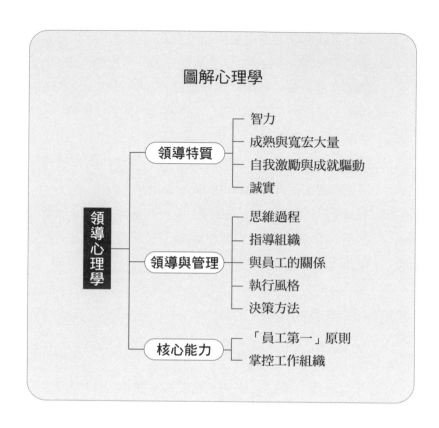

30　如何激勵員工 士氣？

員工激勵 ——————————————————

透過各種有效的方式，對員工的各種需求予以不同程度的滿足或限制，以激發員工的動機和欲望，進而全力達到預期目標。

　　說到福利待遇，在這裡先談談一家公司——谷歌（Google）。

　　谷歌公司的福利待遇常被大家拿來當作榜樣談論。有新聞曾報導，員工每天都能在公司總部的自助餐廳免費享用三餐，公司也設有二十四小時開放的美容院及健身房，此外還提供各種醫療服務。在個人發展方面，谷歌給予每年八千美元的繼續深造補助。另外，還有很多惠及員工家人的福利政策，比如，如果員工生產就能獲得五百美元的補助，男性員工能休十八週的產假，比美國政府規定的十二週無薪產假還要多六週。如果員工不幸去世，他的配偶在未來十年能持續獲得該過世員工百分之五十的工資，如果孩子是未成年人，那麼孩子每個月直到成年都能收到一千美元的生活費……還有很多，就不一一列舉了。

　　看到這裡，此刻你應該非常羨慕了。谷歌公司這些福利的主要目的，就是要提高員工的士氣，激勵員工。

　　但話說回來，要達到激勵員工的目的，是不是只能靠物質作

為獎勵呢？

彈性福利，讓激勵更有溫度

其實，激勵員工並不是只有為員工提供高薪、好的政策或物質上的福利，還包括員工個人和公司制度以及公司環境互動。我們必須鼓勵員工，使他們朝目標積極前進，但不能採用同樣的方法激勵所有員工，因為可能有些福利對一部分人很具吸引力，但其他人則是興趣缺缺。

激勵大致包括員工的努力、公司的目標，以及員工的需求三個要素。在工作情境中，激勵的過程大致如下——一開始，員工的需求未獲得滿足，他們就會緊張，內心焦慮。為了緩解這種緊張焦慮，他們就會有主動的驅動力，促使自己做些事情。這時他們發現，只要實現團隊或公司的目標就能滿足自己的需求，於是他們就這麼做了。一旦目標達成，公司就會滿足他們的需求，他們的緊張感因此獲得緩解甚至消除。

谷歌公司福利機制的內在邏輯就符合這個過程。以繼續深造的補助來說，谷歌的前提條件是，如果員工想要獲得這筆錢，就必須在員工考核中達到B級以上。若員工有自我提升的需求，他就會注意到這項福利，於是他發現，「如果我要拿到這筆補助就必須努力工作」。這樣一來，谷歌公司激勵員工的目的就達到了。公司雖然花費一筆開銷，但員工為公司創造的價值已經遠遠超出了這筆錢的金額。

有的人可能會問，沒那麼有進取心的員工該怎麼辦呢？這裡所說的員工需求，是一個非常廣泛的概念。比如，在事業上有進取心是一種需求；但有的員工更重視家庭和生活品質，這也

是一種需求。對於這樣的員工，與保障家庭生活相關的福利政策就非常有吸引力，比如彈性工時、有薪假等。所以，谷歌公司這類的福利制度與單一的福利措施相比，就靈活得多，也因此更受大家歡迎。

如今，靈活而具彈性的福利制度成為越來越普遍的趨勢，公司給予更多種類的福利組合，員工根據自己的需求選擇相應的福利，這種激勵方式才能更有效激發每位員工的內驅力。

要正向鼓勵，也要負向禁止

激勵能給員工帶來確切的好處，但它的核心或是說激勵的本質，是為了公司的管理階層與領導階層。上層關心的是員工為公司帶來的價值，也就是員工的績效，這是激勵最根本的目標。

據此，西方的管理學家就提出了一個績效公式：績效＝F（能力×激勵）。也就是說，激勵是否有用，還得視這些方式和員工自身能力之間的化學反應。

與這個績效公式有異曲同工之妙的是，美國行為科學家萊曼・波特（Lyman Porter）和愛德華・勞勒（Edward Lawler）提出了一個綜合的激勵理論。

首先，激勵措施能夠促使員工努力工作，而且能決定員工的努力程度。但員工實際的工作績效卻是由其能力、努力程度以及對工作任務的理解程度這三項因素共同決定，而員工激勵只能影響「努力程度」這項因素。

同時，與激勵互相搭配的獎勵，需要以員工的實際績效為前提，這也是很多公司的實際做法。如果員工能夠同時獲得與其

績效相對應的內在獎勵（工作本身帶給人的激勵，包括工作是
有趣的、能讓人產生責任感和成就感等）與外在獎勵（執行工
作與服務而獲得的報償）。

但這個理論忽略了一個重要的因素——對員工的支持。如果
缺少有效的支持，好的激勵方式可能也無法產生好的效果。此
外，還要注意「支持」與「激勵」的區別，很多研究證實，支
持性因素並不是激勵手段。

舉個例子。有個銷售團隊訂定了一個很高的業績目標，也提
供優渥的績效獎金。然而，公司的品牌在市場還沒什麼知名
度，因此缺少客源，此外又缺乏適合的行銷方案協助銷售人員
拓展客群，這樣一來，員工就很難達成績效，或根本不會因為
這樣的激勵而被激起鬥志。這就是缺乏支持的一種表現。

關於員工激勵，提醒大家留意一個很重要、但可能會被忽視
的因素：挫折與懲罰。激勵並不僅僅是正向鼓勵，也包括負向
禁止。

在工作中，員工可能會因為各種原因產生挫敗感，這時可能
會有較強的攻擊性，如果處理不好，這種因工作而產生的攻擊
性，可能會帶來持續的破壞性結果。比如，因為勞動分工的精
細化，有些員工被迫要做單調又重複的無聊事情，時間一長，
他們可能就會產生挫敗感，其積累的攻擊性最可能導致的後果
就是怠惰消極，生產力下降。

再比如，員工在努力工作的過程中，因為一些意外狀況而未
達到績效目標，進而感到挫折，這時如果主管不分青紅皂白就
收回獎勵或予以懲罰，員工的攻擊性可能也會誘發更多的負面
結果。

原則上，比較好的做法是增強與員工之間的共情，並增加雙

向溝通。在員工受挫時，與其溝通的對象最好是和績效考核沒有直接相關的人，這樣可以提供員工放心發洩情緒的管道與機會，安全地釋放攻擊性。如果是由直接相關的考核人員，例如由員工的主管與之溝通，反而可能引發他更強的焦慮感。

這樣激勵才有效

公司要如何吸引人才或關鍵人才的留任，是人力資源管理上激勵員工的重要課題。以下有三點可供參考。

一、提高綜合型工作的比例

仔細分析不同的職位會發現，大部分工作都有五個主要層面，分別是：技能多樣性（要求員工利用專門的技能才能完成各種不同活動的程度）、任務完整性（要求完成一項完整的、可辨識的任務的程度）、任務重要性（工作對他人生活或工作的實際影響程度）、工作自主性（員工在工作內容與工作方式上的自由度、獨立性及自主權），以及回饋（員工在完成任務的過程中，有多大程度可以直接且明確地獲得關於自己工作績效的訊息）。

如果工作有較豐富的技能多樣性、任務完整性以及任務重要性，也就是符合前三個層面，那麼員工就比較容易感受到工作價值，這類工作讓員工產生挫折情緒的可能性會較低，進而有助於誘發他們的內在驅力。

二、讓員工富有使命感

實現這一點並不能只靠公司宣導願景與價值，而需要與員工

共情，在員工的工作和公司使命之間建立相對應的聯繫。

　　一方面，公司要在完成工作的行動中貫徹使命，而不僅是停留在口號層面；另一方面，則要增加員工參與的管道與機會，這樣能讓他們更有動力為實現公司的願景全力以赴。

三、要喜歡你的員工

　　這是針對管理者而言。上司和下屬在本質上是一種人際關係，如果管理者一直不喜歡某些員工，那麼制度上的激勵措施，很可能就會被這種糟糕的人際關係瓦解。

　　管理者可以在激勵不喜歡的員工之前，先控制好自己的情緒，避免讓員工感受到這種負面情緒。另外，可以嘗試增加相處時間，給自己深入瞭解員工的機會，因為有時候討厭的情緒僅因偏見而生。當你更深入瞭解自己討厭的人之後，可能就會改變對他們的態度。

　　最後，如果還是看不慣某些員工，那麼可以換個想法，理性思考並分析他們的優點，並經常自我提醒，如果只在乎員工某些令自己不舒服的習慣，會強化這種討厭的情緒，不利於對員工的管理與激勵。分析他們的優點則能有效減輕負面情緒，至少能夠更加理解員工。

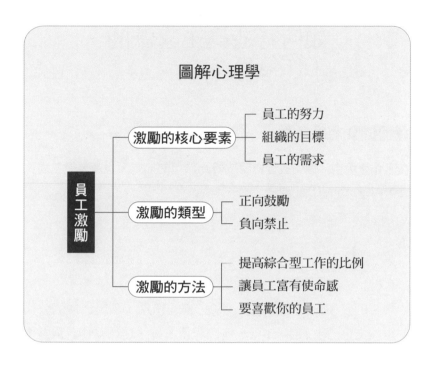

31　如何營造員工喜歡的工作氣氛？

心理學效應　組織氛圍 ————————————————

在工作環境中，個人直接或間接對此環境的知覺，也就是員工對企業內部環境的認知和態度。

華為的企業文化一度成為大家討論的焦點。華為稱他們公司的組織文化是「狼性文化」，他們覺得「狼」這種動物有很多優秀的品質，並且認為狼性永遠不會過時。

華為的「狼性文化」，可以用學習、創新、獲益、團結這幾個名詞來涵蓋。學習和創新代表敏銳的嗅覺，獲益代表進取、進攻精神，而團結就代表群體奮鬥精神。

那麼，你的公司文化氛圍又是如何的呢？

組織氛圍的力量

氛圍是一種很微妙但又真實存在的東西，而組織氛圍則是公司或組織內部成員對於工作場所中，與期望、支持、獎勵有關的實踐、規則與行為的共同感知。

例如，在一個氣氛緊繃的公司中，每個員工都會不自覺地變得緊張，想努力讓自己跟上公司的節奏或同事的步伐，盡量不

拖累或麻煩他人，所以常會感到工作節奏非常快，壓力也很大，這就是組織氛圍這種力量帶給員工的直接影響。

　　這是組織行為心理學家班傑明・史耐德（Benjamin Schneider）在歸納總結前人研究的基礎上所得出的定義，其中包含了兩個重要的因素。

一、從員工個人的角度來看，「氛圍」必須被感知到才能稱為真實的組織氛圍。假如老闆說，我們團隊的成員人人平等，但如果員工平時有什麼想法和建議都不敢提出來，要看老闆的心情和臉色才敢發言，那麼這個團隊的氛圍就是上下級別涇渭分明，而不是真平等。
　　也就是說，光靠說的沒用，氛圍必須是能被真實感受到的存在。

二、組織氛圍建立在群體基礎上，是僅憑一己之力無法抗拒的一種社會力量，這種力量也會對員工的個人行為產生很大的影響。
　　其力量運作的過程包括下面三個階段。

（一）模仿：是指新員工會根據組織中的環境資訊來調整自己的行為，努力適應環境，別人怎麼做，自己就跟著怎麼做。

（二）同化：在模仿的過程中，新員工會逐漸從行為到心理態度都與組織中的大部分人類似。如果他在模仿階段感知到的組織氛圍是壓抑、沉悶的，那麼即使他原本是活潑開朗的個性，也會變得沉默，盡量少說話。

（三）從眾：在大部分情況下，新員工第一時間下意識

產生的想法和做法會與組織氛圍一致。比如，發現工作環節中的疏失後，如果處於一個鼓勵直言的團隊中，那麼他的第一反應可能就是說出來，向主管報告。如果處於一個壓抑的團隊中，那麼他可能就會假裝沒看到，即使最後選擇說出來，可能也有一番心理掙扎。

但在現實生活中，我們其實很少說「組織氛圍」這四個字，而會用通俗的話語表示，比如「最近工作氣氛比較輕鬆」或者「現在氣氛很緊張」。

研究人員發現，其實組織氛圍可以細分為很多個層面，比較經典的一個研究指出，組織氛圍有八個重要的面向，分別是授權、信任、合作、壓力、支持、認可、公平與創新。

比如，授權是指組織中的權力下放，可以讓基層員工參與政策制定與決策。但從組織氛圍的角度而言，其實還有所謂的「心理授權」，也就是員工真正感知到自己處於「被授權」的狀態，如此才會在態度和行為上有所改變。而比較長期有效的方式就是形成授權的氛圍，這樣員工就會在此氛圍下，自發性地形成積極參與的習慣。

領導者決定工作氣氛

除了上述這些面向之外，還要注意一個與組織氛圍源頭有關的問題，那就是領導者。

雖然普通員工無法左右組織氛圍，但組織氛圍的形成與改變的確和少數人的意志有關，這些少數人就是領導者。領導者是

組織氛圍力量的源頭，他們能塑造某些氛圍，而塑造的過程則與領導者的領導行為及風格有關。

領導者的信念會在組織中發散並向外輻射，成為組織中力量最強大的一個能量場。比如，對家長式的領導者來說，他們的特色是同時兼具仁慈和權威感，是如同父親般的存在。受這種風格輻射所塑造的場域的影響，員工就會自發性地追隨領導者，形成一種爭取讓自己被領導者看到及賞識的「力爭上游」的組織氛圍。

因此，雖然組織氛圍不可避免地會受到整個群體的影響，但領導者的影響力可能更大。不但會在組織氛圍裡有意識地施加影響力，甚至還可能會在無形中影響員工。

那麼身為管理者和領導者，應該如何充分發揮組織氛圍的力量呢？

一、要準確辨識出組織氛圍的變化

這種變化有很多種信號暗示。比如，個人績效或團隊績效下降，又或是員工的行為發生變化，消極怠惰的現象增加……等。一旦發現這些情況，除了採取一般的管理之道外，管理者和領導者還應該敏銳地將這些情況與組織氛圍的變化相互連結，找出解決之道。

可以採取的方式就是仔細檢視並找出組織氛圍產生變化的根源，從源頭解決問題，讓工作氣氛重新回到良好的狀態。

二、要重視群體的特點，尤其是群體的易受暗示性

基於群體的特點，在組織中，員工的個性會在一定程度上被削弱，變得更容易接受暗示，而且這種在群體中受到的暗示會

有很強的傳染性。

比如，在以正常程序辭退員工時，如果公司內部出現了大規模裁員的流言，並且迅速傳播，那麼很快就會產生人人自危的氣氛，導致大家無心上班，甚至開始找新工作。

所以，管理者和領導者應該打造簡單且透明的制度流程，以避免人心浮動，也能讓組織氛圍更穩定。

三、提升員工的組織公平性。

公平的氛圍有助於提高員工的滿意度，並降低其負面感受與離職率。

而且，人們不僅會關心自己是否得到組織的公平對待，還會關心他人是否也獲得公平的待遇。如果員工在組織中看到同事遇到不公不義之事，儘管受到傷害的不是自己，也會因為「物傷其類」而產生同樣的感受，這種感受的傳播和擴散，會讓組織氛圍變得更負面。

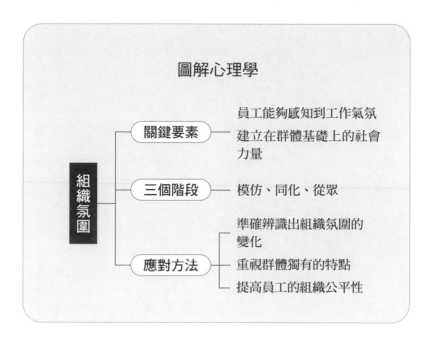

認知心理學

平凡與卓越的差異

3

32 天賦平平，如何讓自己變得更聰明？

多元智能 ────────────────

智商不是只有一個面向，每個人都有不同的天分，而且要持續且廣泛地學習，才能因應時代變化。

────────────────────────────────

　　屠呦呦獲得諾貝爾生理學或醫學獎之後，她曾經就讀的中學也蔚為話題。她的中學檔案裡還保留讀書期間的成績單，學校有位老師說，屠呦呦的學生時期成績並沒有特別突出，有的科目還只有六十幾分。

　　諾貝爾獎得主小時候也會成績不好？據說，已經有科研機構統計過最近這些年，幾十位諾貝爾獎得主在讀書期間的學習成績，發現了和屠呦呦一樣的情況，很少有人都持續保持前幾名，甚至有些諾貝爾獎得主中學時期還成績平平。於是有人說，這是「諾獎現象」，或者稱為諾貝爾獎得主的「第十名效應」。

　　很多人認為，中學時期的學習成績好壞與智商有關，但是，智商高的人就一定能功成名就嗎？智商究竟包含了人類哪些基本能力？

八種多元智能，打破IQ決定論

在智商測驗中，智力就是我們在量表測試中獲得的成績。在這種框架下，智力的定義相對簡單，並且非常具有可操作性5。然而，哈佛大學教授霍華‧加德納（Howard Gardner）則極度質疑這種對智力的單一認識，他對「測驗評分代表智力程度」這種方式也非常不認可。

他認為，智力是一種計算能力，也就是處理特定資訊的能力，這種能力建立在人類生物和心理本能的基礎上。基於對智力的定義，加德納提出了八種處理資訊的核心能力，也就是八種相對獨立的智力模組，這八種智力分別如下：

一、語文智能：對語音、節律和意義的敏感性，以及對不同語言功能的敏感性。在閱讀書籍、寫文章、寫小說、寫詩歌，以及在溝通中理解別人說的話等任務中，能夠顯示語言智力的高低。

二、邏輯數學智能：對數字或邏輯的敏感程度和推理能力，有能力掌握複雜的推理。類似解答數學題目、算錢、邏輯推理等，都能顯示邏輯數學智力的高低。

三、空間智能：準確感受空間世界的能力，也是對人的最初知覺進行轉換的能力。看地圖，以及整理與收納空間等工作，能夠顯示空間智力的高低。比如，有些人說自己是「路癡」，看不懂地圖或者經常迷路，可能就是空間智力程度不太高導致的。

5 —— 編註：具有可觀察、可測量、可操作的特徵。

四、肢體動覺智能：控制身體運動和靈活掌控物體的能力。
　　很多體育活動都能夠顯現出人們在這方面智能的高低。

五、音樂智能：欣賞節奏、音高和旋律的能力，以及欣賞不
　　同音樂表達形式的能力。唱歌、演奏樂器等能夠展現這
　　種智能的高低。不過，在凡事皆以考試為成績評量標準
　　的教育制度下，有些人在學生時期上音樂課的機會可能
　　不多，在缺乏接觸和練習的前提下，並不能簡單根據是
　　否會唱歌或演奏樂器來評判其音樂智能的水準。

六、人際智能：辨別他人的情緒、氣質、動機和需求，並做
　　出適當反應的能力。人際智能的概念，比較接近在情緒
　　模組中所說的情緒智能，也就是比較接近通俗意義上EQ
　　的概念。

七、內省智能：對自己的優勢、弱點、需求和智力的瞭解程
　　度，並能自省、自制的能力。內省智能強的人能自我瞭
　　解，意識到自己的內在情緒、意向、動機、脾氣和欲
　　求，以及自律、自知和自尊的能力。

八、自然觀察者智能：認識植物、動物和其他自然環境
　　（如：雲和石頭）的能力。自然觀察者智能強的人，在
　　打獵、耕作、生物科學上的表現較為突出。

天生我材必有用

　　在多元智能的理論框架下，每個人表現出來的綜合智能都是
這八種智能模組的獨特組合。比如，建築師及雕塑家的空間感
（空間智能）較強，運動員和芭蕾舞演員的體力（肢體動覺智
能）較強，公關的人際智能較強，作家的內省智能較強……

等。

加德納的多元智能理論也對全才和專才現象做出了解釋。全才也被稱作「探照燈式」的智能模式，這類型的人往往擁有三種以上的強勢智能，但這些強勢的智能並不特別突出，同時也沒有特別弱項的智能類別。這類人在學生時期往往沒有表現特別好的科目，日後更適合綜合類型的工作，比如，政治家、企業家、管理者。

專才也被稱作「雷射燈式」的智能模式，這類人往往在某一種智能上表現特別突出，但是其他方面都相對普通。基於這樣的智能模式特徵，這類人喜歡深入而持續地專注於某個細分領域，比較典型的職業代表為科學家、發明家和藝術家，比如屠呦呦所具有的就是比較典型的雷射燈式智能模式。這也能解釋為什麼有些諾貝爾獎得主在讀書期間表現一般，而在後來的人生中卻能夠取得巨大的成就。

前面提到的全才和專才分類，只是為了方便我們理解這兩種典型智能分布模式的區別，事實上，每個人的智能組合都是獨一無二的，是否能成功，除了與自身智能模式組合的特徵有關，還與社會文化有著密切的關係。加德納認為，西方國家較注重邏輯數學智能和語文智能的發展，而非西方國家對其他的智能則更重視。

比如，在日本，非常強調合作行為和社區生活，因此人際智能相對重要。更為明顯的例子是，在西太平洋的島嶼卡洛琳島上，鑒於航海對當地人的重要性，當地文化非常重視空間智能，船員必須能夠在沒有地圖的情況下，僅依靠空間智能和肢體動覺智能在海上航行很長一段時間。

因此，每一種文化都會鼓勵某些特定智能組合的發展，而對

另一些特定的智能組合發展則不是那麼在意。因此我們可以合理推測，也許有些表現平庸的人，只是恰好生長在一個不適合自己的社會文化環境中。中國古代透過科舉考試取才，這種考試有點類似現在的智力測驗，但科舉考試重視的是語文智能，而對於數學、物理則根本不列入考量。

多元智能理論在教育中的應用

多元智能理論提出之後，在教育界產生相當重大的影響，這一點是非常出人意料的。因為一開始，多元智能理論是在心理學領域被提出的，並作為探究人類智力的一種理論，在學術界接受批評與檢驗，但是它獲得了教育工作者的青睞，迅速走向實用領域。

因為教育工作者應用此一理論的熱情，加德納身為多元智能理論的提出者，便闡述了他對於把這個理論應用在教育中的個人見解，並指出有三個比較重要的教育學推論。

一、個性化的教育

教育工作者應重視每個學生，並也要重視不同學生之間的差異。在理想狀態下，實現個性化教育需要三種角色。

第一種角色：評估專家，他需要盡可能獲得每個學生的詳細資訊，並且把這些資訊回饋給老師、家長和學生本人。

第二種角色：學生與課程的中間人，負責挑選適合學生的課程，為學生量身打造適合的教學方式。

第三種角色：學校與社區的連絡人，負責介紹學生適合他的行業與職業。

這個觀點給予很多學校現行教育體系非常大的挑戰，因為目前大部分學校的教育方式，都是將一種標準套用到所有學生身上，用同一種考卷考核所有學生，離個性化教育還有很長一段距離。

二、教育目標優先

儘管多元智能理論與教育的關係密切，但它並不適合作為教育的目標。在心理學語境下，我們很容易理解這八種智力；但在教育學語境，尤其是在教育實踐中，實現八種智力的共同發展，是件非常困難的事情。

比如，對於「人類智力的決定因素大部分取決於神經與生物機制」這個觀點，可能有的人會認為，智力是天生的，我們只需要順應它，不必做什麼改變；而另外一些人則可能覺得，正因如此，我們更應該竭盡所能去提升與改變自己。

理論中同樣的論述會依不同人所得出的結論而有所差異。因此，若想要落實在教育上，必須先確立明確的教育目標，再討論多元智能理論的應用。

三、關鍵概念的多種表達

對學生來說，理解所學的知識非常重要。當一個人能把他獲取的知識應用到與之相關的事物或領域時，才是真正的理解。

以歷史為例，熟悉重大歷史事件固然重要，但這還不夠。真正的理解是，能夠在沒有前例可循的情況下，鑑往知來、舉一反三地分析當前正在發生的事件。

基於這三個推論，我們很容易發現，在應用多元智能理論

時，容易出現很多誤解，其中，將傳統智力測驗的方式套用到八種智能模式上，就是很多人經常犯的一個錯誤。

回到心理學領域，有一個對多元智能理論的評論值得我們注意。對比美國發展心理學家羅伯特・斯特恩柏克（Robert Sternberg）的三元智能理論，可以發現，多元智能理論具有非常明顯的模組化想法，每種智能都有自己清晰的版圖，沒有交集。但斯特恩柏克的三元智能理論則認為，我們的三個重要智能成分包括創造智能、分析智能和實踐智能，它們是相互協調，共同作用的。

從腦科學的角度來說，多元智能理論推測，每種智能都對應一個相對獨立的腦區，但這一點還缺乏有效的證據支持。此外，目前神經網路的研究多半認為，大腦的工作模式主要是合作，而不是區域各自獨立的方式。

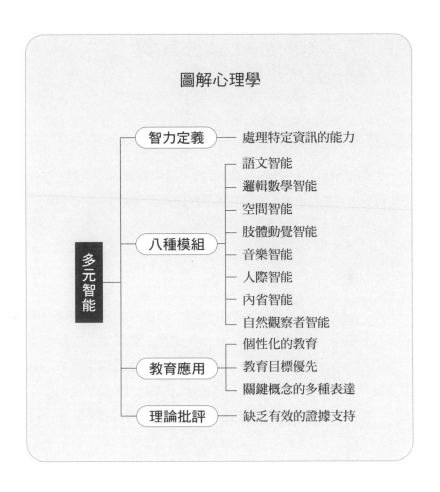

33 該靠邏輯還是直覺解決問題？

【心理學效應】問題解決 ─────────────────

由一定的情景引起，按照一定的目標，運用各種認知活動、技能等，經過一連串的思考，使問題得以解決的過程。

─────────────────────────

大家一定聽過下面這個腦筋急轉彎：小明的爸爸、媽媽一共生了三個孩子，老大叫大毛，老二叫二毛，請問老三叫什麼？有的人第一次聽到這個問題時，會不假思索地回答：三毛。但其實提問者已經告訴你，「小明的爸爸、媽媽」，所以老三叫小明。由此可引出本篇文章的主題──慣性思考。

大腦習慣走一樣的路

在遇到問題時，慣性思考會讓人的大腦調度不同的模組內容來解決問題。拿上文的腦筋急轉彎來說，當我們知道這是在回答一個猜名字的問題時，我們的想法是，兄弟姐妹的名字可能是有規律的，很多家庭中兄弟姐妹的名字都有某一個字是相同的，然後又聽到了「一」（文中為「大」）和「二」，很自然就會聯想到「三」。

如果我們把剛才的問題換一個問法，「這不是個猜名字的問

題，而是腦筋急轉彎。」大家得出正確答案的可能性就會更高。因為當我們聽到「腦筋急轉彎」這幾個字的時候，大腦會迅速排除符合常規的答案，主動另闢蹊徑找答案。

所以，慣性思考可以解釋成：我們對很多事物的認識和理解，都是基於自己的人生經驗，而形成了某種固定的思考模式，並且依靠這些各式各樣的框架，來解釋生活中的遭遇和所處的環境。

慣性思考的局限性很明顯：一旦某種習慣模式被啟動，我們就不太會注意這個固定範圍以外的資訊，這些訊息可能非常重要，但卻被我們忽略了。像是偏見和刻板印象也屬於固化的慣性思考。

雖然慣性思考有其局限性，但它的存在也是有價值的。人腦有個特色是喜歡偷懶，而慣性思考剛好就是大腦偷懶的一種方式，它可以在各種不確定的問題情境下，幫助我們快速找到解決問題的思路。

因此從某種程度來說，慣性思考是人們基於人生閱歷，對自己身處的社會環境歸納出各種寶貴的經驗。如果想要打破慣性思考的方式，並不是將之消滅破除，而是要運用更合理的思考方式，把慣性思考限定在很小的範圍裡，不讓它暢行無阻地「為非作歹」。

三大思考模式

我們每天從醒來開始，就面臨各式各樣的問題，小自早餐要吃什麼，大到今天在工作上碰到難題該如何解決，但除了偶爾一、兩個讓人感到棘手的問題外，人們根本不會感覺到自己一

整天處理了那麼多事情，這是因為人們的經驗法則提供了一個解決問題的重要方法——直覺式思考。

比如，購物的時候，人們通常都會相信一分錢一分貨，貴的比便宜的品質好，也會相信物以稀為貴，限量款就比較珍貴……等說法。在這些信念裡，基本上都有直覺式思考的身影。也就是說，我們在解決問題時，往往只要根據自身的一定經驗，進行比較少的搜索和認知運算，就能解決問題。基本上，這種方法是一種模糊的運算，與人類大腦要節省認知資源的傾向完美結合。

心理學家阿莫斯·特莫斯（Amos Tversky）和丹尼爾·康納曼（Daniel Kahneman）就歸納出了幾種比較重要的思考方式。

一、邏輯式思考

這是一種高度依賴相似性判斷的思考方式，人們在決策和判斷中，傾向根據事件代表整體的情況來評定該事件的發生機率。也就是說，我們會根據先前遇過的典型相似事件來推斷當前事件的情況，這對解決高度需要依賴經驗的問題來說十分有效。

設想一個拋擲硬幣的實驗，連續十次拋硬幣的結果都是正面朝上，你覺得下一次拋硬幣正面朝上的可能性有多大？其實，從機率判斷來說，可能性還是百分之五十，但因為受到前面十次資訊的干擾，我們會忍不住想：連續十次都是正面朝上，下次一定是反面朝上。所以，邏輯式思考很多時候會干擾我們的理性判斷，讓我們做出不合理，甚至糟糕的選擇與決定。

二、直覺式思考

這是指當某個事件越容易出現在我們的腦海中，我們就越會認為它發生的機率更高，也更加合理。

比如，如果問一個美國人，字母r出現在字首的單字多，還是出現在第三位的單字多，可能很多人會回答出現在字首的單字較多。但實際上，r出現在第三位的單字更多。因為我們在背單字時，往往都對單字的第一個字母記憶深刻，而不太會注意排在後面的字母是什麼，這一點美國人也不例外，這就導致在判斷上更容易出現直覺式思考。

三、演算法思考

看起來，直覺式思考似乎為了快速解決問題和節省認知資源，反而讓人們經常犯錯和出現意外狀況，那該怎麼辦呢？別擔心，當人們遇到比較複雜的問題時，通常很少會依賴直覺，而會自然且主動地換一種方法來解決問題。

比如，為了在學業或工作上表現出色，人們會盡力逐一嘗試解決問題的方法，直到問題解決，甚至臻於完美，這就是心理學上的另一個思考策略——演算法。

這個方式聽起來就很嚴謹，也較少會出錯，但它耗費的時間和認知資源也是驚人的，因此大部分時候，人們只會在重要的事情上才運用這種方法。

發揮潛意識與身體的能力

上述的邏輯式和直覺式思考都是不需刻意練習就會自然運用的一些方法，當然這些方法也各有優點和局限性。除此之外，

還有一些方法也能幫助我們解決某些特定的問題。

一、潛意識法

就是運用我們的「無意識思維」來解決問題。有些人會認為要解決問題，一定要在意識層面才能完成，但事實上，潛意識並非都是感性運作，它也有處理複雜性問題的理性層面。

比如，歷史上最著名的用無意識（也可稱潛意識）解決問題的案例──苯環的發現[6]。或許我們都經歷過類似的情況：白天苦思一個問題，但一整天也想不出解決之道，晚上就帶著問題入睡，結果第二天早上醒來，突然就豁然開朗，輕鬆解決問題了。

為什麼會出現這種情況？心理學家提出了很多解釋，其中不容忽視的一種說法是睡眠時間，這剛好是潛意識占據大腦的時間。雖然人們睡著了，但是在睡眠期間，有大量的神經網路是處在活躍狀態。所以睡眠能夠刺激人們頓悟，也可以解釋為潛意識激發頓悟。

二〇〇六年，兩位荷蘭的心理學家進行潛意識思維的研究，他們得出一個名為UTT（Unconscious Thought Theory）的理論，認為對於簡單的問題，用有意識思維解決會更有利；但對於一些複雜的問題，潛意識思維的效果會更好。

二、體現認知法

身體如何影響我們的認知，在心理學領域裡稱為「體現認

---

6 ── 德國有機化學家凱庫勒（August Kakale）作夢時，夢見碳原子變成了一條蛇，蛇含住自己的尾巴並不停地旋轉，由此他聯想到了苯環的結構，提出了化學界新的結構學說。

知」（Embodied Cognition）。有些著名的實驗：比如手中握著溫暖的杯子，相較於握著冰冷的杯子，更能夠感受到人際之間的溫暖情感，就是體現認知理論常用的例子之一。

另外，為了表達抽象的想法和知識，我們也可以利用身體和肌肉動作。舉例來說，如果你突然想不起來某個東西的名稱，比如「節拍器」這個名詞，你可以試著來回擺動上手臂，像節拍器那樣，這樣做更有可能記起這個詞彙。

因此，思考不只發生在大腦，它也經常需要你透過「移動」的方式來參與其中，我們可以利用身體來影響大腦，進而做出有利於自己的行為。

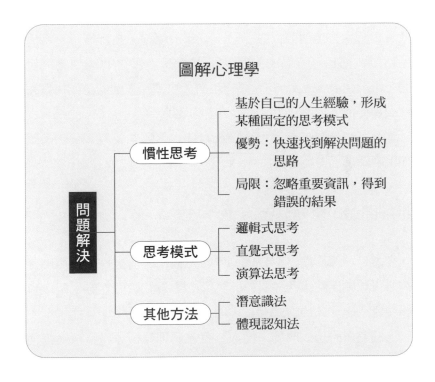

34 如何讓自己變得更有邏輯？

心理學效應　結構化思維 ─────────────────

在思考分析與解決問題時，以一定的規則及流程順序進行；從多種角度思考，並分析問題所在，以找到解決方案。

─────────────────────────────────

《奇葩說》這個節目在二○一五年於網路上播出後，一度成為超夯的節目，看過的人都被那些辯論者表達的獨到見解折服，也記住很多「金句」。可能也有人會讚嘆，他們是如何做到能表達得那麼條理分明、邏輯清晰的呢？

本文就來探討，有邏輯的表達需要包含哪些要素，我們又該如何訓練自己提高邏輯性？

拆解問題，全面思考

表達是一種「輸出」方式，有能力輸出的前提是大腦得儲存夠多可以輸出的東西。我們所具備的大量知識與經驗，是以資訊交流或碎片式的方式存在，因此，所謂有邏輯地表達，至少有三個重要的組成成分：輸入、有邏輯地分析，以及結構化地整理與輸出。也就是說，有邏輯地表達不僅是在表達時需要具有邏輯，而是從輸入的階段開始就需要了。

　　什麼是結構化思維？先舉一個例子。下列有一長串字母：I、D、G、H、B、J、F、A、E、C、K，你可以快速看一遍，然後一字不漏地複述出來嗎？相信你會發現，難度非常高。因為它是沒有按照順序排列的組合，而且人類的記憶是有上限的，也就是神奇的 7±2 效應[7]。

　　但如果換一種方式排列再讀一遍：A、B、C、D、E、F、G、H、I、J、K，很明顯，要記得這一連串字母就容易多了。

　　其實，這兩串字母都是一樣的，只是第二次字母排列有一個明顯的特點——有規律，而這種規律就是一種結構。記憶組塊化[8]可以更有效率地解釋我們是如何組織那些雜亂無章的資訊。

　　再舉一個例子。你會發現，與年輕人相比，老年人的記憶會逐漸衰退。其中有一個很重要的因素，並不是老年人記憶力或認知資源比年輕人差，而是老年人不能再像年輕時那樣，利用有效且結構化的記憶方式來幫助自己記憶。

　　研究者曾經做過這樣一個對比研究。他們要求老年人和年輕人同時記憶一些單字，並分別告訴他們兩種不同的記憶法。第一種是讓他們完全死記硬背；第二種是讓老年人和年輕人先幫這些單字做分類，比如分成關於人格描述的、關於物品的……等，在分類後再背這些單字。

　　結果，使用第一種死記硬背的記憶法，老年人和年輕人的記憶效果確實出現了顯著的年齡差異，老年人記得較少。而使用

---

7 —— 美國心理學家喬治‧米勒提出人的短期記憶容量為「7±2」，也就是人的大腦短期記憶無法一次容納七個以上的記憶項目。有的人可能一次能記住九個項目，而有的人只能記住五個。通常大腦比較容易記住的是三個項目。

8 —— 或稱「意元集組」，是一種能幫助我們透過意義將訊息碎片拼接的過程。有邏輯的完整組塊，能讓人更容易記憶，並且將所學內容整合到大框架之內。

第二種方式，老年人和年輕人的記憶效果幾乎相似，也就是說，如果用了結構化的記憶法，老年人的記憶就能夠持續保持。

把交織在一起的資訊碎片按照一定的標準區分為不同的模組，這幾乎是人們每天都在運用的思考法。比如電腦裡每一個資料夾就是一個個小的分類，像是按日期分類，就是將每個月的檔案放在一起。但這樣的分類有時還是會有點亂，因為很少有工作內容或項目能夠確實在月初開始，月底結束。

關於分類，麥肯錫的第一個女諮詢顧問芭芭拉‧明托（Barbara Minto）提出了一個非常重要的分類法 ——MECE（Mutually Exclusive Collectively Exhaustive），也就是「不重複、不遺漏」。在我們所做的分類中，各個類別必須是獨立、不相互重疊，同時又要把所有的類別組合在一起，包括將事物所有的資訊，變成一種集合。比如，把全班同學分成兩類，如果按照性別來分，就能彼此沒有重複、完全沒有遺漏。但如果按照成績或其他標準來分，可能就不夠周全。比如，某個人的語文成績比較好，但數學成績較差，如果依照成績，該把他分到成績好，還是成績不好的類別？顯然無論按照哪一科分類都不合適。

從一團亂麻中找出問題根源

「不重複、不遺漏」是結構化思維最基本的方法。接下來就從「由上而下」和「由下往上」這兩種路徑，來看看如何實現結構化思維。

由上而下就是先構建一個清晰的結構，然後把各種資訊都放

進結構中。在結構化思維訓練的初期，我們不一定能夠創造出全新的結構，那麼，大量參考或借用已經存在的結構就是一個不錯的方法。

在時間管理上，有一個應用廣泛的四象限結構，也就是把自己要做的事，按照「是否重要」和「是否緊急」這兩個方向來劃分，將重要且緊急、重要但不緊急、不重要但緊急、既不重要也不緊急的事分別填入四個象限。四象限結構非常實用，可以應用在很多情況。

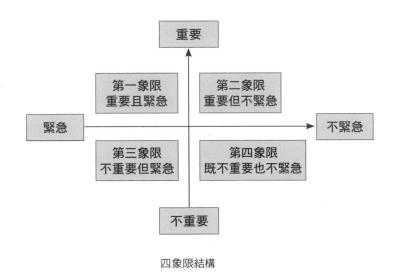

四象限結構

如果我們利用這個四象限結構由上而下尋找結構的方法，就可以進一步在現有的結構上做增補或調整，以因應自己需要處理的任務和資訊。

熟練之後，這種由下往上的方法就會很好用。但假如我的問題是：「如何看待心理學行業的發展前景？」這時候，迅速找到

一個能應對這個問題的結構就有難度了。對方的回答可能會比較模糊，甚至互相衝突。在回答一些宏觀的問題時，往往沒有一個現成的結構，甚至一開始也不知道該如何使用這樣的結構工具。

在這種情況下，可以嘗試第二種方法，叫作「由下往上」，這是指找出資訊之間以及事物之間的關連性，將其分類並建造出自己的結構。通常，我們可以利用四個步驟完成。

第一步：頭腦風暴

把頭腦中所有與該問題有關的資訊都寫下來，但不進行批判。

比如，上述提到「如何看待心理學行業的發展前景？」這個問題。你可能會覺得它的前景不錯，但另一方面，你可能又覺得有一些不利因素，而這兩方面的因素似乎互有影響。那麼，首先要做的就是把有利和不利的想法、資訊和念頭都寫下來，不要急著評判和選擇。

第二步：分類

以「彼此獨立、互不遺漏」為原則，把剛才寫的所有因素進行分類。

第三步：分析架構

根據自己的分類，找出分類象限之間是否具有規律或邏輯關係。如果能找出規律或邏輯關係，就等於找到相關的結構。

第四步：補充觀點

看看這個初步組織好的架構是否還需要補充資訊，有沒有項目被誤分到不同的框架中，或者有沒有重要的項目被遺漏。

精準表達，有效溝通

前面說明了該如何培養結構化思維，但是從《奇葩說》中辯論者的表現來看，僅僅有這些邏輯思維還不夠，如何表達，同樣也很重要。

下面簡單介紹幾種有效的表達方式供大家參考。

一、以終為始

從結構化思維所獲得的結論開始，說明問題的全貌，也可以直接說明中心思想，這樣可以確實激發並抓住讀者的好奇心。

二、層次分明

釐清議題的層次，並把同一個層次的問題以盡量簡短的篇幅說清楚，講明白。

三、結構簡單

內容要簡潔，表達的結構越簡單越好。

四、凸顯重點

雖然在頭腦風暴中會想出很多觀點，甚至每個觀點都非常有道理，但要記住，不要傳達過多資訊，盡可能將重點濃縮成二至三個，並且用條列的方式把重點說出來。

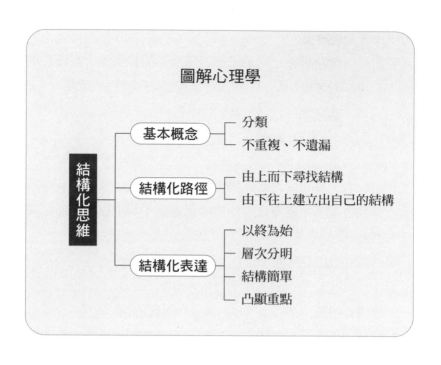

35 如何避免
人云亦云？

心理學效應 批判性思考 ───────────────

這是指質疑和理性思考的能力，可分成對自我內在的批判，以及對
外在事物的批判。它沒有對錯之分，只有立場的不同，重視理性的
評斷。

　　有人曾經問過我：「我們經常說，要具有批判性思考的能力，
但到底什麼是批判性思考，如何才能培養這種技巧和能力？能
否舉個例子說明？」

　　對於這個問題，我以養貓為例。現在有很多貓奴，假設本來
你只是在「雲吸貓」⁹，但最近你朋友家的貓生了一窩可愛的小
貓，你去看了幾次，越看越喜歡，最後決定領養一隻。於是你
跟朋友說，我超喜歡那隻貓，我決定領養牠，我一定會是個優
秀的鏟屎官。

　　這個養貓的決定，一開始在思維層面的考慮非常簡單，僅僅
是「我超喜歡那隻貓」，或再加上一條「我養得起牠」。如果進
一步對做出養貓這個決定的思考過程進行思考，很容易就能發

───────────────────────────────
9 ── 網路流行語。指非常喜歡貓但暫時又無法養貓的人，靠在網路社群上關注其
　　他養貓人的動態，以及觀看網路上的各種貓咪生活圖文，來使自己身心愉悅。

現，其中還有很多問題沒有解決。比如，「我超喜歡那隻貓」的
這個前提是真的嗎？如果養了貓之後才發現不喜歡牠不太親人
的個性，仍然會喜歡牠嗎？在朋友家和貓咪玩耍的短暫時間，
貓可能只表現出令人喜歡的那一面。然後再多問自己幾個問
題，像是：「考慮過出差、旅行和過年返鄉的時候，貓獨自在家
該怎麼辦嗎？」「確認過自己對貓毛，以及貓的其他物品沒有過
敏反應嗎？」等。針對這些問題思考得越仔細，對於最開始
「我要養貓」這個決定的評估就會越客觀。

強勢批判思考VS.弱勢批判思考

在養貓的思考過程中，有兩種思維，一種是「做出養貓決
定」的思維，另一種是「對做出這個決定的思維過程」的思
考，後者就是批判性思考。也就是說，批判性思考是關於思考
的思維，也是一種邏輯嚴密而又清晰的思考方式。

大家不要被批判性思考的「批判」一詞誤導了，這並非要我
們批評他人，或凡事都提出異議，而是一種要審慎面對各種訊
息的態度，目的在於訓練自己更容易找到最佳解答的思考力。

但是，對批判性思考的訓練和應用很容易讓人陷入「自我中
心」的情況，也就是我們很容易發現別人思維中的漏洞，卻對
自己的思考與推理過程深信不疑。因為人們往往都不會對自己
形成結論的過程進行思考，而是把它們當成自我的一部分加以
維護和強化。這種只考慮與規範有利於特定個人或團體觀點的
批判思考是弱勢的。

與之相對的則是強勢批判思考，能讓我們如同與別人辯論般
地與自己的思維辯論，並在選擇自身的觀點和立場時，了解它

們的優缺點後仍能堅持，這會是最接近社會公義的一種思維方式。

批判性思考基金會創辦人理查‧保羅（Richard Paul）教授，就明確區分了這兩種批判性思考。簡單來說，弱勢批判思考只考慮並捍衛有利自身的觀點和立場，而強勢批判思考則能用批判性思考評估所有的觀點和看法，尤其是自己的看法。

避免自以為是，發揮深度思考力

批判性思考能夠減少人們的偏見，讓我們思維靈活，避免盲從權威，並保持個人的精神獨立性。

例如面對權威時，具批判性思考的人會主動問自己，這個人是不是真的專家？他發表的言論是不是自己擅長的領域？他說的這些話是出於什麼目的？這些就是批判性的思維過程。

在我們接受新資訊、學習新知識時，批判性思考能讓我們產生屬於自己的見解，而不僅僅停留在「知道」的層面。在我們與他人持有不同觀點時，能實現真正的互相傾聽和交流，而不是停留在一定要說服彼此的爭吵上。

整體而言，批判性思考是可由後天習得的思考能力，我們姑且稱它為第二思維，它所發揮的作用是在人類先天思維能力的基礎上，再增加一個強大的思維工具，能在很大程度上降低我們的「本能」，也就是減少第一思維所犯的各種錯誤。

如何提高批判性思考能力？

解釋了批判性思考的原理後，現在來說明如何培養的能力。

　　首先，我們要訓練自己掌握觀點的檢驗方式。如何判斷一個論述或觀點究竟是否可信呢？有研究者提出了六種檢驗方式，分別是可證偽性（也譯為「可否證性」）、邏輯性、綜合性、誠信性、可重複性、充分性。在此針對可證偽性做深入說明。

　　可證偽性就是「可以被證明為偽的假說」。人類都有一種證實傾向，也就是當別人提出一個觀點，並且還舉了一些有數據或資料作為佐證的例子時，就特別容易讓人信服。

　　但我們都知道，以什麼樣的方式、用什麼立場和角度去解釋所謂的證據，是可以動手腳、鑽漏洞的。而可證偽性則是一個反向思考的方法，當聽到一個觀點之後，想想看，能不能找出不符合這個觀點的例子。只要能找出一個反例，就可說明這個觀點是存在問題的。

　　比如，我曾聽過一種說法，認為越擅長治療某種疾病的醫生，就越可能會罹患那種疾病，還舉了至少三個人的例子來驗證這個觀點。比如，某個耳鼻喉科的主任罹患了咽喉癌，某醫院擅長治療肝癌的院長就是因為肝癌去世的。聽起來好像很有道理，但是你可以反問自己：能不能找到其他醫生沒有罹患自己擅長治療的疾病的例子？然後對照比較一下，到底是正面的例子多，還是反面的例子多，這樣才能夠更全面判斷某個觀點是否正確。

　　其次，要訓練自己提出好問題的能力。一個好的問題能讓人迅速掌握議題的核心，並且找出其中的漏洞。比如，在閱讀新聞時，可以思考幾個問題：資訊從何而來？有什麼立場傾向？誰是目標受眾？哪個觀點被強化處理？哪些觀點被忽視了？

　　其實，保持提問的重點就是多問一句「為什麼」。剛開始我們可以借助一些問題框架來幫助自己提問，經過一段時間的訓練

後，就可以用批判性思考的方式提出自己的問題。

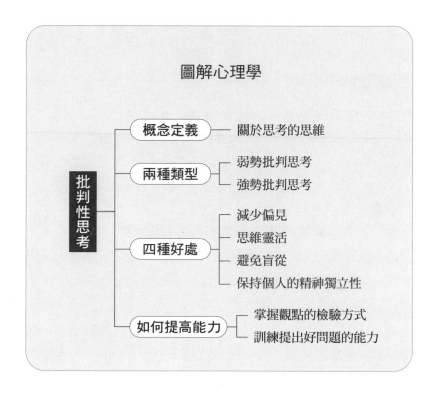

36 如何利用創造性思維解決難題？

心理學效應 創新思維 ——————————————

一種能夠發展出新穎且是可行的想法的能力。

———————————————————————————

相信大家都聽過阿基米德鑒別真假皇冠的故事。

國王讓工匠做了一頂純金皇冠，但是他不確定皇冠是不是純金的，於是找來阿基米德，要求他在不破壞皇冠的前提下，想辦法證明皇冠到底有沒有摻假。

這可讓阿基米德傷透腦筋，他苦思了好幾天都毫無頭緒，吃不下飯，也睡不著覺。有一天，阿基米德準備洗澡，發現當自己坐進浴缸時，水就不斷從邊緣往外流。這時，他突然靈光乍現──只要把東西放進水裡，就會有水排出去，而重量相同但材質不同的東西，排水量一定也不一樣。當下阿基米德高興極了，他馬上跳出浴缸直接狂奔出去，口中大喊：「我知道了！我知道了！」

這是一個很勵志的故事，在外在環境線索的指引下，好的想法和創意瞬間擊中阿基米德的大腦。但是反過來想想，如果創意只能以這種突如其來的方式出現，那人類豈不是很被動？而且這種方式似乎格外眷顧那些天才人物，難道創新就只能靠天賦了嗎？

當然不是。不過，雖然很多人否定這個論調，卻仍然以各種方式深信「天賦決定一切」這種說法。比如，有些作者會特別強調靈感的重要性，似乎找尋不到自己的繆斯就無法動筆。

讓好點子不斷往外擴散的發散思維

首先我們要避免一種誤解，就是以為創新主要依靠天賦，不太需要努力。

我們往往認為一些天才的創新都是從無到有突然發生的，就像阿基米德與皇冠的故事。事實上，創新非常需要持久的嘗試和努力。比如，畫家畢卡索的那幅著名的畫作《格爾尼卡》，畫面上是一堆動物和人物的碎片。

畢卡索的畫作《格爾尼卡》

不知道大家有沒有想過，在這幅畫問世之前，畢卡索的創作過程是怎樣進行的呢？是不打草稿一次就畫好嗎？事實上，畢卡索很多局部的草稿都多達幾十張。在這幅畫的創作中，有一個關鍵——這幾十張草稿並不是畫幾十次同樣的畫，而是幾十

種不同的版本，這一點非常厲害。

　　而這樣的例子，在很多名家大師身上都能看到。

　　心理學家喬伊・保羅・吉爾福特（Joy Paul Guilford）率先提出發散思維的概念，這是指從特定資訊開始延伸思考，也就是以現有的資訊或創意為基礎，多方嘗試，從各種角度進行創意發想。而發散思維的流暢性、變通性和獨創性這三個面向，則可以用來衡量創造性的高低。

一、流暢性

　　是指在短時間內產生大量想法的能力。比如，在五分鐘內想出古詩詞裡有「月」這個字，或是在一定時間內為一個故事想出多種不同的結局……等。

二、變通性

　　是指能從不同角度靈活地思考問題。創造力高的人的思維變通性較強，在解決問題時能觸類旁通，舉一反三。

三、獨創性

　　是指產生不同尋常、獨特新穎見解的能力。像是畢卡索在創作《格爾尼卡》的過程中，畫了幾十種不同版本的局部圖，但他的創作工作並未就此結束，最終還是需要從眾多草稿裡選出一張放在定稿的畫作中。這個選擇的過程，就是一種收斂思維，又叫聚合思維，是將多種資訊整合為一個創意，慢慢縮小思考範圍，也就是統整透過發散所累積的構想。

　　所以在創意發想時，靈活搭配使用發散與收斂思維，創意的品質就會提升。

創新多半來自舊觀念的新組合

　　心理學家還發現一些對創造性有明顯影響的因素。

　　例如，提供實例可能就會影響創造性。也就是說，在解決問題時，如果有先例可以借鑒，解決問題的過程就會順利很多。那麼，在創新活動中，事先提供實例是否也能提高創造性呢？科學家認真思考了這個問題的可能性，並且將其付諸實驗。

　　心理學家史密斯（Smith）做了一個研究。研究員給予受試者一項任務，讓他們想像在地球之外有另一個適宜居住的星球，但那個星球還沒有任何生物，受試者要在二十分鐘內，設計一些可以在那個星球上居住的新物種，並且不能與地球上已有的生物重複，包括已經滅絕的物種。

　　史密斯把受試者分成兩組，其中一組提供給他們三個具體動物的例子，另一組則沒有給予任何參考資料。結果發現，有參考範例的那一組，最後畫出來的動物與那些例子都有相似之處，他們的想像力與創意受到了限制。

　　而在另一個實驗中，情況則恰恰相反。芬克（Finke）設計了另外一個實驗，他以成年人為受試者，結果發現，受到限制最多的受試者，創造性更強。那些不受限、能自由發揮的人，反而創造性更差。

　　這是為什麼呢？原來，設定限制條件對創造性的影響，本質上是任務的創新程度和複雜度綜合的結果。最好的創意往往是有一定的創新程度，又不會太過創新，同時又具有恰到好處的複雜程度。

　　如果把人們對創新成果的接受度也考慮在內，就更能理解為什麼在一定限制條件下，人們最能發揮創意。

　　一方面，人們有追求新鮮事物的本能；另一方面，過於創新的事物又會令人害怕，反而讓人產生牴觸心理。

　　舉個例子。在火車大規模使用之前，先後經歷了蒸汽機發明、蒸汽機改良、蒸汽機應用嘗試、火車出現、火車改良等過程。在火車傳入中國時，國外已經經歷了這些過程，但當時的中國人是直接就看到了冒著菸轟隆轟隆響、會動的火車，難怪慈禧無法接受，覺得火車會影響帝王家的「龍脈」，於是讓馬拉著火車跑，而不敢使用蒸汽機。

　　所以，只有那種能帶來新鮮刺激，但又不會太古怪的創意才會被大眾接受。換句話說，幾乎所有被人們公認屬於創新的東西，都帶有一些舊事物的原型和影子。

抓住發散思維中的靈感

　　所以，創新是基於相連記憶和新概念，幫助大腦找到意外之外的關連。那麼，到底該怎麼做，才能腦洞大開，提升自己的創意呢？

一、提升自己的內在動機

　　我們不能為了創新而創新，必須先思考，自己為什麼需要創造？只有當我們對要做的事情能發自內心地喜歡、覺得有趣，不需要特別努力就能很投入時，我們的創意潛力才最可能被激發出來。

　　有一項研究就驗證了這點。約翰・魯希歐（John Ruscio）和其他研究者先測試了受試者在寫作、藝術和解決問題這三種創意活動的興趣程度，每個人都有感興趣程度最強和最弱的項

目。過了幾週，再分別給這群受試者三個任務，都與寫作、藝術和解決問題相關。然後，找專業的評審員為受試者作品評分。

結果發現，在一開始對測驗內容最感興趣的人的作品，往往是最具創意的。

二、刻意培養發散思維能力

關於這點，要注意兩件事。第一，要有足夠多的積累，這是有效發散的前提。第二，不要妄下斷語，例如「某種東西只有一個用途」、「自己的某個想法特別不好」等，這些都是批判。適度冥想可以幫助我們發現大腦裡的各種批判，同時也能讓我們更敏銳地捕捉各種轉瞬即逝的創意想法。

三、適度放空

偶爾做做白日夢，花時間讓思緒漫遊有一些好處，可以幫助人們解決問題，增強創造力。因為放鬆的大腦會探索新奇的點子，而忙碌的大腦只會尋找最熟悉卻也最乏味的概念。所以讓注意力適度休息一下，能讓我們更有創造力，也更善於解決問題。

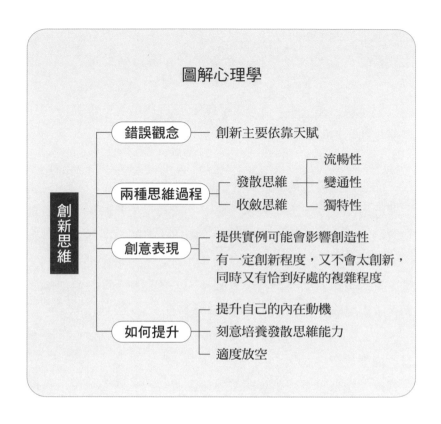

圖解心理學

創新思維
- 錯誤觀念 —— 創新主要依靠天賦
- 兩種思維過程
  - 發散思維 ——
    - 流暢性
    - 變通性
    - 獨特性
  - 收斂思維
- 創意表現
  - 提供實例可能會影響創造性
  - 有一定創新程度，又不會太創新，同時又有恰到好處的複雜程度
- 如何提升
  - 提升自己的內在動機
  - 刻意培養發散思維能力
  - 適度放空

37 快思和慢想，哪種方式更可靠？

心理學效應 思考系統 ————————————

人類的思考模式可以分為「快思」和「慢想」兩個系統。前者是依賴直覺、無意識的思考系統；後者則需要主動控制、有意識進行的思考系統。

請大家先看下面兩張圖，這是心理學上著名的「視錯覺圖」。

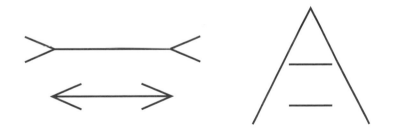

你認為每張圖中的兩條橫線是不是一樣長？答案是：沒錯，它們等長。

從視覺來看，會覺得上面的橫線稍微長一點，下面的橫線稍微短一點。即便如此，在面對這個問題時，我們還是會忽略掉「明明看起來長度就不一樣」這個客觀的心理過程，而選擇說出那個經過測量並且得到公認的答案：沒錯，它們長度一樣。

快思和慢想

從思考的角度而言，兩條橫線看起來不等長，但我們回答「等長」的這個思考過程，就是思考系統中的兩種方式在產生作用。

我們把「看起來不一樣長」這個感受的思考系統叫作「系統一」。假如將以上看圖片的過程以慢鏡頭拍成影片，我們會發現，當我們瞥見圖片的那一瞬間，「看起來不一樣長」的感覺就出現了。我們幾乎完全感受不到這個思考過程是怎麼發生的，但結論就自然出現了。

所以，將系統一歸納之後可以發現有下面幾個特點：它的運行無意識，而且非常快速；它不會讓我們太花費腦力，所以我們不會察覺到此事，甚至可說是出於直覺的判斷。

在獲得「它們一樣長」這個答案的過程中產生作用的思考系統稱為「系統二」，它的特點是：基於對客觀事實的分析，我們會冷靜下來，不被直覺牽著鼻子走，而使用更精確的工具來獲得正確的答案。

所以，系統二這種思考系統能夠把注意力轉移到需要花費腦力的大腦活動上，像是複雜的運算。而系統二的運行通常與行為、選擇和專注等個人體驗有關。

也就是說，系統一代表的是反射性的直覺思考，系統二代表的是按部就班分析的理性思考。關於這兩個思考系統的心理學研究已經持續了幾十年，著名的心理學家丹尼爾·康納曼把系統一稱為「快思」，系統二稱為「慢想」。

不理性的人類，該如何做出理性的決定？

這兩個系統之間是相輔相成的。系統一是自動化的思考過程，而系統二則在我們的自動化思考無法得到結論時才會發揮作用。

我們的大腦是會偷懶的，偷懶的方式就是少用認知資源，多做直覺性判斷。當靠直覺判斷無解時，大腦才會進行調整，以得到正確的答案。

系統一有個非常重要的思考工具，叫作「聯想」。例如，當提到「風」的時候，我們馬上就能聯想到雨、涼爽；提到「吃」，則會立刻想到各種美食。這種聯想是自動發生的，擋都擋不住。不僅如此，系統一還非常善於在一些獨立的資訊中發現連貫性，並進一步加工成一個看起來合情合理的故事。

在《快思慢想》這本書中就提到一個實驗。研究者讓受試者閱讀一些故事，其中有一小段寫的是珍的經歷：「在紐約擁擠的大街上逛了一天，欣賞完美景後，珍發覺自己的錢包丟了。」之後，研究者對閱讀過這個句子的受試者做了一次突擊式的回想實驗，結果很有意思，這些受試者覺得「小偷」與這段話的關聯性，比「景色」與這段話的關連性更密切，儘管原句中出現過與景色相關的詞彙，而根本沒有出現過「小偷」這個詞。原來，在「紐約」、「擁擠」、「大街」這三個詞彙一起出現時，追求故事連貫性的系統一就自動聯想到「小偷」，認為珍的錢包是被偷走的。

在系統一編造故事時，系統二在做什麼呢？它在偷懶。當研究者讓受試者做回想實驗時，一定給予了明確的指令，這時，系統二不得不一起參加，而它參與的方式就是接受系統一的建

議，但在做完這個判斷後，系統二就又恢復到休息狀態了。其實，這就是一種非常典型的記憶錯覺，這是因為系統一的思考為大腦預設了一些錯誤的相關資訊。

除了聯想記憶之外，系統一還包括直覺思考。心理學家梅蘭妮‧克萊恩（Melanie Klein）曾經說過一個故事：有一群消防隊員去救火，起火點在廚房，他們到達廚房後，才剛要用水管灑水，消防隊的指揮官突然馬上大喊「全部撤離」，但其實指揮官喊完之後，他也不知道自己為什麼會下達這個命令。隊員們聽令後馬上就撤退，結果全部人員才剛撤出，廚房地板就崩塌了。原來，是指揮官靠著敏銳的專業直覺救了大家一命。事後，他仔細回想才發現其中的異常，因為廚房的火勢很小，但指揮官覺得耳朵很熱，最後發現，真正的起火點是在廚房下面的地下室。

就像這個故事一樣，直覺或許會讓我們根據既有經驗做出正確的判斷，但事實上，直覺也常會犯錯。問大家一個問題：球拍和球共一百一十元，球拍比球貴一百元，那麼球的價格是多少？很多人會回答是十元。獲得這個答案的過程非常依靠直覺，但計算一下就會知道，十元是錯誤答案，正確答案應該是五元。

當然，這個題目並不是我的原創，美國有很多大學生都回答過類似的問題，就連像普林斯頓大學、密西根大學這樣的名校，都有超過一半的學生給了符合直覺但卻錯誤的答案。由此可見，系統二並不會因為一個人成績優秀，就在直覺表現上不會犯錯。

系統一還有個特色，它是一種無法停下來的思考方式，就像心臟跳動和血液流動那樣，除非死亡，否則我們就會一直用到

系統一。但系統一和系統二是相輔相成的，系統二會習慣性地相信系統一的判斷和決策。

當然，系統二也不是只一味依賴系統一，比如，要計算 13×77 這種比較複雜的算式時，聯想記憶就會停止工作，因為很少人可以立刻算出兩位數的乘法，因此直覺思考會罷工，系統一全面投降。這時會由系統二出馬，利用大腦裡關於乘法運算的複雜知識，集中注意力來計算這道題目。但在計算時，它還是會依賴一下系統一，比如脫口而出 3×7 = 21 這種簡單的計算。

另外，在需要高度集中注意力的情況下，也就是系統二全面運作的時候，大腦會遮蔽很多其他的事情，系統一似乎被抑制了。有兩位心理學家就設計過一個很有意思的實驗，他們讓兩隊籃球運動員比賽，一隊穿白色球衣，一隊穿黑色球衣。他們給受試者的任務是，透過觀看螢幕，統計白色球衣隊員傳球的次數，並且忽略黑色球衣隊員的傳球。這個任務很困難，必須全神貫注。

當影片播到一半，一個穿著大猩猩服裝的女人突然出現在畫面中，她模仿大猩猩的動作穿過正在比賽的球場，一共持續了九秒鐘。結果，忙著統計傳球次數的受試者都沒注意到她，而那些只需負責觀看這個影片的受試者都看到她了。

在這個過程中，系統一負責觀看和定位，而系統二則決定要看什麼。因為任務的難度大，讓系統二決定縮小注意力的範圍，並專注在傳球上，導致思維系統錯過了戲劇化的穿著大猩猩服裝的女人。

我們從中可以發現系統一和系統二，也就是快思和慢想這兩種思考的複雜性。慢想看起來更可靠些，但它又和快思之間有

著密切的關連性，如果只依賴快思，就會做出一些錯誤的決策，所以很難說究竟哪個比較可靠。

最後，留給大家一個題目思考。本文關於系統二的屬性和特色是在和系統一的對比中得出的，而慢思與前文中的結構化思維和批判性思維相比，又有什麼不同呢？

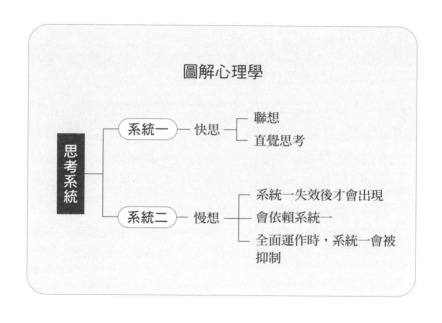

38 如何利用「換個說法」，影響別人的選擇？

心理學效應　框架效應 ————————————————

對於同一個問題，用兩種在邏輯意義上相似的說法，卻會導致人們做出不同的決定。

———————————————————————————

有一個笑話是這樣的：有一個吝嗇鬼不小心掉進河裡。這時有個好心人路過，就趴在岸邊對著這個吝嗇鬼喊道：「快把手給我，我把你拉上來！」但是，這個吝嗇鬼怎麼也不肯伸出手。好心人一開始很納悶，後來突然醒悟，就對著快要淹死的吝嗇鬼大喊：「我把手給你，你快抓住我！」這個吝嗇鬼聽到之後，一下就抓住了這個好心人的手。

別人怎麼做決定，取決於你如何表達

聽了這個笑話之後，不知道你有什麼感想？其實這個故事背後隱含了一個重要的心理學現象——框架效應。

所謂的「框架」，是指關於某個選擇的一種特定描述。即使是同一個問題，也可以構建出兩種版本，也就是使用兩種不同的說法來描述同一個決策情境。當做決策的人在聽到兩種不同的陳述時，可能會做出不同的選擇，這時就是產生了框架效應。

　　人們的決策偏好經常會因為資訊的表達方式不同而產生改變。傳統的經濟學假設人都是理性的，同樣的問題，無論如何變換說法，本質上都是一樣的，結果不會有所改變。就像早上吃三個栗子，晚上吃四個栗子，與早上吃四個栗子，晚上吃三個栗子，總數都是一樣的，也就是一天共吃七個栗子。在前面提到的笑話中，「你把手給我」和「我把手給你」，最終得到的結果都是兩個人的手會握在一起，沒有發生任何變化。

　　這樣看來，決策不應該有所改變，但框架效應否定了這個看法。這個效應是由心理學家阿莫斯・特沃斯基和丹尼爾・康納曼在一九八一年發現的，其中康納曼更因為在決策領域的非理性人的研究貢獻，獲得了二〇〇二年的諾貝爾經濟學獎。

　　他們是透過一系列經典的實驗，發現框架效應的。其中一個實驗如下。假設美國正準備對抗一種罕見的傳染性疾病，預估該疾病的流行將導致六百人死亡。現在有兩種應對這種疾病的方案可供選擇。

　　如果採用A方案，有兩百人將可生還；如果採用B方案，六百人有三分之一的機會能存活，有三分之二的機會將無人生還。你會選擇哪種方案？我想，大部分的人應該會選擇A方案。在最初的大學生樣本中，有百分之七十二的人選擇了A方案。

　　現在換另一種說法。

　　如果採用A方案，有四百人將會死亡；如果採用B方案，無人死亡的機率為三分之一，六百人全部死亡的機率為三分之二。請問，你會選擇什麼方案呢？這一次，有百分之七十八的人選擇了B方案。

　　如果思考一下這兩種說法，就會發現它們表達的意思是完全一樣的，只不過一個是從死亡的角度傳達，另一個是從生還的

觀點出發，這也讓大家的選擇產生了巨大的差異。

透過這個實驗，康納曼和研究人員得出結論：人們的風險偏好是由問題的陳述方式而定，主要有下面三個特色：一是大多數人在面臨獲利時更傾向於風險規避，二是大多數人在面臨損失時傾向風險偏好，三是人們對損失比對獲利更敏感。因此，人們在面臨獲利時往往小心翼翼，不願冒風險；而在面對失去時會很不甘心，寧願冒險也要賭一把。

三種不同的框架效應

很多心理學家和經濟學家對框架效應做了後續的研究，結果發現更多不同種類的框架效應。比較常見的有下面三種。

一、風險選擇框架效應

這個類型的框架效應主要關注的是，當分別從損失或獲利層面描述某個風險資訊時，人們承擔風險的意願會如何變化。前面提到的疾病實驗就屬於此類型的框架效應。

風險選擇框架效應在醫療決策領域會比較明顯，在說明進行手術的效果時，是告知存活率對患者的決策影響更大，還是告知死亡率的影響更大？從理性角度來看，這兩種方法本質上是相同的，但對患者卻有著不同的影響。舉一個例子。

• 版本一：假設某個人罹患絕症，你會替他選擇哪種治療方式？

外科手術：在一百個接受外科手術的患者中，有九十人手術後仍繼續存活，有六十八人一年後仍存活，有三十四人五年後仍存活。

放射治療：在一百個接受放射治療的患者中，所有人在治療後都仍存活，有七十七人一年後仍存活，有二十二人五年後仍存活。

- 版本二：假設某個人罹患絕症，你會替他選擇哪種治療方式？

外科手術：在一百個接受外科手術的患者中，有十人手術後死亡，有三十二人一年後死亡，有六十六人五年後死亡。

放射治療：在一百個接受放射治療的患者中，沒有人在治療後死亡，有二十三人在一年後死亡，有七十八人在五年後死亡。

結果發現，以版本一的存活率為框架表述時，只有百分之十八的受訪者選擇了放射治療。以版本二的死亡率為框架表述時，就有百分之四十四的受訪者選擇放射治療。同樣是不確定的結果，僅僅是表述方式不同，受訪者的選擇就產生了明顯的變化。當從存活率的角度闡述時，人們會表現出風險規避[10]的傾向；當從死亡率的角度陳述時，則會表現出風險偏好的傾向。

二、特徵框架效應

特徵框架效應是指，當分別從積極或消極面去描述某一個事物或事件的關鍵特徵時，人們對這個事物或事件的偏好會如何變化。

比如，可以將漢堡描述為有百分之八十的瘦肉，也可以描述為有百分之二十的肥肉。當對漢堡這個食物的特徵描述不同

---

10 ── 編註：在不確定的情況下，人們更偏向保守的選擇，風險越小越好。

時，人們選擇吃還是不吃的態度也會發生變化。

三、目標框架效應

這種類型的框架效應主要著重在，當分別從實施或不實施某種行為的層面，去描述此種行為和目標之間的關係時，人們對採取這個行為的意願會如何變化。

比如，乳房攝影檢查可以描述為「如果進行乳房攝影，你將獲得及早發現乳癌的最佳機會。」也可以陳述為「如果不做乳房攝影，你將失去及早發現乳癌的最佳機會。」針對這兩種說明方式，人們是否進行檢查的選擇傾向也會不同。

框架效應對健康與消費的影響力

框架效應解釋了人們如何對「換句話說」有著不同的反應結果，雖然是同一件事情，但是用正面或負面的話會讓人產生截然不同的反應。那麼，框架效應在我們的實際生活中都應用在哪些地方呢？

一、健康領域

研究發現，善用框架效應將有助於提高人們的健康行為，比如健康飲食、運動、戒菸等。那麼究竟是收益框架（強調採取健康行為的益處）還是損失框架（強調沒有採取健康行為的損失）會更有效促使人們採取健康的行動呢？

這是沒有定論的，而要根據實際運用時的具體情況而定，因為它會隨著一些因素產生變化，其中一個原因就是人的動機。人在目標實現的過程中，有「促進動機」和「防禦動機」這兩

種不同的動機趨向。

　　擁有促進動機的人重視理想狀態及成長的實現，更願意追求成功，因此很注重收益或積極的結果。擁有防禦動機的人則重視安全及責任的實現，他們希望避免失敗，因此更在乎損失或消極的結果。

　　此外，還有一些有意思的框架描述會對健康行為產生影響。比如，有研究者發現，以「年」為框架（每年有很多人因不健康的飲食而嚴重影響身體）比以「天」為框架（每天有很多人因不健康的飲食而嚴重影響身體），更能刺激人們重視飲食習慣。

二、廣告領域

　　這個領域對框架效應的應用還不少，這點也比較容易理解，因為廣告文案就是最好的框架。

　　有研究發現，當分別從積極面（百分之七十五的瘦肉）和消極面（百分之二十五的肥肉）來描述同一種牛肉時，消費者會更傾向選擇積極框架下的牛肉。

　　不過目前廣告行銷領域的應用，已不僅限於積極或消極面，對產品特性進行敘述的操縱，還擴展出很多新的框架效應。例如就有研究發現，價格和數目呈現的順序會影響人們對商品的感受。比如，與「二十九元七十個」相比，「七十個二十九元」的表達方式會使人們對同一種商品更感興趣，因為用小單位表示數量資訊時，消費者會感受到更大的差異，例如「七至二十一天」就比「一至三週」更能激發人們的差異感受。

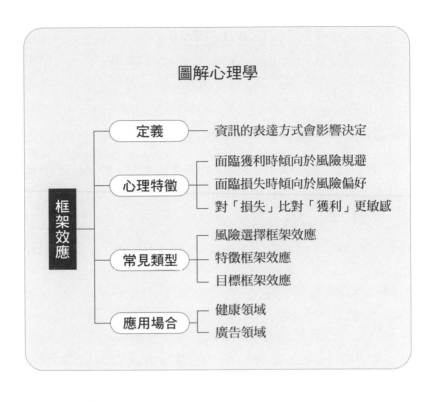

39 為何我們總認為自己比別人優秀？

自利偏誤 ─────────────

人會傾向將成功歸因為內在因素，認為是自己的努力、優秀才會成功；在面對失敗時，則會傾向歸因成外在因素，認為可能是運氣不好、時機不佳，失敗並不是自己的問題。

　　你覺得自己跟其他人相比，在面對一件事情或者一個問題時，能否表現得更客觀呢？如果你的答案是肯定的，那麼很可能你得出的這個結論就是不客觀的。這麼說可能聽起來有點繞口，但這個問題與本文的主題有關。

　　在決策心理學裡有個常見的誤解，叫作「自利偏誤」，是指當我們腦補和自己有關的資訊時，會出現一種有利於自己的潛在偏見，而無法做到客觀地評價或者判斷。

自我優越的幻覺

　　心理學家表示，我們眼中的自己，往往比別人眼中的自己更優秀，我們的自我評價也常高於別人對我們的評價。這樣做的目的是自我保護、自我提升或提高自尊，同時也有助於我們積極面對生活中的各種挫折。

自利偏誤有很多種類型，以下介紹四種典型的效應。

一、中等偏上效應

大部分的人都認為自己的能力，是高於平均值的。

心理學家曾找來許多學生調查，問他們：「跟一般人相比，你的社交能力如何？」基本上，所有人都認為自己的社交能力高於平均。但真的是這樣嗎？事實可能是不到百分之五十的人比平均值要高，其他人則是跟一般人差不多，或是低於平均。怎麼可能所有同學都優於平均水準呢？這明顯不符合邏輯。

還有一項對司機的調查也證明了這點。研究人員問司機：「與平均水準相比，你的駕駛技術如何？」大部分司機都說自己的開車技術在平均之上，甚至連那些才剛出過車禍的司機，也認為自己的駕駛技術優於常人。

當我們站在旁觀者的角度看到這些研究結果時，可能會感到不解。但當我們處於現實生活中時，其實自己可能也是這樣自信滿滿的人。

人們往往認為自己比其他人更不容易受到偏見的影響，甚至認為自己比大多數人更不容易產生自利偏誤，而這本身就是一種自利偏誤。

二、盲目樂觀

樂觀是積極的人生態度，但盲目樂觀則是一種自利偏誤。

盲目樂觀最典型的表現就是，對於積極的事情，人們傾向於認為發生在自己身上的機率較大；而消極的事情，人們會認為比較有可能會發生在別人身上。但實際上，只要稍微思考一下，就會知道這種想法是毫無依據的。

　　一項針對國外大學生的研究就發現，很多學生認為自己遠比其他同學更可能找到好工作，獲得更高的薪資，擁有自己的房子。而對於那些不好的事情，比如酗酒、突發疾病或者遭遇災難意外，則覺得更可能發生在別人身上。

　　樂觀可以增強自我效能，但盲目樂觀則可能使人陷入危險。因為如果總是相信自己可以倖免於難，就不會採取預防措施。

　　比如，有研究指出，那些離婚的人在當初結婚時，都認為自己將來不可能會離婚，這種事情絕對不會發生在自己身上。還有一些針對婚前性行為的研究發現，那些發生婚前性行為的女生認為，自己不太可能意外懷孕，因此不願意採取避孕措施。

　　另外，這種盲目樂觀的自我偏誤在商業行為中也很常見，尤其是在股市中。很多人沒買股票之前，都覺得自己一定比其他人的獲利機率來得高，但他們往往就成了賠錢的人。

三、基本歸因謬誤

　　這是指當人們對一件事情進行歸因（即歸結行為的原因）時，如果這件事是好的、成功的，那麼人們就傾向於認為是自己的功勞，比如自己的能力很強或是付出了很多努力等。如果這件事情是不好的、失敗的，那麼人們就多半認為是外界造成的，比如別人天生就運氣差、手氣背，或者問題本身就很難解決等。

　　比如，一個公司的利潤增加了，那麼老闆會將之歸功於自己的管理能力；而當獲利減少時，他可能就會認為是因為現在經濟不景氣，大環境不好，企業很難經營。

四、焦點效應

在一般情況下，人們會認為自己比其他人更重要，自己要解決的問題比其他人更急迫，此外，人們還會高估別人對自己的注意程度。在心理學上，這叫作焦點效應。

比如，很多人在公開演說之前都會很焦慮，認為台下的聽眾也會注意到自己的緊張情緒，立刻就注意到自己在演講中所犯的一些小錯誤，於是就變得更害怕。但實際上並不是這樣的。

在一個經典的研究中，心理學家讓大學生穿上一件名牌衣服走進教室，這位學生原本認為會有很多人注意到自己，但實際上注意到他的人不到四分之一。而在這之前，很多學生原本都覺得「每個人都會注意到我」或者預料「有超過一半的人會看我」。

由此可知，人們都會覺得自己特別重要，而高估別人對自己的注意程度，尤其是在犯錯的時候，會覺得人們認為這個錯誤不可原諒，甚至大家都會對自己指指點點。其實不然，根本沒有那麼多人關心這個錯誤。為什麼呢？因為大家都只關心自己啊。

所以，以後面對眾人公開演講時，不妨告訴自己，我的緊張只有自己知道，他們根本察覺不到，這樣心理壓力就會小一點。

舉一個我自己的例子。我剛開始在大學當老師時也非常緊張，生怕自己會有說錯的地方。但我會給自己一個暗示，這也和我的近視眼有關係：在上課的時候，我不戴眼鏡，就會感到眼前一片模糊。這種朦朧模糊的感覺，會讓我覺得好像沒有人注意到我，或者讓我覺得我就是一個人在上課，因此就沒有那麼緊張，也不會那麼在意自己可能犯的錯誤了。有時我也會把

周遭想像成是空無一人，這樣也會減緩我的不安。

換位思考，避免自我認知的盲點

怎麼做才能避免或者減少這些自利偏誤呢？

在說明方法之前，首先我們要思考，是不是一定要克服偏見。因為這是人類一種天生的認知傾向，它有消極的一面，也有積極的一面。積極面是可以保護人的自尊，所以是否應刻意避免它，就要看實際的情況和個人意願而定。

那麼，該如何減少自利偏誤呢？有下面兩種做法。

一、讓自己成為對立者

就是把自己的立場刻意變成另一方，然後努力尋找那些反對的證據，來證明自己原本的想法或結論是錯誤的。因為自我服務偏差[11]會讓我們認為自己的看法就是正確的，而習慣忽視其他資訊。

比如，針對「我覺得自己長得滿美的，至少比一半的人漂亮。」這個觀點，你可以把自己作為對立面來反駁這個觀點，盡量找出一些證據來證明這個觀點是錯的，儘管這樣做最後的結果會比較傷害你的自尊。

二、讓自己成為旁觀者

所謂「當局者迷，旁觀者清」，這裡是指透過想像的方式，把

---

11 —— 編註：是指我們傾向把成功歸因於自己的努力，而否定自己對失敗負有責任。

自己變成一個旁觀者。閉上眼睛，想像你現在是另一個人，去看看自己原本的樣子，這種做法有點類似於冥想。

還是以演講為例：想像一下自己現在並不是正在台上演講的那個人，而是底下的聽眾，你會怎麼做？你是留意於演講者的緊張情緒，還是注意他所講的內容？還是會放空、滑手機？這些情況都有可能。當你想到這麼多可能性之後，是不是就緩解你所擔心的焦點效應了？

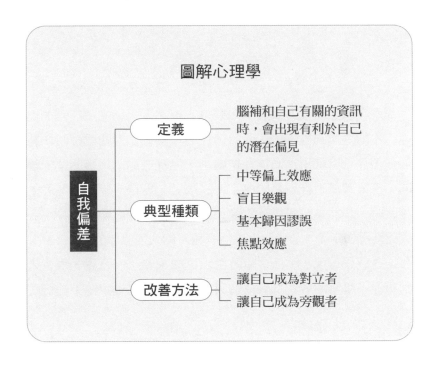

40 何時該理性？
何時又該相信直覺？

心理學效應 直覺思考 ─────────────

不受某種固定的邏輯規則約束，而直接領悟事物本質的一種思考方式。

───────────────────────────

　　我們在學生時期考試時，如果有一道完全不會的選擇題，但能憑本能選出正確答案；或者，在面對兩個相似的選擇時，將各種理性分析都用上了還在糾結中，但就在拋出硬幣的那一瞬間，答案就清晰浮現在腦海了。又或者，走在一條非常熟悉的小路時，突然莫名覺得有危險，你提高警覺地左顧右盼、小心翼翼地慢慢走著，發現附近果然有可疑的人鬼鬼祟祟的。

　　這些就是每天在生活中隨時會出現的感覺──直覺，也有人把這種不尋常的敏銳直覺稱為第六感，認為它是宇宙中的神祕力量。

直覺是深層的運行機制

　　很多人覺得在生活和工作中，直覺都有幫助，並且經常仰賴直覺來做決定。但有些人則不以為然，認為依靠直覺缺乏具有說服力的證據，不可採信。本文將從心理學的角度探討一下直

覺思考。

直覺思考會迅速出現在腦海中，人們無法意識到它的深層運行機制，在它出現之後人們也會有強烈的實現動機。

直覺屬於思考系統中的系統一，也就是快思的一部分，它和理性是相對應的。當直覺出現的時候，我們常常會感覺「我就是知道」、「就應該這樣」，但是不清楚自己為什麼知道。

鑑往知來的專家直覺

研究者們也注意到了這些現象：經驗豐富的面試官在見到求職者後的幾秒內，對求職者適不適合應徵的職位就已經心裡有數；資深的員警在指認罪犯時，一眼就能看出誰有嫌疑；象棋高手在旁觀看棋局時，就已知道誰勝誰負，而且上述這些快速的判斷往往都很準確。像這些專業人士在自己熟悉的工作環境下，面對常見的問題，因自身經驗累積所衍生出的能力，稱為專家直覺。

在直覺出現時，我們雖然無法意識到它的深層運行機制，但科學研究的確能發現其背後運作的原理。那麼，專家直覺是如何形成的呢？心理學家丹尼爾・康納曼認為，這是由兩種因素所決定。

一、人類進化而來的重要情緒機制

我們在什麼時候感到快樂、恐懼、焦慮等諸多情緒的形成過程，會儲存在記憶裡，成為構成直覺的要素。

比如，警察在反恐演習時會覺得緊張，而這種演練能夠幫助他們在真實任務中更快找出兇手。

二、大量的專業學習、訓練和經驗累積

這能幫助人們在各自的行業中養成自己的專家直覺。醫生、會計師、律師、運動員、專業人士自不在話下，就連街邊的攤販也有自己的專家直覺，像是豬肉攤經驗豐富的老闆一刀切下，有時就能剛好切出一斤的豬肉。

理性思考會讓人做出不太滿意的決定

那麼，日常生活中普通人的直覺又該如何解釋呢？

有研究者在結束一項實驗時，贈送海報給兩組受試者以表達謝意，這些來參加實驗的受試者都是女性。其中一組海報的贈送方式是，讓她們直接從五張海報中挑一張帶走；而另一組則要先說明自己為什麼喜歡那張海報，才能把海報拿走。

過了幾週，研究者再訪問這些受試者，結果發現，直接拿走海報的那一組受試者，對海報的滿意度較高；而說出喜歡原因再拿走禮物的受試者，則對自己選擇的海報滿意度較低，甚至會後悔自己的決定。

看來，這些受試者在看到五張海報的瞬間，就已經知道哪一張是自己最喜歡的，而「必須說出喜歡的理由」這個明顯的理性思考過程，卻干擾了該組受試者最初的判斷，她們透過理性思考，說服自己帶走的可能不是一開始最喜歡的那張海報。

一種合理的解釋是，在直覺形成的瞬間，產生作用的是經驗法則，也就是我們的無意識思考所給出的答案，它讓我們處於一種認知放鬆的狀態，使我們偏愛於第一時間出現在腦海中的直覺選項。

人們的理性思考能夠在直覺出現之後，基於各種分析，進而

找到看起來更好、也更合理的答案。但如果選擇最後主要是由理性因素決定，那個「被拋棄」的直覺選項就會令人耿耿於懷。因為對禮物的滿意度取決於主觀上是否喜歡，所以，依賴直覺選擇的禮物會更讓人滿意。

此外，人們往往會對熟悉環境下的潛在危險有敏銳的直覺，這就有賴於背後的經驗法則。當熟悉的環境中出現異常時，儘管說不出怪在哪裡，但大腦已經把這些資訊彙整成一種感覺，繼而迅速觸發人們的恐懼感，並幫助人們躲避危險。

同樣的情形，如果發生在更客觀的情況，比如預測行業走勢，老師預測學生的學業發展……等，這種自然的直覺偏好更容易出錯。因為人們的直覺思考系統缺乏分析統計資料的能力。

做決策時要不要相信直覺？

如何才能讓直覺更加可靠呢？我們可以利用回歸效應來修正直覺偏好，這能讓我們基於依靠直覺的同時，也獲得更準確的結論。

回歸效應最早是在生物學研究中發現的，是一種統計效應。它是指在連續重複測量的情況下，前一次測量中出現極高或者極低的極端值後，在下一次測量就會朝平均值偏移。

舉個例子。在快到聯考的最後衝刺階段，很多學校都會採取月考、週考的密集訓練來提高考生的應考能力。我們常會發現，在一次考試中考砸了的學生，下次考試會比上次考得好的機率很大；而在一次考試中表現超乎水準的學生，下一次考試則可能會表現略差。如果我們根據學生聯考前最後一次測驗來

預測聯考成績，就要特別注意是否會受到回歸效應的影響。

回歸效應在修正直覺中要如何運用呢？假設現在要你預測某個連鎖超市下半年的營業額，每一間店面的規模和商品都很類似，但是因為地理位置等諸多不同的因素，每家店的營業額有好有壞。現在已經知道，某位經濟學家為這個連鎖超市做了整體預測，營業額會增長百分之十，而A店今年上半年營業額是一千萬元，B店是兩千萬元，C店是兩千五百萬元。

那麼，該如何預測這三間分店下半年的營業額呢？

如果憑直覺來預測，我們可能會傾向於ABC這三家店，每家店的營業額都增加差不多百分之十。但當我們把回歸效應納入考量時，更為合理的預測就應該是，在直覺的基礎上，A店高於百分之十，B店接近百分之十，而C店應該低於百分之十。其背後的邏輯就是，營業額高的業績可能會降低，而營業額差的則可能會提升。

第二個建議是對個人而言，複雜的決定最好相信直覺。比如買車、買房這種需要慎重看待，又不涉及他人利益的選擇，為了讓自己在購買後更加滿意，應該更相信自己的直覺。因為無意識思維更擅長讓人在可參考資訊較少的情況下做出最佳決定，因而讓我們覺得「就是它了！」

相反地，對於簡單的商品，比如生活日用品，經過思考之後再做選擇，會讓人的滿意度更高。

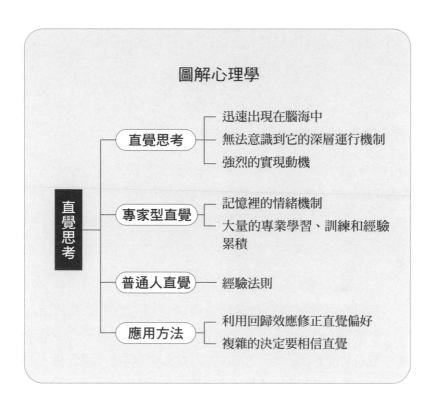

41 如何讓學習更有動力？

心理學效應　**強化效應**

對一種行為的肯定或否定的後果（即報酬或懲罰），它至少在一定程度上會決定這種行為在今後是否會重複發生。

　　你有沒有對自己進行過這樣的靈魂拷問：為什麼遊戲沒過關、打不贏就會一直玩下去，但書讀不好卻想直接放棄？為什麼打遊戲那麼容易上癮，讀書卻不會讓人上癮呢？或者說，如何能讓自己像打遊戲一樣對讀書上癮？

　　我們之所以會有這樣的疑問，是因為我們深知讀書對自己的重要性，卻又難以愛上學習。被「虐」千百遍還是得讀書的痛苦，往往讓人一看到書本就頭大又疲累，甚至厭學；而打遊戲則輕鬆得多，沒有壓力。

　　事實上，要把打遊戲時那種欲罷不能的狀態，轉移到認真讀書上也並非不可能，這關乎我們如何看待學習的本質，也就是本文要探討的內容。

正增強比負增強更有效

　　當我們想到「讀書」這件事，往往是閱讀、做題目或者聽老

師上課；而一旦提到「遊戲」，則會聯想到經典的遊戲場景、對著手機螢幕或電腦不停地進行遊戲操作。

但在心理學家看來，這兩者實際上原理是相同的：都是基於體驗的一種行為改變。在這個過程中，「強化」扮演了非常重要的角色。

大約在一百年前，行為主義心理學創始人之一的史金納（Burrhus Frederic Skinner）最早在操作制約（也稱為「操作條件反射」）理論中提出了「強化」的概念。而腦科學發展之後，對於多巴胺的研究也印證了此一概念。操作制約理論說明的就是行為結果如何引起主動行為上的改變。

為了驗證自己的理論，史金納設計了著名的實驗裝置——史金納箱。箱子裡有一個可以按壓的槓桿，槓桿旁邊上有一個小小的食盒，動物按壓槓桿就會有食物掉到食盒裡。史金納把一隻饑餓的小白鼠放進箱子裡，當小白鼠某次偶然按到槓桿，結果食盒裡就有了食物，牠也吃到了食物，嘗試幾次之後，小白鼠就學習到「按壓槓桿就會有食物」這件事，於是牠就不斷按槓桿，直到吃飽為止。

在這個實驗中，小白鼠需要學習的是按壓槓桿的動作，而食盒裡的食物就是牠行為的強化物，能夠刺激小白鼠增加按壓槓桿的行為，而這個動作是小白鼠主動去做的。

這個實驗不僅對小白鼠有效，在人類身上測試也屢試不爽。在很多遊戲中，過一關就能獲得積分、更新裝備、升級角色或者拓展遊戲空間，通關之後獲得的所有東西都是強化物，它能夠讓人連續幾個小時，甚至更長時間不停地點擊手機螢幕上的幾個位置，或遊戲搖桿上的幾個按鈕，並且十分投入又開心地持續重複無聊的動作。

　　問一下流水線上的工人，就會知道這種重複操作幾個按鍵的事情是那麼枯燥又無聊，但在遊戲時，人為什麼卻樂此不疲？就是因為能獲得不同的強化物。

　　但其實強化有積極與消極（或正與負）之分，這種區別並無好或壞。積極強化指的是做出某個行為就會獲得獎賞或需要的東西。比如，幼兒園老師會給表現好的小朋友集點貼紙；在孩子獲得好成績時，父母也經常會給予物質上的獎勵，這種積極強化也稱為正增強。

　　消極強化則是當人們表現出某種好的行為之後，就撤銷處罰，或不讓其去做自己厭惡的事情。比如，監獄裡的犯人如果表現良好就可以得到減刑；小朋友表現好，父母就允許他少做一些家事，當然，前提得是他不喜歡做家事。這種消極強化也叫作負增強。

　　與強化相對應的就是懲罰，是藉由增加厭惡的刺激來消除不良行為，有些家長和老師就傾向以懲罰來規範或糾正孩子的行為。

　　要強調一下，懲罰和負增強是兩種不同的概念，很多人會將之混淆。懲罰是指增加厭惡的刺激來消除不良行為，而負增強則是指減少厭惡刺激以增加良好行為，而且懲罰的效果往往比強化的效果差。比如，對於一個經常遲到的學生，懲罰的做法是遲到就讓他罰站，準時則不罰站；而強化的做法是，只要他早到或準時就予以稱讚，結果往往顯示，讚美的效果比罰站要好。

透過「連續漸進法」持續強化

那麼，關於「為什麼不能像愛上遊戲那樣愛上讀書」這個問題，你心裡是不是有答案了？因為遊戲設計師早就把史金納的強化概念運用得爐火純青了，但我們在讀書學習中對強化的運用還非常粗淺。

回想一下自己過去的讀書經歷，那些讓我們感覺良好的強化，比如表揚、獎勵等，往往一個禮拜還發生不到一次，就連考試，也要過幾天才能知道成績，回饋效率既少且慢。而在遊戲中，基本上每幾分鐘甚至每幾秒就會有獎勵和回饋。

當強化的頻率太低，我們對學習行為的良好體驗可能就無法一直持續，學習熱情也很容易在下一次強化物出現之前就消退了。

因此，我們可以使用史金納設計的連續漸進法，具體實行的方式如下。

第一步：把需要學習的目標行為列舉出來

比如，訓練年幼的孩子自己吃飯。

第二步：分解目標

比如，讓年幼的孩子自己走到餐桌，坐上座位，自己拿起湯匙把飯放到嘴裡。

第三步，立即強化

比如，年幼的孩子每完成一個分解之後的小目標，都立刻給予獎勵。

　　從史金納提倡的連續漸進法中可以看出，這些步驟跟很多小遊戲的設計類似，包括分解目標、立即強化，以及強化物始終具有吸引力這幾個因素。

　　關於分解目標這個方式，與心理學家列夫・維高斯基（Lev Vygotsky）在發展心理學中提到的「近側發展區理論」（也稱為「可能發展區」或「潛在發展區」）不謀而合。近側發展區是指，學生在獨立活動時能夠達到解決問題的程度，與透過學習所能達到的程度兩者間的差距。

　　利用近側發展區和分解後的小目標可以得知，在學習中，目標的分解應該讓需要學習的內容，與已經掌握的內容之間，存在「跳起來就摸得到」的近距離關係。很多遊戲已經將這一點應用得非常精準；而在教育中，因為每個孩子的實際狀況各自不同，所以很難做到對每個學生都恰到好處。

　　立即強化和及時回饋產生作用的本質，都是在我們出現學習行為之後，確保大腦能夠增加多巴胺的分泌。多巴胺是一種非常重要的神經傳導物質，能讓我們感覺快樂。因此，強化使人愛上學習的完整邏輯過程應該是這樣的：出現學習行為→立即強化→大腦分泌多巴胺→感到快樂→增加學習行為。將這個循環多重複進行幾次，想不愛上讀書都難，甚至還會讓你上癮。

　　但是，要想讓「強化」這件事持續有效，就應該確保強化物始終具有吸引力，因為強化物一旦失去吸引力就無法再發揮作用了。比如，對有的人來說，食物、衣服、3C產品等是有形的強化物，享用美食、購物等行為對他們就能達到強化的作用。而有人則喜歡從獲得表揚、讚賞、感謝信或擁抱等來達到強化的作用。比如，在網站上回答問題的人能從按讚和好評留言中，體驗到快樂和滿足感，因此他們就願意持續回答。此外，

金錢也是一種很好的強化物，公司企業裡所設置的績效獎金制度，以及遊戲裡的積分，都是這種類型的強化物。

強化的類型這麼多，找到對自己最有吸引力的一些強化物，作為勤加學習的獎勵，往往能有效培養自己喜歡學習的習慣。

間歇或隨機的獎勵都能令你愛上學習

現在，你是否想為自己設計一個符合強化原理的學習計畫呢？以下的建議可供大家參考。

一、提升正強化的頻率

大部分的人在學習過程中，強化回饋的頻率都過低，因此常會體驗到懲罰和挫敗的負面感受。

比如，制訂太多過於完美的計畫，結果總是無法完成；過於在意缺點和失誤，反而得失心過重，更容易出錯。這些行為表現都會抑制多巴胺分泌，導致人們體驗不到學習的快樂，自然也就無法愛上讀書。

二、設置隨機強化物

當我們制定了符合近側發展區的學習小目標之後，可以為自己設計一些獎勵，而且每個獎勵的內容都不同。然後把這些獎勵寫在紙條上，摺疊後放進一個盒子裡。每當你完成一個小目標，就從盒子裡抽出一張紙條出來，用上面寫的獎勵犒賞自己。

這樣做的好處是，由於大腦期待未知的獎勵，不確定的隨機強化能夠增加多巴胺的分泌，讓我們在完成小目標之後，體驗

到更大的滿足感和快樂，繼而更願意開始進行下一個小目標的
達成之旅。

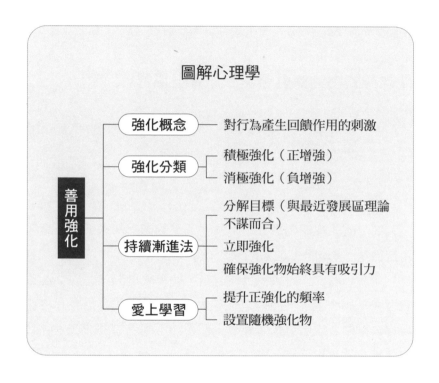

42 如何終結拖延症？

心理學效應　執行意圖

讓情境的訊號與當下要追求的目標形成緊密連結。

在上一篇文章中，我們瞭解如何讓自己愛上讀書，喜歡學習，但還沒有討論到會妨礙這些美妙體驗中出現的路障——拖延症。如果打敗不了這個怪獸，再多強化技巧也很難派上用場。比如，有的人作業總是拖到最後一刻才寫，有的人工作總是拖到截止日期前才趕工完成。

最典型的一種就是「想而不做」。如果現在還有兩週就要交畢業論文了，你會不在乎這件事情嗎？當然會非常在乎！吃飯會想，睡覺會想，甚至連做夢都會夢見。但是你的時間都花在哪裡了呢？在看社群網站上的訊息、打遊戲、追劇、持續整理桌面……等。

在為這些事情忙碌的時候，頭腦裡關於「要寫論文」的想法一刻也沒停過，結果就會導致不安，甚至極度焦慮。最後，在截止日期只剩幾天的時候，卯起來連續數日熬夜趕論文。

但我們為什麼會有拖延症呢？是因為決心不夠、意志力不堅定，還是習慣不好嗎？

告別拖延症，提升行動力

在「阻止我們完成一件事情」上，拖延症最成功的武器，就是推遲開始的動作。仔細想想每次拖延結束的那個時刻，就會發現：如果你要寫一個企劃案，可能已經打開幾十個網頁，瀏覽了幾個小時，但「拖延」這件事在你打開檔案時就結束了；如果你要收拾凌亂的房間，可能已經拖了幾週，但拖延在你拿起掃把的時候就結束了。

既然如此，就應該想辦法讓「開始」的動作早點出現。如果沒有剖析過拖延的這個特點，很可能會藉由訂目標、做規劃、列計畫等方式來督促自己。比如，學英語時，訂一個目標——「我每天要背一小時的單字」，結果總是背完第一組單字就放棄了。

這些計畫的缺點就在於，它們需要意志力驅動，但意志力損耗會讓人感到倦怠，也可能會因為其他突發情況而被打斷。很多人在執行減肥計畫時，如果有朋友邀約聚餐時，就會自欺欺人地告訴自己：「吃飽了才有力氣減肥」，這其實就是在不斷破壞自己的計畫。

那該怎麼辦？有一個辦法，就是把「開始行動」的這個目標從意志力層面放到潛意識層面。

舉個例子。很多人都有在沙發或床上玩手機的習慣，回到家後，只要一坐在沙發上，就會玩一下手機。這個過程根本不需要靠意志力，甚至連自己都沒意識到的時候，就已經在玩手機了。

這個過程是怎麼發生的呢？其實，我們大腦的潛意識儲存了坐在沙發或躺在床上看手機的影像，它已經成為一種自動化的

行為過程，只要坐在沙發或躺在床上的這個場景線索一出現，我們就會有玩手機的動作。

以背單字為例，如果我們把這個潛意識當中的影像替換一下，變成只要一躺在床上，就開始背單字，繞過意志力的參與，直接開啟自動化程式，那麼我們學習英語就會成為非常自然的行為。

認知心理學家戈維哲（Peter M. Gollwitzer）在二十世紀九〇年代提出的心理學概念——執行意圖（也稱「執行意向」），就是為自己想要實現的目標設置明確的意圖。

執行意圖的公式非常簡單，即「如果X，那麼Y」，X是生活中自然會出現的各種情況，比如到了幾點就要吃飯等，這類事情一定會在自己身上發生；Y是自己的目標、願望，或需要養成的好習慣等。

這樣一來，只要我們進入某個場景，就能自動啟動原來預設的行為。這就相當於在我們制訂的計畫和要達成的結果之間建立了一個觸發器，只要有場景線索出現，我們就會像條件反射一樣開始行動。這個過程繞過了意識層面的糾結思考，也就不容易出現「遲遲無法開始」這種惱人的情況了。

儘管這個方法非常有吸引力，但我還是要潑大家一盆冷水：單獨使用「如果X，那麼Y」這個公式還是有風險的。因為一旦大腦儲存的自動化影像的連結非常強，那麼，建立新的自動化程式就會變得很困難。

例如，一旦我們的大腦已經建立了「一躺在床上就玩手機」這樣的連結後，要把它轉變成「一躺在床上就背單字」還是很不容易的。也就是說，我們在實現目標的路上仍難免會遇到各式各樣的阻礙。

比如，買了iPad，希望能利用它來讀書學習，結果它卻變成了一個多功能遊戲機或者多功能電視機。這是因為打開iPad這個場景所對應的自動化行為裡，與玩遊戲、看電視劇的連結過強，而我們沒有意識到這種連結成了用iPad學習的阻礙。

利用WOOP思考法，制定可被執行的計畫

為了讓執行意圖更有效，戈維哲的妻子，也就是心理學家奧丁根（Gabriele Oettingen）開發了WOOP思考法。這是一種直接作用於潛意識的自動化思考訓練，能成功地把執行意圖從「理念」發展成「人為干預潛意識」，或者說「人為設置大腦自動化程式」的成熟技術。

WOOP是四個單字的第一個字母縮寫。

- 第一個單字是Wish：指願望，這個願望必須是內心真正渴望的、具體的、具有挑戰性的願望或目標。
- 第二個單字是Outcome：即結果，也就是願望實現之後的最佳結果，它是一個美好的願景，同樣也是越具體越好。
- 第三個單字是Obstacle：即障礙，在實現願望的過程中，可能會遇到的各式各樣障礙。
- 第四個單字是Plan：即計畫，也就是符合執行意圖的場景反應，針對所有障礙設置「如果X，那麼Y」的公式。

WOOP思考法可以用在瘦身、學習、改掉壞習慣、培養好習慣，乃至實現人生重大目標。當我們對每件重要的事都以WOOP思考法的方式執行，拖延症就會逐漸痊癒。

舉個例子，假如你現在的願望是讀完《普通心理學》這本書，那麼WOOP的訓練如下：

願望：讀《普通心理學》。

結果：變得更博學多聞，可以想像一下自己運用所學知識和朋友同事談笑風生的畫面。

障礙：下班太累、加班、想看電視、想玩遊戲等，列得越明確、越具體越好。

計畫：針對每一個障礙列一個「如果X，那麼Y」公式。

如果下班太累，那麼就打開《普通心理學》看幾頁；

如果加班，那麼就在回家路上看電子書；

如果想看電視，那麼就先讀幾頁《普通心理學》；

如果想玩遊戲，那麼就先讀幾頁《普通心理學》。

第一次針對一個具體的目標做WOOP思考法時，先按照上述四個步驟在紙上逐條寫下來。稍微熟練之後，就在大腦裡重複這四個步驟，直到自己實現目標為止。

但在開始嘗試之前，提醒大家注意以下幾點，以減少在實際練習時出現偏差。

一、公式「如果X，那麼Y」，並不是日常語境下的因果關係，比如「如果我晚上喝咖啡了，那麼我就會失眠。」這種描述雖然符合計畫的句型，但前後兩者並無關連性。

二、列出的障礙要越具體越好，因為線索越具體，就越容易被大腦識別出來。

三、願望要分解得具體而詳細，並且比較容易執行。不能只簡單寫「學英語」或者「每天背一小時單字」，前者不夠具體，後者則難度太高，兩者都不容易執行。正確的具體化方式應該是：「坐在書桌前，開啟背單字的APP背

五十個單字。」這樣的描述既具體又不困難，也更容易
付諸行動。

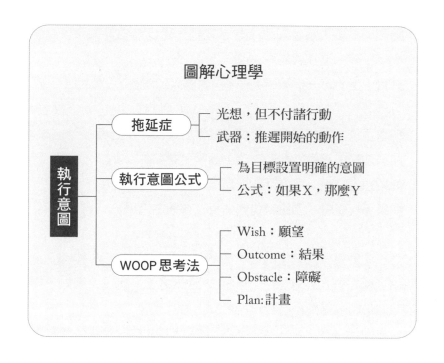

43 何謂正確的學習態度？

心理學效應 **建構主義** ────────────────

關於知識和學習的理論，強調學習者的主動性，認為學習是學習者
基於原有的知識經驗生成意義、建構理解的過程，而此過程常是在
社會文化互動中完成的。

　　小學二年級的語文課本中，有一篇叫〈羿射九日〉的文章，
是后羿射日的經典神話故事。前一段時間，這個故事因為一個
小學生的疑惑而在網路上引起了不小的討論。

　　原來，為了讓二年級的小學生體會神話故事的魅力，教材編
寫專家對古老的神話做了淺顯易懂的白話文改編，內容是這樣
的：「禾苗被曬枯了，土地被烤焦了，江河裡的水被蒸發乾了，
連地上的沙石好像都要被融化了。人類的日子過得非常艱難。
神射手后羿決心幫助人們脫離苦海。他翻過九十九座高山，蹚
過九十九條大河，來到東海邊。他登上一座大山，搭上神箭，
拉開神弓，對準天上的一個太陽，咻地就是一箭……」

　　不知道大家看完這一段會不會有什麼疑問？有個小學生就對
這段內容的描述產生了困惑。前面一句寫道「江河裡的水被蒸
發光了」，但到了後面，后羿又需要「蹚過九十九條大河」，於
是這個小學生就問爸媽：「河水都蒸發光了，為什麼還需要涉水

呢？」

這個小學生的質疑很快在網路上引發熱議，也引起了出版社的重視，他們公開表示「蹚」字的確用得不恰當，之後會進行適當的修改。

聽完這個故事，我們不禁要問，那麼多學生和老師都讀過這篇課文，為什麼只有那個小學生提出了這個問題呢？

自由探索、自主學習的建構主義教育

如果我們把那位小學生提出問題，以及網路討論的整個過程都看成是一種學習過程，對那位小學生來說，這篇課文就是一個新知識。他之所以有能力提出問題，就是因為課文中新的知識與自己已經掌握的知識及經驗之間產生了衝突，於是他提出了疑問。而網路上的討論以及出版社的說明，則是非常好的討論與知識驗證過程。這個過程最大的特色，就是讓小學生明白，課本上的知識也可能會出錯，是可以質疑的。

這個小小的熱議事件，比較符合建構主義的學習觀——認為學習是學習者基於已有的知識經驗生成意義並建構理解的過程，而且這個過程往往是在社會文化的互動中完成。建構主義的學習觀也強調學習者的主動性，強調應該以學生為中心。

建構主義的學習觀可以從下面四個層面來理解。

一、建構主義如何看待知識？

有些觀點認為，知識是絕對客觀的，不容質疑，並且是固定不變的。但建構主義強調，知識並不是對現實世界絕對正確的反映，而只是對各種現象的假設或解釋。

對於知識，我們有時會有一種錯覺：現有的科學知識就是真理。但如果回到科學發展的歷史當中，這種錯覺就很容易被推翻。舉個例子，天文學經歷了地心說、日心說、銀河系，再到大宇宙等學說的數度演變。而目前，我們也無法肯定現在掌握的天文知識就是全部的真理。那個敢於對課文進行質疑的小學生，顯然就具備建構主義的學習觀，他不會盲目相信課本的內容就是絕對正確的。

二、建構主義如何看待學生？

有些老師喜歡形容好的學生是張白紙，覺得他們會學到知識都是根據老師的教學而定。但建構主義的觀點則與之相反，認為學生是帶著自身已經具備的知識經驗來學習的。

比如，從語言學習來說，歐洲人學英語就比亞洲人容易得多，這是因為歐洲語系和英語更接近，所以學得更快；而亞洲人的語系和英語的關係則遠一點，所以學得較慢。相反地，對母語為英語的人來說，學法語就比學中文容易得多。

三、建構主義如何看待學習？

學習有三個重要的特性，分別是主動建構性、社會互動性以及情境性。

- 主動建構性：基於自己的既有知識背景建構新知識，而非單方面接受教授者傳授的知識，所以特別強調學習的主動性。
- 社會互動性：強調社會文化在學習者的學習過程中產生的重要作用。比如，同學之間、師生之間組成的共同體，這種人際關係也會形成學習的規範和文化。

- 情境性：強調學習與實際應用的緊密關係，換句話說，知識不可能僅僅存在於書本上。

建構主義分別從學習者個人、學習的團體及知識的情境這三個面向來理解學習，不僅非常直接地考慮了人與知識，同時也注重對學習有間接作用的社會文化。二年級小學生和父母討論后羿射日的問題，以及在網路中大家的討論，都是社會文化影響學習的一種表現。

四、建構主義如何看待教學？

最重要的是，要讓學習者透過解決問題來學習，也就是重視學習者的好奇心。

在建構主義者看來，要先有能力提出「為什麼」，然後再探索、找答案，進而才能消除自己的困惑，這對教育工作者有很重要的意義。有些教育工作者很重視如何把知識傳授給學生，但優秀的教育工作者應該要讓學生能夠主動提出並解決問題。

如何應用建構主義？

建構主義的學習觀所宣導的主要觀點，與心理學對人的理解非常相近，它認為人的知識是「長」出來的，是個人經驗的合理化。這和我們單純認為學習是知識累積的過程不同，它是一個更積極主動的建構過程。

從更實用的層面來說，符合建構主義的教學方法，可能也更符合教學活動中學習者的特點；而符合建構主義的學習方法也值得我們參考借鑒。

舉一個例子：費曼學習法。這是著名物理學家費曼（Richard

Feynman）提出的一種學習方法，大概需要四個步驟。

- 第一步：選擇一個準備學習的概念。
- 第二步：想像自己要教別人這個概念。
- 第三步：發現教學過程中的不足之處，並嘗試解決，然後重新教導別人，直到零基礎者也能輕鬆理解。
- 第四步：去除專業術語，簡化類比，讓五歲小孩也能理解自己講述的概念。

　　現在，我們就以學習建構主義為例，說明該如何進行這四個步驟。

- 第一步：寫出來你想要理解的概念，並且盡可能多查閱資料，你自己要先能掌握它。
- 第二步：想像一下，如果我要教導別人，首先自己要對這個概念理解得很透澈。像是：建構主義是指什麼？什麼是建構？它包含哪些觀點和內容？……等。
- 第三步：我們發現的問題可能就是實際教學中別人會問的，他們也想搞清楚這些問題。所以，繼續往下想像，在我們教導別人的過程中，還可能會被問哪些問題。直到你也可以教會一個毫無基礎的人時，就可以進入第四步。
- 第四步：五歲的小孩一定無法理解什麼是建構，但他們可能都在幼兒園接觸過總結與分類，比如，梨子和蘋果都是水果。那麼，認識水果是一個統稱，並且能把各個具體的水果都納入其中，這便可視為

一個建構的過程。因此，可以用這個淺顯的例子對五歲的小孩解釋何謂建構主義。

除了實際層面的學習方法之外，建構主義也對哲學、社會乃至政治都有很深遠的影響。例如，以社會建構的視角看待我們的心理困擾，能夠產生一定程度的療癒作用。

舉個例子，面對憂鬱症或焦慮症時，人們通常會有很強的病恥感，而社會建構則強調，這些所謂的疾病並不是患者的問題，問題是被建構出來的。這種全新的態度就有非常強大的療癒功能，因為能體會到「這不是自己的錯」，便可以大大減輕人們內心對自我的攻擊，病恥感就會相對減少，甚至消失了。

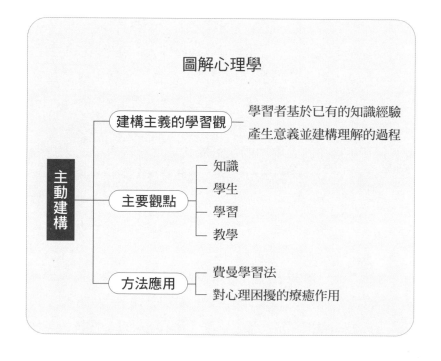

發展心理學

我們如何長大與變老

4

44 智力普通的父母，可以生出高智商的孩子嗎？

心理學效應 先天遺傳

父母會透過遺傳把許多特徵傳給下一代，且許多先天特徵具有決定性，很難透過後天的作為（如教育）來改變。

你有沒有看過《三個一樣的陌生人》這部紀錄片？內容是三胞胎兄弟從小被分開領養，長大後又重逢的故事。他們發現儘管彼此來自不同的家庭，但是興趣愛好都非常一致：他們都抽同一個牌子的香菸，喜歡同一種類型的女孩，對很多事情的看法也很一致。

三兄弟的經歷看起來就是天然且完美的雙胞胎研究實驗。但是在紀錄片裡，三兄弟之所以會有這樣的經歷，是因為科學研究的設計所造成。這個研究是由精神病學家和兒童心理學家彼德・紐鮑爾（Peter Neubauer）主持設計的，他追蹤調查了很多對雙胞胎與三胞胎。

研究在一九八〇年被迫停止，但是對被研究者的影響卻是深遠的。這項時間跨度很長的研究涉及的倫理問題非常複雜，導致相關的資料和研究結論都被封存了，直到二十一世紀六〇年代才會被解封。

其中涉及的倫理問題並不是此處要討論的主題，我們要探討

的是在發展心理學中，遺傳的重要作用。

聰明與否，跟頭圍大小有關

　　我們可以大膽猜測，無論紐鮑爾真正的研究目的是什麼，一定和基因、遺傳有關。科學發展了這麼多年，現在大部分的人都相信，不管什麼流派，什麼發展心理學的理論，人類的各項能力，包括智商、EQ、性格、社會性、性別刻板印象等，或多或少都存在兩個非常普遍的影響因素——一個是遺傳的因素，另一個是環境的因素。

　　其中，尤其以智商和遺傳的關係更受人重視。其實智商包括許多能力，是一種綜合的能力。但在一般而通俗的理解中，智力是顯示一個人有多聰明。

　　第一個研究智商的人是法蘭西斯・高爾頓（Francis Galton），可能大部分的人都沒聽過，但是如果提他表哥的名字——達爾文，大家就很熟悉了。身為智商研究的第一人，高爾頓非常推崇一個觀點：智力是天生的。

　　他和達爾文的科學觀點比較接近，都相信自然選擇，也相信遺傳學說，所以高爾頓認為智商是由先天決定的，不會受後天任何的影響。

　　高爾頓的智商理論非常重視對智力的測試。他提出很多有趣的測試工具，可以用來評估一個人的智力水準。其中有一個測量方法非常簡單，也非常實用，那就是：測量頭圍。這個方法其實就是測腦容量。

　　可能有些人會反對，頭圍這個概念，不就是看頭的大小嗎？怎麼感覺跟顱相學比較接近呢？有點像偽科學啊！

先別急著反駁，雖然高爾頓的方法年代比較久遠，但是近期就有相關的學術文章發表在了雜誌《心理科學》（*Psychological Science*）上。

英國有幾位心理學家重新探討了這個問題，他們經過非常嚴密的實驗和資料測量，受試者多達一萬三千多人，結果發現，頭圍（腦容量）確實會與人的智商成正比。

這個結論聽起來很令人悲傷，但智商在一定程度上確實是由先天的基因所決定。

先天基因 VS. 後天環境

隨著智商理論的不斷發展，尤其當雙胞胎的研究興起之後，大家發現，雖然遺傳因素對智商的影響很大，但智商不僅受遺傳因素的影響，也受環境因素的影響。

這就要提到在心理學研究，尤其是在遺傳研究中非常重要的一個方法：雙胞胎研究。雖然本文一開始提到的紀錄片中，主持研究的心理學家在倫理道德方面處理得不太好，但不能因此全盤否定雙胞胎研究的意義和重要性，而且有很多對雙胞胎研究的處理方法，在倫理方面還是遵守詳細且嚴謹的規定，他們的結論也具有重要的借鑑意義。

什麼是雙胞胎研究？基本的操作規則是如何制訂的？雙胞胎研究中的孩子一般是指同卵雙胞胎，也就是他們有幾乎完全相同的基因，在同一個子宮共同發育，出生時間相差不大，即先天條件幾乎一樣。

那麼，他們從出生開始，逐漸展現出來的不同，比如身高、身材、智力等基本條件，都可以被認為是由後天環境因素造成

的。

　基於這樣的理論假設，科學家就喜歡研究那些出生後由於一些客觀原因不得不分開撫養的同卵雙胞胎。比如，親生父母無力撫養，不得不送給別人或機構養育；親生父母離異，分別在不同的後天家庭長大……等。這些情況下的雙胞胎符合「先天相同，後天不同」的實驗條件。當然，這種分開撫養是由孩子的家庭因素決定的，而非研究者刻意為之。

　那麼，異卵雙胞胎就沒有研究價值了嗎？所謂的「龍鳳胎」就是典型的異卵雙胞胎。對於這類雙胞胎的研究，則往往假設「在完全相同的環境下長大，兩個人的不同表現可能是因為基因的不同。」因為異卵雙胞胎只有大約百分之五十的基因是相同的。如果在同一個家庭長大，原則上可以認定他們成長的環境因素非常相似，那麼他們在成長過程中表現出來的差異，就是由基因不同導致的。

　對雙胞胎的研究發現，在智商的影響因素中，遺傳因素，也就是基因因素的影響可能占百分之五十，甚至超過百分之五十，而其他占比則是由環境決定的。這就告訴我們，即使先天條件不好，但是經過後天的努力與學習，也可以有所成就。

遺傳會受回歸效應的制約

　這對先天基因普通的人來說是個好消息，但人們還是忍不住要和先天條件就具有優勢的人相比。如果一個人的父母都是高智商、高情商、高顏值、高社會地位等，那他的智商就一定也很高，人生一定會一帆風順嗎？

　站在科學的角度，答案是「未必」。達爾文的進化論能夠解釋

一個物種的起源、發展和變化，但它不關心兩代人之間的進化，比如，從父輩到子輩究竟是不是會越變越好。

代際遺傳很明顯受到「回歸效應」的制約，也就是遺傳並不是一直在進步，而是會隨著時間的推移，趨近於平均程度的現象。

如果認為高智商父母所生的孩子一定智商也高，甚至青出於藍而勝於藍，這種觀點是不科學的。可能的情況是，高智商的父母所生的孩子智商一般，這就是回歸效應的作用，也就是說，父母的高智商是一個極端值，這個極端值會影響子女的智商，使其逐漸回歸正常的水準。

聞名於世的天才科學家、音樂家、畫家，如愛因斯坦、貝多芬、畢卡索等，他們的智力都是超群的，但他們的子女叫什麼名字？有什麼成就？實際上，我們可能連他們有沒有孩子都不知道。

所以，我們可以從另一個角度來理解回歸效應：如果沒有回歸效應，那麼聰明人的後代就會越來越聰明，普通人的後代就會越來越普通；個子高的後代會越來越高，個子矮的後代會越來越矮，這樣人類可能會演變成很多不同的物種。但實際上，現代人的心智水準並沒有增長那麼多，彼此的差別也沒有那麼大。

除了基因，健康和心理也會遺傳給下一代

可能會有人認為，反正遺傳這件事情也不是自己能決定的，畢竟基因來自於父母，那就只能透過後天努力來改變自己了。

但近年來，遺傳研究中的表觀遺傳學，把一連串的研究指向

我們的生活軌跡。因為基因、DNA序列只是一套密碼，關於哪些會表達出來，哪些不會表達出來，我們都無法預知。

簡單來說，表觀遺傳就是在DNA序列不發生改變的情況下，基因表達發生可遺傳變化的現象。

現在，表觀遺傳學並不局限於生物學領域，在心理學方面也有很多研究與應用。比如，在二〇一三年有一項研究發現，壓力過大可能會影響父親的精子品質。研究者以小白鼠做了一項實驗：讓雄性小白鼠過上四十二天心驚膽戰的生活，例如製造奇怪的雜訊、把牠們的窩弄濕、把牠們關在極小的空間中⋯⋯等，然後再讓牠們和健康狀況良好的雌性小白鼠交配。結果發現，這些曾經神經過度緊張的雄性小白鼠的後代，大腦的壓力反應[12]也不正常。

你可能會懷疑，老鼠的實驗結果也適用於人類的心理研究嗎？其實，心理學的研究範疇非常廣泛，用動物實驗也是心理學實驗的一部分。

歸納總結表觀遺傳學的研究發現，父母遺傳給孩子的不僅是基因，還有健康的狀態、行為和心理。

舉一個簡單的例子。某人往上溯及三代人都身體健康，但是他的下一代罹患某種罕見的遺傳疾病。如果追溯他整個家族的生活史可能會發現，他的祖父輩和父輩都注重健康，認真養生。但是到了他這一代，就開始抽菸、喝酒、熬夜，如此生活了十幾年後，他的基因把這些不好的後天影響記錄下來，並遺傳給下一代，他的孩子便會在健康狀況方面出問題。

12 —— 對外界強烈刺激的身心反應。

　　這提醒我們，備孕不僅是女性的事情，在有了生育計畫之後，男性也要認真好好養生，像是健康生活、運動、保持好心情，並至少持續進行數月，這樣才能給下一代更健康的身體與心靈。

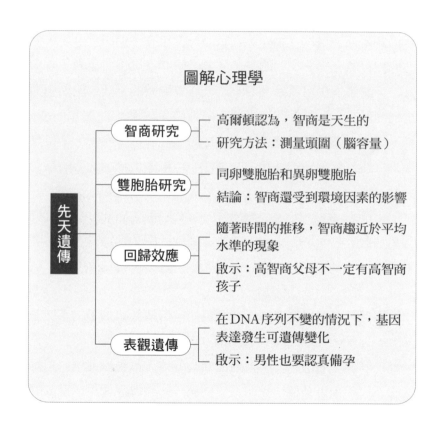

45 原生家庭的影響有多大？

心理學效應 後天教養

人類的所有行為和情緒反應都可後天習得的。

只要提起原生家庭，大家就會聯想到「這是我和父母的家庭」「原生家庭給我造成了很多傷害」等。

物極必反，當這類的言論增加之後，有一些人就會非常反感於傳授心理學觀念時，動不動就把「原生家庭」扯進來，包括我自己。嚴格來說，心理學學術研究中並不存在所謂的「原生家庭理論」，因此，很多關於原生家庭的內容都是以偏概全，甚至是毫無根據的。

雖然這個名詞不是在學術研究中提出的，但也不能全盤否認它存在的意義。細究其內容，的確有許多發展心理學的相關研究，比如依戀研究、家庭研究，包括前面曾提到的雙胞胎研究等，都與「原生家庭」這個詞有密切的關係。

那麼，原生家庭對一個人的影響究竟有多大呢？很多人在聽到「什麼影響了什麼」這個論斷時，往往第一時間想到的是負面、消極的影響，但其實「影響」這個詞是中性的，好壞兩面都有，而且是個綜合且複雜的概念。

童年的依附關係，會影響你的一生

上一篇文章提到基因與遺傳的重要性，而本文主要討論的，是遺傳和環境之間的相互作用，瞭解環境對個人的發展可能有什麼樣的影響。

首先，從心理學家安斯沃思（Mary Ainsworth）提出的依附理論著手。這個理論證明了在一個人的童年時期，家庭因素的影響非常大。依附理論認為，情感依附有三種主要的型態，分別是安全型依附、逃避型依附與焦慮型依附。其中，逃避型與焦慮型兒童的行為及性格問題，要比安全型兒童多，而且這些問題會一直延續到他們成年後。

那麼，依附類型的形成到底是由先天決定，還是由後天的家庭養育導致的呢？要回答這個問題，還是要靠雙胞胎研究方法。

二○○一年，有心理學家提出追蹤兩百二十對雙胞胎的研究結果，該實驗是研究基因和環境因素對兒童依附類型的影響。這些孩子的平均年齡為三歲半，而這個年齡階段正是依附風格形成的重要階段。

「環境因素」是個複雜的概念，我們會習慣性地認為，對三歲半的孩子來說，環境因素主要是父母和家庭教養方面所決定。但實際上，即使是幼兒，也會受到環境因素中除家庭外其他方面很多因素的影響，比如托兒所、幼兒園、社區鄰里等。對成年人來說，原因就更複雜了，家庭之外還有學校、朋友、同事等。

因此，研究者把環境因素分為共用環境和非共用環境這兩類。共用環境為對大家影響都差不多的環境，非共用環境則可

能是由外在因素造成差異的環境。

結果發現，基因和環境都可能影響兒童的依附類型。也就是說，是先天和後天因素共同塑造了一個人的依附類型；但把同卵雙胞胎和異卵雙胞胎分開比較的話，會發現他們依附類型的一致性是類似的，都在百分之七十左右。

基於上一篇文章對雙胞胎研究方法的瞭解，我們知道，如果基因的影響因素更大，那麼同卵雙胞胎依附類型的一致性就應該比異卵雙胞胎要高，因為同卵雙胞胎的基因幾乎完全相同。既然同卵雙胞胎與異卵雙胞胎的依附類型沒有出現巨大的差異，那就說明了環境的影響因素更大。

此外，研究也證明，非共用環境對依戀類型的影響又更大一些。

因此我們可以認為，原生家庭——也就是家庭的環境因素對一個人的影響比較大。

「你」是由基因還是環境決定？

但是，學術界已經逐漸摒棄了先天和後天這種二元對立的觀點，轉而相信更加融合的觀點：環境基因匹配度。這是目前發展心理學領域越來越受歡迎的一個理論。

這個理論的觀點是，影響一個人行為、性格等的原因太多，也太複雜，無論是基因或是環境，各種因素之間都存在錯綜複雜的相互影響，所以不能片面地判斷哪種因素影響更大、哪種做法更好，而要根據基因和環境之間是否匹配來分析。

舉個例子。擁有某一個基因組的人，基因上的多個連續片段可能代表此人的攻擊性較強，但他是否真的會表現出較強的攻

擊性，還與他所處的環境有關。

　　瑞典有一項雙胞胎研究，探討了青少年的攻擊性。研究發現，原生家庭有較高社會經濟地位的孩子，基因對他們的攻擊行為有較大的影響；而原生家庭社經地位較低的孩子，家庭因素則更能解釋他們為何會有暴力行為。

　　這個研究結果充分顯示各種因素之間相互影響的複雜性，一個人的攻擊性到底受哪種因素的影響更大，並沒有絕對的答案，而是基因、性別、原生家庭、地區犯罪率等因素共同作用的結果。

　　其實，不僅是攻擊性，連性格、習慣、智商等也都是如此，它們都是在各種複雜因素的綜合作用下形成的。換句話說，沒有哪種單一因素會對一個人的影響產生決定性的作用。

　　如此看來，就有消極和積極兩方面的影響。消極方面是，糟糕的家庭環境可能會給人造成負面影響；積極方面是，人人都能擺脫這種負面影響。

擺脫原生家庭的負面影響

　　家庭只是後天環境中的一小部分，一個人在成長的所有後天環境中，會遇到同學、老師、朋友、同事、伴侶，這些家庭以外的人際關係會帶給一個人很多的可能性。

　　那些經常覺得父母或原生家庭帶給自己很大負面影響的人，不妨多從這些關係中尋找積極正面的能量，畢竟漫長的一生是由自己決定，而不是由父母前十幾年的養育決定的。

　　特殊教育可以彌補先天不足。科學家在二十世紀初，就開始關注一種類型的人——學習遲緩者（Slow Learner）。其實，這

是一些在智力上可能有缺陷的人，但他們不應該被放棄，而應該得到相應而適合的教育。在科學家看來，教育是對學習遲緩者的治癒良方。

比如，在傳統教育中被認為「很笨」的學生，諸如過動症、閱讀障礙的孩子，雖然可能課業表現很差，但實際上，這些孩子表現不好，可能是因為普通學校的課程設計，無法滿足他們對環境的特殊需求。

因為基因是多樣化的，傳統強調「適應環境」、「適應社會」的理念，只會埋沒基因環境匹配度低的人。相反地，我們應該發展與基因多樣化相吻合的多元環境，讓每個人都有機會展現自己的特質。

在這種理念的推動下，出現了一個很重要的機構——特殊學校。特殊學校其實就是在環境層面盡可能配合這些孩子的特殊需要，用更加符合他們特質的方法來教學。

因為就遺傳學而言，這些孩子可能因為基因突變或其他原因，表現得與多數人不同。但特殊學校能夠在一定程度上從環境改變他們，給予相應的支持，這樣就可以或多或少幫助他們學習到某些重要的知識和社會技能，並讓他們重新適應社會、回歸社會。我覺得，這也是心理學這門學科的一個特別重要的社會責任。

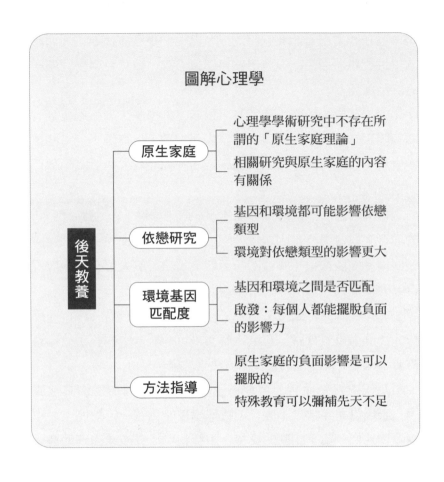

46 如何把握孩子發展的 關鍵期？

心理學效應 關鍵期 ────────────────

孩子在成長階段，若能在發展的特定時段處於適合的環境中，便會發展出某些能力或特性。一旦錯過這段關鍵時期，即使再給予適當的環境刺激，也無法發展出原應產生的能力或特性。

───────────────────────────────

　　我在前面幾篇文章，把對人的成長有影響作用的因素，簡單分成了基因和環境兩大類，又將環境分成了共用環境和非共用環境。

　　後面的文章，主要討論共用環境，也就是常態影響中，人類從出生開始到成人階段都會經歷的一些關鍵期，而這些關鍵期將會影響人的一生。

兒童時期的認知發展

　　「關鍵期」是在發展心理學中非常重要的一個概念。提到關鍵期，就必須介紹兩位非常重要的心理學家——艾瑞克・艾瑞克森（Erik Erikson）和尚・皮亞傑（Jean Piaget）。

　　艾瑞克森提出了社會心理發展理論，把人一生的發展分成八個階段。針對兒童發展的部分，大致有下面五個重要的階段。

- 0—1歲半：建立安全感時期

  如果父母沒有為孩子培養足夠的安全感，對孩子的信任感養成會非常不利。

- 2—3歲：獨立的關鍵期

  這種獨立是指孩子會認為自己能獨自做一些事情，而不是只能成為父母的小跟班、附屬品或傀儡。

  在這個時期如果父母不能放手，孩子日後的發展，尤其是他們獨立自主性的發展，將受到不利的影響。

- 4—5歲：設定並完成目標

  這將關係到他們能否設定人生目標，然後積極主動地完成目標。

- 6—11歲：培養勤奮的能力

  這時孩子會開始思考，自己能否為他人做一些事情，能否經由自身的努力完成想做的事情。如果孩子在這些方面做得不是很好，就比較容易產生自卑的心理。

- 12—18歲：關心與「自我」有關的議題

  嚴格來說，這個階段的孩子已經走出童年期，進入青春期。我們通常所說的三大哲學問題是「我是誰」「從哪裡來」「到哪裡去」，這種自我同一性[13]的問題對青少年來說非常重要，否則會影響他們日後的人格發展。

  皮亞傑也是研究兒童心理學的重要人物，他從認知發展的角度觀察兒童，並提出了認知發展視野下的關鍵期概念。他把兒童的認知發展分為四個階段：

---

13 —— 解釋或證明為何「某人」是「某人」的議題。

- **0—2歲：感知運動階段**

　這個階段的孩子主要靠感知獲得經驗，孩子在一歲的時候就能知道物體是永恆存在的。

　用一個簡單的小遊戲就能測出嬰兒有沒有發展出這項能力。當著一個寶寶的面，把他喜歡的玩具放在毯子下面，小一點的嬰兒可能會露出困惑的表情，還可能會急哭；稍大一點的寶寶可能會伸手去毯子下面拿，因為他知道，雖然自己暫時看不見玩具，但那個玩具是客觀存在的。

- **2—7歲：前運算階段**

　這個階段的孩子開始懂得用語言和圖像一類的符號來代表物品。但是他們在思考時仍是以自我為中心，難以從他人的角度來考慮問題。

　這個階段的孩子還有泛靈論的特點。泛靈論也稱為「萬物有靈論」，就是小孩子會把所有東西都看作和人一樣，是有生命、有意識、會思考的。

　比較典型的現象，就是他們在玩玩具時，會跟玩具對話。

- **7—11歲：具體運算階段**

　絕大部分的孩子在這個年齡已經上小學了，也能發展出基於經驗的邏輯思考能力。

　從前運算階段到具體運算階段，會有一個現象——他們已經能夠理解守恆。前運算階段的孩子還不能理解什麼是守恆。

　舉個例子，吃飯的時候，當你把筷子對齊，問孩子兩根筷子是不是一樣長時，孩子會說一樣長；但是當你把筷子錯開時，孩子可能就會說不一樣長。但是當孩子長大到具體運算階段時，他就有能力理解，即使沒有對齊，兩根筷子還是一樣長。

- 11歲以上：形式運算階段

這個時期之後，孩子就具備了抽象思考的能力。

與艾瑞克森的理論相比，皮亞傑更關注兒童的認知發展，這些關鍵期的區分能夠讓我們看到兒童的智力、思考能力發展和成熟的過程。

這也是為什麼孩子在不同的年齡階段，要學習不同的教材或內容。比如，在具體運算階段，其實孩子還沒有能力理解抽象的代數概念，因此，到了國中才會讓他們學代數、方程式。如果在小學階段，比如在二、三年級就開始學方程式，孩子是無法理解的，因為他們還處在具體運算階段。

三個重要的成長關鍵期

上述的關鍵期對孩子的成長而言非常重要。此外，還有一些關鍵期，如果父母能讓孩子順利度過這些關鍵期，對孩子日後的成長也會有一些幫助。

一、孩子剛出生時的認生關鍵期

一般來說，嬰兒從六個月大時就開始認生，過了一歲才會好轉。

認生是寶寶開始社會化發育的一種表現，因為新生兒還沒有形成圖像知覺，所以，兩個月大的寶寶分不清誰是媽媽，誰又是陌生人。要等到三個月之後，寶寶足夠熟悉家人的長相，才能在腦海裡留下印象。

當寶寶能認出媽媽的臉之後，他對和媽媽裝扮相近的人也會產生好感。如果出現的是形象差別很大的陌生人，孩子也能一

眼辨識出來，並且感到危險和不安，甚至馬上哭鬧。這些都是孩子成長時的正常現象。

認生是孩子進步的一種表現，因為當孩子有了記憶、有了社會性，才會認生。

但常有很多親戚或朋友喜歡逗弄寶寶。如果我們試著站在一個八個月大的寶寶的視角，來理解一下被逗的感覺，那就是——警報！

警報！前方有危險的陌生人！他居然盯著我看，哦不，完蛋了，他要把我從媽媽身邊搶走！

於是，我們就會看到嬰兒開始哭鬧。這種逗弄的方式對嬰兒來說，是很強的心理刺激行為，會讓他們感到害怕。

當孩子處在認生關鍵期時，父母不要讓對孩子來說是陌生人的人突然靠近或抱走孩子，而應該自己抱著孩子，用自己對客人熱情友好的態度來感染孩子，讓孩子信任對方。

二、孩子3—5歲的穢語關鍵期

這個階段的孩子有個很讓爸媽頭痛的問題是，不僅喜歡研究屎尿屁，還會不時冒出一、兩句髒話。這時，有的父母會如臨大敵，無法忍受，覺得孩子一直說髒話非常粗魯，而且別人也會覺得自己家的孩子沒有教養。

在穢語關鍵期，雖然孩子會說一點髒話，但其實他並不知道髒話是什麼意思，他只是感受到語言的力量。他發現說了某句話之後，父母會急得滿頭大汗，對他大吼大叫，甚至懲罰他。這時，他會覺得自己是有力量的，可以操縱父母的一些行為。

這種力量感的體驗，對孩子的發展來說是非常有趣的獎勵。所以，說髒話同樣也是孩子進步的一種表現。

　　因此，孩子進入穢語關鍵期之後，當他冒出髒話時，父母不必如臨大敵，而應該以平常心看待，不做任何回應。因為這時候回應他，就相當於強化他的行為。即使爸媽的本意是要懲罰他，但在孩子看來可能會覺得：「好，我就要繼續做這件事情。」結果適得其反。

　　但要提醒一下，這裡是特別針對處於穢語關鍵期的孩子，如果是大一些的孩子，父母就要好好管教了。

三，孩子3—6歲的語言關鍵期

　　其實，語言關鍵期少了一個非常重要的限定語，那就是母語，或者說是第一語言的關鍵期。

　　中國人的第一語言當然就是中文。所以在這個年齡階段，要給孩子足夠多的母語刺激。除非以後不讓孩子學中文，而是讓他學英文。這樣的話，父母就要把孩子放在一個純英文的環境，給他足夠的英文刺激。

　　現在很多美語補習班都強調父母要讓孩子早早學英語。但孩子一週只上一、兩個小時的英文課，在其他時間都不說英文，這樣的頻率對處在語言關鍵期的孩子來說幾乎是沒有用處的。因為這樣的時間長度根本接受不到足夠的語言刺激，甚至還可能出現混淆母語和英文的情況。

　　如果真的想讓孩子學英語，建議把孩子培養成英語母語者，也就是在家裡父母至少要有一半的時間說英語，一半的時間說中文。

　　那麼，什麼時候才是第二語言的關鍵期呢？這個問題目前在心理學的研究中還沒有定論，甚至還存在一些爭議，所以在此暫時無法給出明確的建議。

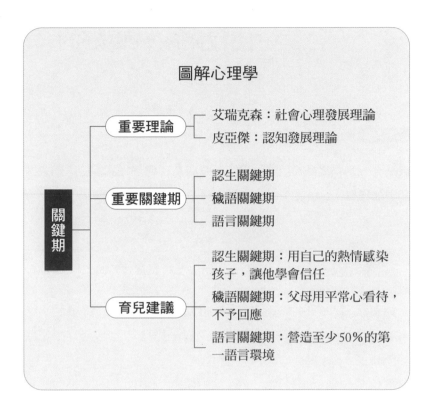

圖解心理學

重要理論 ── 艾瑞克森：社會心理發展理論
          └ 皮亞傑：認知發展理論

重要關鍵期 ── 認生關鍵期
            ── 穢語關鍵期
            └ 語言關鍵期

關鍵期

育兒建議 ── 認生關鍵期：用自己的熱情感染孩子，讓他學會信任
          ── 穢語關鍵期：父母用平常心看待，不予回應
          └ 語言關鍵期：營造至少50%的第一語言環境

47 苦難會使我們成為更好的自己嗎？

異常因素

成長不一定都從好的經驗而來，有些成長，會是從我們經歷的失敗和磨難獲得。

你有沒有看過《我想有個家》這部電影？主人公贊恩是個跟著父母生活在黎巴嫩貧民窟的十二歲小男孩，他們全家都是敘利亞難民，是沒有身分證明的黑戶。

影片一開始就是贊恩把父母告上法庭的場面，理由是他的父母生下自己卻不養育。之後，隨著影片故事的逐漸開展，我們看到了贊恩在決定起訴父母之前所經歷的磨難。

這並不是一部純粹的商業電影，而更接近紀錄片。導演先是花了三年多的時間做難民調查，並且挑選真正生活在這些地方的難民為演員。影片中所展現的幾乎是在黎巴嫩貧民窟真實生活著的居民，以及他們的生活場景。推薦大家可以看這部電影。

難民危機離我們的生活很遠，我們無法有切身的感受。但其實類似贊恩這樣小小年紀生活就充滿苦難的人，在現實生活中並不算少。

從心理學的角度來看，苦難的意義究竟是什麼？逆境和生活

挫折又會給人造成哪些影響？

童年時期的磨難有時會被誇大

　　小時候的經歷，尤其是苦難的經歷，到底會給人造成多大的影響呢？

　　我個人比較認可的結論是：童年時期經歷的磨難，對孩子發展的影響並沒有我們想像中那麼嚴重。當然，這並不是說完全沒有影響，而是沒有我們想像中大。比如，我們會認為絕大部分童年時期遭受磨難的人，都會因此罹患創傷後壓力症候群或因此而精神失常，但實際上並沒有這麼大的負面效應。

　　當然，我這麼說是有研究佐證的。

　　第一個證據來自一篇在《心理學公報》（Psychological Bulletin）上發表關於統合分析的文章。

　　所謂的統合分析，是不直接招募受試者進行實驗，而是把某一個研究課題領域中，已經公開發表的絕大部分文獻全部梳理一遍。這樣的做法突破了傳統文獻中較依賴研究者主觀選擇的做法，改以基於大量的客觀資料而得出研究結論，所以結果會更全面、有系統且可靠。

　　接下來，我們就來看看這篇文章的內容。文章用統合分析的方法，分析了有關「小時候遭遇重大負面事件的兒童，長大後的適應性問題。」綜合眾多文獻資料後，並未發現「小時候遭遇重大負面事件的兒童，和長大後的消極結果有顯著關連。」的此一強烈傾向。

　　直覺上，我們通常會認為，童年時期遭受的磨難，可能會對這些孩子長大後產生各式各樣的負面影響。但在這個研究中，

收集並分析了很多相關證據，最後得出的結論是，影響並沒有我們想像中那麼大。

當然，這個研究的本意是想說明，孩子在長大成人的過程中是有能力進行自我修復的。我們也不能因為這一結果就斷言，重大負面事件對孩子的成長沒有影響。從保護兒童的角度來說，當然應該提供孩子一個安全且舒適的成長環境。

我們的記憶會重構

第二個證據是來自對記憶的研究。我們都知道，有時候記憶並不是完全精確，可能存在重構的現象。關於「幼年的磨難會讓我們更努力活得精彩」這件事，我們有先入為主的觀念。

這種觀念是從何而來呢？很大一部分是來自名人傳記。這些故事裡有不少關於他們童年的描述，也會有一些評論與感想，例如「小時候吃不飽穿不暖的經歷，讓我覺得更應該發憤圖強。」等。也就是說，有的人會誇大童年挫折的正面意義。

但這種看似證明童年挫折有正面意義的傳記，其實存在兩個效應。

第一個效應是，這些名人傳記的主角只記得童年的磨難，然後把這個磨難的作用放大到誇張的程度，而忽略了成長過程中其他因素對他們的促進作用。

另一個效應是倖存者偏差，也就是說，那些受過磨難還活得很好的人畢竟是少數，他們是倖存者；但還有很多人經歷了苦難，卻過得不盡如人意的生活。由於他們活得普普通通，所以沒有機會書寫自己童年的經歷與大家分享。

這樣分析下來，童年磨難具有激勵人心的積極作用也要打個

折扣。呼應我一開始提到的，兒童時期經歷的一些磨難，對孩子的發展可能沒有那麼大的負面影響。因此可以得出結論：童年時期的磨難對人的影響，不論是正面還是負面影響，可能都沒有我們想像中的那麼大。

重建積極的過去

不管磨難的影響是否巨大，不可否認，我們的確不可避免地都會在童年時期遇到一些困難與挫折。如果知道了這些磨難的影響力並沒有那麼大的話，我們的自我掌控感會不會多一些呢？

記憶重構現象對我們的生活有一個很大的啟示，那就是：過去無法改變，但我們的態度是可以改變的。所以，我們可以嘗試重建積極的過去。

有一個關於重建積極過去的認知表單，大家可以按照下面的步驟，一步步嘗試。

首先，回想過去曾發生，令你印象深刻的三件消極事件。這些事情發生的時候，你體會到了比較強烈的消極情緒，如內疚、傷心、憤怒、害怕、難過等。但這些事情發生在過去，它們無法決定今天的你，而且你能改變自己對這些事情的態度。然後想想，從這些事情中，你能夠得到什麼正面的訊息？

就拿失戀這件事來說，一個可能的積極訊息就是：「經歷失戀能讓自己重新認識自我，也重新認識愛情。」

三件事情的積極訊息都列完之後，繼續思考下一個問題：「這樣的積極重建會如何影響自己的未來？比如，經歷過失戀之後，在新的感情中如何選擇伴侶？如何避免類似的情況再度發生？假如再遇到類似情況時如何解決？」

　　持續這個重建積極過去的練習，等過了一段時間後，你就能真正體驗到「我們每個人都有能力重新建立與解釋過去」，並從體驗中獲得力量。

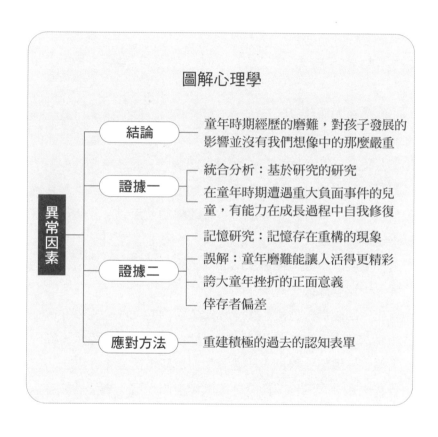

圖解心理學

異常因素

結論 —— 童年時期經歷的磨難，對孩子發展的影響並沒有我們想像中的那麼嚴重

證據一 —— 統合分析：基於研究的研究
在童年時期遭遇重大負面事件的兒童，有能力在成長過程中自我修復

證據二 —— 記憶研究：記憶存在重構的現象
誤解：童年磨難能讓人活得更精彩
誇大童年挫折的正面意義
倖存者偏差

應對方法 —— 重建積極的過去的認知表單

48 如何提升心智能力？

心理學效應 認知發展

在兒童時期獲得知識的過程，包括認識、理解、思考、問題解決、學習、概念化，分類及記憶。

在進入本文之前，必須重提這位研究成果頗豐碩的心理學家——皮亞傑。

皮亞傑是瑞士人，父親是研究中世紀文學的大學教授。皮亞傑是個比較典型的早慧型孩子，他十一歲就發表了一篇關於麻雀罹患白化症的短文，這篇文章就是他學術生涯的開端。

從十一歲到上大學期間，他主要是受生物學的訓練。但從大學開始，他就對心理學產生了濃厚的興趣，於是很快把研究方向轉向了心理學領域。在學有所成之後，他也追隨父親的腳步進入大學任教，著手心理學的研究。

他有三個孩子，每個孩子一生下來就都成為他研究兒童心理學的對象。

他所處的時代，最為主流的理論學派，主要包括病理心理學、精神分析學、榮格和佛洛依德的學說等。能夠在這樣的學術背景下提出極創新的理論觀點，足以看出皮亞傑作為心理學家的出色之處。用下面的數據可以更具體呈現他的成就與學術

地位——他在幾十年的學術生涯裡，共有六十多本著作、撰寫了五百多篇論文。

同化和順應的發展過程

現在，我們就站在巨人的肩膀上，進一步理解兒童認知發展的特色。

在皮亞傑的理論中，有一個很重要的概念叫作認知結構，也叫作「圖式」或「基模」。它是指一個有組織、可重複的行為模式或心理結構，是人腦中已有的知識經驗網絡，一個人的全部圖式就構成了他的認知結構。每個人對於特定概念、事物或事件的認知結構不同，就會影響對相關訊息的加工過程。

圖式中的基本能力主要來自先天遺傳，之後在成長並適應環境的過程中不斷變化、豐富和發展，最終形成在本質上各不相同的圖式。每個人的圖式都是由簡單到複雜逐漸發展起來的，圖式越複雜，代表認知發展越成熟。

舉個孩子如何學會認識動物的例子。當父母帶著孩子逛動物園時，指著鴿子說明「鳥」這個概念，告訴他「鳥都是會飛的」。於是，孩子腦海中可能就會形成「會飛的就是鳥」，「鳥」就成了孩子的一個圖式。下次當他見到一個會飛的動物時，就會脫口而出說：「看，有一隻鳥！」

但僅有「鳥都是會飛的」這個圖式顯然是不夠的。在孩子不斷接觸環境的過程中，有很多機會發展其既有的圖式，而在圖式發展變化的過程中，還有兩個比較重要的概念，一個叫作「同化」，另一個叫作「順應」，分別對應圖式發展中的「擴大圖式概念」和「發展新圖式概念」這兩大發展過程。

接下來，繼續以兒童認知鳥類的例子來解釋這兩個概念。

在孩子最開始形成對鳥的認知裡，原來的圖式是很模糊的，沒有那麼精確，可能就只有一個條件，即「會飛的就是鳥」。某一天，孩子在路上看到一隻喜鵲飛過時就會說：「那是一隻鳥。」又有一天，孩子看到一隻燕子飛過，他還是會說：「那是一隻鳥。」

喜鵲和燕子是兩種不同的動物，但都是鳥類，所以符合原來「會飛的就是鳥」這個圖式，這個過程就叫作「同化」。也就是說，孩子的經驗和圖式是相符的，用舊有的圖式可以解釋一些新的現象，並且這些新的現象能使圖式的資料庫更豐富。

但在另外一些情況，即使採用豐富的圖式來認識世界，得到的結果仍是錯的。比如，某天孩子看到一隻蜻蜓飛過，因為在孩子的圖式裡，只有一個認知——「鳥是會飛的」。這時他仍然會說「這是一隻鳥」，但這是錯的，原來的圖式不能解釋這個新的現象。

因此，在大人說明蜻蜓的過程中，孩子就會發展出關於昆蟲的新圖式。我們會告訴孩子，鳥和昆蟲是不一樣的，雖然有些昆蟲也會飛，但兩者有很大的區別。

這時孩子就能發展出新的圖式：昆蟲。至此，關於「會飛的動物」，孩子的腦海裡就有了鳥和昆蟲這兩種圖式。這個發展新圖式的過程，就叫作「順應」。

認知發展的四個重要階段

皮亞傑在認知發展理論中提出了四個很重要的階段，也就是前文提到認知發展階段的理論。

這個理論把兒童的認知發展分為四個階段，分別是0—2歲的感知運動階段、2—7歲的前運算階段、7—11歲的具體運算階段，以及11歲以上的形式運算階段。

第一個階段是感知運動階段，它看似和認知發展的關係不大，但為什麼要強調它呢？因為這反映了皮亞傑一個很重要的觀點：感知覺（感覺和知覺），或者說運動的發展，這是兒童認知發展過程中一個很重要的先決條件。

之所以特別強調運動的發展，是因為在0—2歲這個年齡階段，如果孩子不運動的話，就無法獲得認知上的發展。因為孩子從出生開始，到六、七歲之前的這段時間內，大腦無法進行抽象的解釋。因此孩子若想理解及認知一些東西，他手上必須拿著一個真實、實際的物體。

例如，如果想教兩歲的孩子認識蘋果，就要讓他拿著一顆蘋果，這樣他才能有關於蘋果的真實觸感，聞到蘋果散發出來的味道，甚至還可以咬一口，擁有真實的味覺，這樣他就能知道這是一顆蘋果。

但如果只讓孩子觀察一些動作，他就不會真正獲得認知上的發展。比如，比畫著聽電話聽筒的手勢，成人很快就能知道這是要打電話的意思。但孩子無法理解這麼抽象的意義，要想讓他獲得認知發展，他手上一定要拿到聽筒或電話的實物。

而「能夠拿到實物」這個行為的基礎，就是我們的運動能力。假如孩子無法抓握，那他可能就無法認知蘋果；假如他無法走動，可能就無法認知長度；假如他無法捧東西，可能就無法認知高度。所以，感知覺與運動能力的發展，是認知發展的重要基礎。

但在此要指出一點，皮亞傑的認知發展觀點並不是完美的，

也有其局限性。其中一個被後來的心理學家詬病之處，在於這個發展階段的劃分低估了兒童的一些能力，也就是說，有些孩子進入某一個既定階段的時間會更早一些。皮亞傑自己就是個例子，他在十一歲時就已經發展出抽象思考和獨立研究的能力。

當然，提到皮亞傑理論中被詬病的部分，並不是要全盤否定這位心理學家，因為他所提出的觀點和理論確實對兒童教育產生了巨大的影響。

發現式教學注重實際體驗

在皮亞傑理論的基礎上，其他教育學家則發展出另一種教學方法──發現式教學。

發現式教學認為幼兒和成年人的思考方式是不一樣的。在某種程度上，這個觀點獲益於皮亞傑的兒童認知研究。從這個觀點來看，我們應該讓孩子獲得與日常所熟悉環境相關的教育經驗，這樣他們才能學得更好。

與發現式教學相對應的是講述式教學。有些人認為，講述式教學就是填鴨式教學，過於看重學生對知識的背誦、記憶能力，而忽略實際理解與探索的能力。

整體而言，發現式教學更注重學生如何學習，它的主要特徵就是自主探索和合作學習。這種教學方法的本質，是讓學生在自己既有的認知基礎上主動建構新的知識體系，這一點正好符合了認知發展過程中圖式的形成和發展過程。

舉個例子，在科學教育中，發現式教學特別注重實驗體驗。例如生物課的植物成長觀察，數學課自己動手製作幾何圖案模

型，這些都是發現式教學的例子。而講述式教學可能就不會有這些在情境中提問和動手操作的過程，而是直接做出結論，並要求學生熟記。

　　儘管講述式教學看起來更具有效率，但我們也不得不承認，發現式教學更符合我們學習新事物時大腦認知發展的本質。

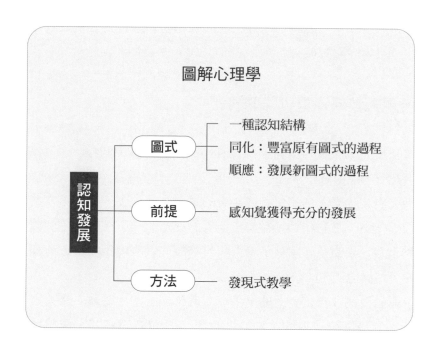

49　我是誰？──對自己的看法是如何形成的？

心理學效應 **自我概念**

一個人對自身存在的體驗，包括透過經驗、反省和他人的反饋，逐步加深對自身的了解。

《武林外傳》這部電視劇，劇中有這樣一個經典橋段：姬無命大鬧同福客棧。危在旦夕時，平時一向膽小如鼠，只會說「子曾經曰過」的呂秀才突然冒出來，對著姬無命進行了靈魂拷問：「我是誰？我是誰？我是誰？」最後誘導姬無命說出「是我殺了我」，並且一掌拍在自己的腦門上，當場斃命。

呂秀才的這次超常發揮直接解除了客棧眾人的性命危機，還讓他成為朝廷欽封的「關中大俠」。

我們從這個靈魂拷問出發，看看人類從出生開始，是如何漸漸明白「我是誰」，人們對自己的看法是如何形成，以及自我意識是怎樣發展變化的。

鏡裡鏡外的自己：嬰幼兒自我概念的發展

一個人對「自己」的看法，稱為「自我概念」，也是形成一個人個性的重要部分。

關於自我概念的發展，從兒童研究上來看，0—1歲的幼兒是沒有自我意識的。對此，心理學家做了一系列經典實驗，叫作鼻點測試。

鼻點測驗最早是動物學家進行的，他們用鼻點測驗研究黑猩猩究竟有沒有「自我」。運用在兒童研究時，是這樣做的：在寶寶不知情的情況下，在他們的鼻子上點一個無感覺、無刺激的紅點，然後觀察嬰兒在照鏡子時會有什麼樣的反應。

類似於黑猩猩的實驗，研究人員假設，寶寶在照鏡子時馬上就會發現鼻子上的紅點，並且表現出好奇或想要用手擦掉鼻子上的紅點，而不是去擦掉鏡子中的紅點，這就能說明寶寶可以分辨自己的形象和自己形象之外加在自己身上的東西。

平均來說，中國兒童通過測驗的年齡大概在十八個月，美國兒童則更早一點，平均在十四個月通過測驗。鼻點測驗主要能告訴我們，孩子可能到了一歲半以後才開始慢慢產生自我意識，這就意味著他們開始逐漸脫離自我中心時期，轉而從與他人跟環境的互動中，產生出對自己的看法。永恆的「哲學三連問」也就是從這個時候開始出現的：我是誰？我從哪兒來？我要到哪兒去？

話雖如此，但這個「哲學三連問」並不是在嬰兒開始出現自我意識時就立刻產生的。在開始時，可能僅僅是「我是誰」這樣一個簡單的問題。隨著孩子年齡逐漸增長，認知逐漸成熟，其自我概念所涵蓋的內容才會越來越豐富。

在自我意識出現之後，一開始，幼兒的自我意識只是一種現在自我，沒有時間延展性。所謂現在自我主要是指二至三歲的幼童，在最早期的自我表徵，他們只能認識到當前自己的自我表徵，而無法認識過去的自我表徵等複雜的、有時間跨度的概

念。

　　也就是說，他們只能知道自己現在要做什麼，但不知道自己現在做的事情對以後會有什麼影響，或者自己曾做過的一些事情對現在有何意義。

　　但隨著孩子逐漸長大，三歲半到五歲左右，就會形成擴展自我。此時，兒童能將過去的、現在的、未來的自我表徵整合到一個穩定的自我概念之中。也就是說，過去的自己還是自己，未來的自己也還是自己，這兩者之間有一定的連續性。

　　在自我概念出現之後，孩子還會逐漸發展出自我分類。比如，類別自我：我是一個什麼樣的人，是個好人還是壞人；是個男孩還是個女孩……等。總之，隨著年齡的增長，自我概念會越來越豐富。

自我同一性是解讀青春期的密碼

　　對所有人來說，青春期都是一個至關重要的階段，因為這是發展自我同一性的時期。

　　自我同一性是指，一個人在尋求自我的過程中，把自己的需要、情感、能力、理想、價值觀等與自我有關的事物，整合成統一的人格框架，保持一致的情感與態度，以及恆定的目標與信仰。簡單來說，就是令我們在時間流逝中仍可稱為同一個人的那些思考和選擇。

　　雖然自我同一性是從青春期開始建立，但並不是每個人都能在十八至二十五歲這個階段完成。有的人可能在青春期之後仍在發展，有的人可能終其一生也無法很好地完成這個任務。

　　要達成這個任務，有個很重要的前提，就是積極且全方位地

自我探索。心理學家詹姆斯・馬西亞（James Marcia）就在艾瑞克森有關自我同一性理論的基礎上，提出了這個很重要的方式──探索。

探索分為兩大類，一類是向外的探索，比如「我喜歡什麼科目」、「我要報考什麼學校」、「我適合什麼工作」等，這些都是自我探索的一部分；另一類叫作向內的探索，是建立在所有這些日常活動的基礎上的內心活動，比如「我是誰」、「我有什麼天賦」、「我跟別人有哪些不一樣」、「為什麼不一樣」、「我有什麼優缺點」等。

在某一個時期的探索結束後，並不是每個人都能順利完成任務。根據完成的情況不同，可能有四種結果：

一、同一性獲得

進行探索並成功了，獲得了穩定、健康的自我認知，這表示自我發展得很好。

二、同一性延緩

雖然進行探索，但未成功，無法建立同一性。關於自我，可能還有很多迷茫、未知和不確定性。但延緩不一定是壞事，因為以後還有機會繼續探索與發展自我同一性。

在同一性延緩中，有個很典型的例子可能很多人都經歷過，就是大學畢業了，有些人還沒有想好以後要做什麼工作。這時該怎麼辦？

有的人可能會先選擇一個緩衝期，利用一年的時間，以旅遊的方式去體驗人生，也有人會選擇讀研究所，他們可能覺得在研究生階段，可以有更清晰的自我同一性的發展。

三、同一性早閉

有些人沒有進行探索，但還是成功了。可能他們是人生勝利組，從小學開始，他們一直都是別人羨慕的對象，但他們沒有認真思考過是不是在做自己喜歡的事。還有一些人是因為父母比較強勢，舉凡選科系、找工作、結婚等，都必須聽父母的。於是，這些人同一性的建立就早早停止了。

比如，有的醫生世家，父母長輩早就為孩子做好規劃，讓孩子長大後也去學醫。孩子可能比較聽話，最後也選擇當醫生。當然，可能醫生的職業規劃也不錯。但這種早閉的情況可能會使孩子並不一定真心喜歡自己從事的職業。

四、同一性擴散

既沒有探索也沒有成功，整天渾渾噩噩，同一性建立失敗。第四種情況是任何人都不想看到的，希望大家避免。

如何走出自我同一性迷失？

如何判斷自己有沒有順利完成這個任務呢？有一個簡單的方法，就是問自己：在你的自我概念中，什麼才是最重要的？

一般來說，心理學家會把答案按照一定的方式簡單分為兩類：第一類是事實性答案，比如，對我來說，重要的是我的人生目標；第二類是評價性答案，比如，對我來說，重要的是別人對我的評價。

給予第一類事實性答案的人，我們可以認為他們的自我同一性建立得比較好。舉個例子，對我來說，人生和事業是重要的，所以我看重及選擇做的事情，基本上都是對此有幫助的，

而與之無關的事物則對我影響不大。

再比如，因為我重視的是家人、朋友、學生、專業、同行等，他們的評價比較重要，其他一些無關的人對我的評價，我就沒那麼在乎。就算是我注重的評價，我也會先判斷他們說得對不對，如果對，那我就理性檢討，虛心接受；如果不對，那我就能確信自己是正確的。因此，惡意的負評不會影響到我。

對於給出第二類評價性答案的人，我們可以認為他們的自我同一性建立得不太好。舉個例子，假如我恰好是一個看重他人評價的人，我認為自己是個不錯的心理學工作者，很期待別人對我的認可，但他人的評價不是我能決定的，一定有好有壞。因此我就對那些壞的評價格外在意，一看到負評就生氣，覺得自己都這麼努力了，為什麼還有人不認可？

這就是同一性沒有建立好的表現，意味著人還處在混亂的階段，沒有建立持續且穩定的同一性。於是，任何與自己心中所想不一致的聲音都會成為挫折，結果就是自己備受困擾。

如果發現自己之前沒有建立好同一性，有什麼補救的措施嗎？有兩種方向可以給你一些啟發。

第一個方向是選擇好的夥伴。所謂的「好」，是能夠給予自己無條件積極關注的人。在青春期同一性建立的關鍵時期，除了自己對自身的影響比較大之外，還有父母的影響。如果早年沒有得到良好的探索環境，比如經常被否定、沒有做選擇的機會、跟父母溝通總覺得無法被理解……等，那麼現在你就可以主動選擇自己結交的朋友，主動選擇自己的親密伴侶，因為這種包容接納的環境，有利於進行再一次的自我探索。

第二個方向是培養強大的內心。這句話聽起來似乎沒什麼用處，但這正是心理學對我們最有幫助的部分。要學會建立明確

目標，全方位思考，對於自己處在人生地圖的哪一個位置有較全面的認識。這樣一來，自己就不會像走在充滿參天大樹的森林中，被很多雜亂的資訊干擾，迷失方向了。

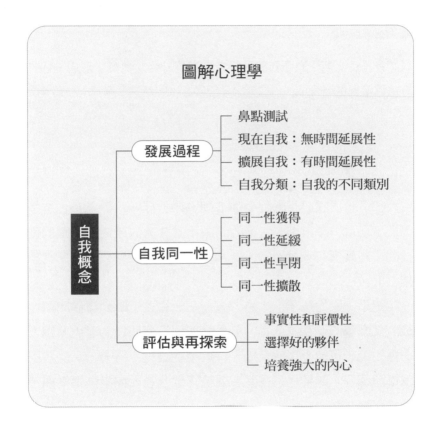

50 他是誰？——對他人的看法是如何形成的？

心理學效應 瞭解他人 ─────────────

我們會把他人若干有意義的人格特性進行綜合、概括，形成一個具有結論意義的特性。

─────────────────────────────────

大部分孩子在成長過程中都被問過「你比較喜歡爸爸，還是媽媽？」這一類很讓人討厭的問題，其令人討厭的程度跟男生被問「當媽媽和老婆同時掉進水裡，你會先救哪個？」簡直不相上下。

年紀小一點的孩子，比如，兩、三歲的孩子聽到這個問題之後，大多數的反應是茫然，不太能理解這個問題的意思。稍大一點的孩子可能會比較直接，喜歡誰就直說。再大一點的孩子就學聰明了，如果是爸爸問，就說喜歡爸爸；如果是媽媽問，就說喜歡媽媽。

孩子從說出自己心中認為的答案，到說出討大人歡心的答案，在這個成長變化的過程中究竟發生了什麼？孩子對他人的看法是如何形成的？孩子是怎麼開始知道和理解別人的想法的？現在我們嘗試從心理學的角度來解開這些謎團。

合作能讓我們與他人建立聯繫

孩子在兩歲之前是沒有「朋友」的。如果在家的話，他們的地域意識還很強，不允許有第二個孩子出現在自己的領地。在這種情況下，一旦有別的孩子出現，他們就會大哭大鬧，甚至把別人趕出去。

但到了幼兒園小班的時候，他們就開始出現合作的雛形，或者叫合作的萌芽。他們慢慢允許別人與他們待在同一個空間了，比如，大家都可以在學校的溜滑梯區域玩，但是各玩各的。

然後到了幼兒園中班的時候，他們可以和別人一起玩玩具，這個時候的「一起玩」，還不是成人意義上的合作，並沒有分工，孩子們只是共同玩一個遊戲，而且也還是各玩各的。比如，大家一起拼樂高，從同一個盒子裡拿樂高積木，但是我拼我的，你拼你的，不會共同完成一個東西。

直到幼兒園大班，孩子之間的共同玩樂才開始類似成人的合作，他們有共同的目標，並且分工完成不同的步驟。

兒童的觀點選擇能力是如何出現的？

如果要瞭解更多關於「對他人看法」的發展階段，就需要更進一步分析、研究幼兒的認知變化過程。

兒童會逐漸發展出一種很重要的心理能力，叫作觀點選擇，這是指推斷與理解別人心理活動的能力。一般來說，三、四歲的孩子是沒有這種能力的。也就是說，我們很容易觀察到很小的孩子身上表現出所謂的自私，其實這是觀點選擇這種能力還

沒發展出來一種「自我中心」的自然傾向。

他們只能理解自己的想法，而不能觀察到，也無法理解別人會有不同的視角。他們會覺得自己看到的就是別人看到的，自己想到的就是別人想到的。

比如，孩子常常會自言自語，即使旁邊有大人在時也是如此。另外，如果與孩子玩捉迷藏，你會發現，當孩子快被找到的時候，他們會用手遮住眼睛，因為孩子會覺得，如果自己看不見別人，對方也會看不見自己。

很多父母在意的德育，比如謙讓之類的品德，並不適合在孩子三、四歲的時候教導，因為這個年紀的孩子無法真正理解禮讓的涵義，只會因為把自己喜歡的東西讓給別人而感到難過。

但到五、六歲之後，孩子就會有明顯的變化，因為這時候他們就開始具備觀點選擇的能力。他們能夠明白，「我想的和別人想的是不一樣的」。

關於這個理論，心理學家塞爾曼（Selman），對不同年齡層的兒童做了非常詳細的研究。他說一些故事給孩子聽，讓孩子回答故事中的一些問題，並分析不同年齡的孩子所給的回答，得出了觀點選擇，或者說角色選擇的發展階段。

在塞爾曼所做的研究當中，有一個故事叫作「霍利爬樹」，這是一個兩難的故事——霍利是一個八歲的女孩，她喜歡、也很擅長爬樹。有一天，她不小心從一棵很高的樹上摔下來，但沒有受傷。她爸爸很擔心，命令霍利以後再也不准爬樹，霍利答應了。後來有一天，霍利有個叫尚恩的朋友，他的貓被困在樹上下不來，必須立刻想辦法把貓救下來，不然貓就會從樹上摔下來。這群孩子之中，只有霍利會爬樹，但她又想起曾答應過爸爸再也不爬樹了。

　　聽完故事之後，孩子要回答幾個問題：如果霍利沒有幫尚恩，她會有什麼感覺？如果霍利的爸爸發現她又爬樹了，爸爸又會有什麼感覺？如果霍利的爸爸發現她又爬樹，她認為她爸爸會怎樣做？如果你是霍利，你會怎樣做？

　　不同年齡層的孩子有不同的做法。三到六歲的孩子往往會根據自己的經驗做出反應，他們還無法瞭解其他人和自己會有不一樣的觀點，也就是前文講過的「自我中心」階段，或者叫無差別階段。

　　而六到八歲的孩子開始知道別人也會有不同的觀點，但是不能理解為什麼會不同。他們的理解只停留在「別人做什麼就代表別人是怎麼想的」的階段，並不能理解他人行動的想法，這個階段叫作社會資訊觀點選擇階段。

　　八到十歲的孩子開始能認識到，如果大家都獲得相同的資訊，比如聽到同一個故事，自己和他人的觀點也可能會產生衝突。他們能夠考慮到別人的觀點，並且預期別人的反應，但還不能同時考慮自己和他人的觀點。這個階段叫作自我反應的觀點選擇階段。

　　十到十二歲的孩子已經開始有能力以旁觀者的視角來理解和做出反應，這說明他們能夠同時考慮自己和他人的觀點，並且認識到別人也會這樣做。這個階段叫作相互的觀點選擇階段。

　　十二到十五歲的孩子則已經能夠運用社會系統和資訊來分析、比較、評價自己和其他人的觀點，發展出社會和習俗系統的觀點選擇能力。

兒童的觀點選擇能力會受什麼影響？

　　既然觀點選擇能力的發展是反映兒童社會性成長的一面，就說明在培養這項能力上，父母、家庭和社會都對孩子有很大的影響力。因此，在培養兒童的觀點選擇能力方面，父母是有很大的發揮空間的。

　　首先，父母的影響力主要表現在教養方式上，簡單分為教養態度和教養行為這兩方面。教養態度就是父母在教育孩子上所具備的知識、信念、情緒等，教養行為則是指父母在教育孩子的過程中所採取的實際行動。

　　因為孩子會根據父母對自己的行為及反應來推測父母的觀點，並以此調整自己的行為。心理學研究者發現，民主型的教養方式對培養兒童的觀點選擇能力最有幫助。

　　兄弟姐妹之間的影響力則主要表現在交流方式上。豐富的情感交流、遊戲互動對增進孩子觀點選擇能力的發展非常有利，這關係到兒童發展和應用這項能力的機會有多大。家有手足的孩子可能每天都會面臨觀點選擇的挑戰，這樣他們就有更多的機會發展這項能力。

　　美國心理學家勞倫斯・柯爾伯格（Lawrence Kohlberg）等人透過研究發現，孤兒院院童的觀點選擇能力水準最低，農村或鄉下兒童的觀點選擇能力水準最高，這兩類兒童之間的主要差異在於其日常生活中觀點選擇機會的多寡。

　　這就引出了第二個結論：豐富的社會經驗能夠加快兒童觀點選擇能力的發展。比如，與家庭之外的同儕一起玩，就是與培養觀點選擇能力有關的社會經驗。

　　孩子們常玩扮家家酒遊戲，當他們發生衝突之後，讓孩子自

己處理這些爭執，能夠訓練他們的觀點選擇能力。因為如果想要解決衝突，就必須反省自己，並思考他人的觀點，必要的時候還要做出讓步，最後使彼此的觀點一致。

近幾年流行的「狼人殺」遊戲、「劇本殺」遊戲和各類桌遊，都需要玩家具備非常複雜的觀點選擇能力。比如，「狼人殺」遊戲中分成好幾種角色，玩家在扮演這些角色時，彼此還要完成合作、隱瞞身分、以角色A假裝角色B、廝殺、推理等各種複雜的過程。如果你也玩過這類遊戲的話，可以從觀點選擇理論角度思考，自己是怎麼分析「狼人殺」遊戲的。

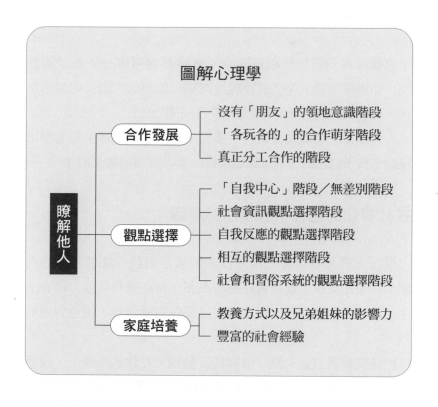

51 如何正確對孩子進行性別教育？

心理學效應　性別意識

是自我意識的重要內容之一，主要包括性別認同、性別理想、性別角色等概念。

　　爸媽幫孩子買玩具和衣服時，多少都會考慮一下孩子的性別。如果是男孩，可能就買玩具汽車、藍色的衣服；如果是女孩，可能就買絨毛玩具、粉紅色的公主裙。

　　人們都是下意識這樣做的，那麼這種「性別標籤」是怎麼出現的？孩子自己的性別意識是如何一步一步發展起來的？

在社會化的過程中形成性別意識

　　現在人們都覺得嬰兒出生後，如果是男孩，就準備藍色衣服；如果是女孩，就準備粉色的衣服。但在幾百年前，社會上主流的「顏色—性別」認識其實是藍色對應女孩，粉色對應男孩。

　　把時間軸再拉長一點，很容易就發現，在性別意識上，我們原來一直以為正確的東西，也是有變化過程的。

　　比如，從生理學上來說，男人的性染色體是XY，女人的性染

色體是XX。但人們早就發現，除了這兩種之外，還有具有
XXY、XYY等其他染色體情況的人存在。那麼，他們又是什麼
性別呢？

　　因此有人認為，性別不應該只有男女二元之分，而應該是多
元的。

　　回到發展心理學的角度，兒童的性別意識是如何產生和發展
的呢？

　　社會學習理論認為，人是先有行為，再有意識的。孩子在剛
出生時，並沒有「我是男生或我是女生」、「我應該有什麼樣的
行為表現」等這類關於性別的認識。性別意識是孩子在社會化
的過程中逐漸發展出來的。

　　比如，父母及周遭的人會鼓勵孩子做出符合自己性別的行
為，而不鼓勵不符合性別的行為。比如：買卡車玩具給男孩，
而不會買洋娃娃；讓女孩留長髮，男孩剪短髮……等。

　　而孩子在與他人互動的過程中也會觀察、模仿和自己同樣性
別的人的行為，然後再逐步整合這些行為以及從行為中獲得的
認知，進而發展出對自己和性別有關的看法。

性別意識發展的三個階段

　　具體來說，在性別意識的發展中有下面三個重要課題。

一、性別認同的發展

　　也就是能夠清楚區分自己是男孩還是女孩，並且意識到性別
是一種無法改變的特徵。

　　一般來說，四個月大的嬰兒，就能夠在一些感知覺的測試中，區分男性和女性的聲音，並將聲音和圖片進行配對。也就是說，他們能夠準確藉由聲音分辨出男女。

　　一歲大的嬰兒能夠準確辨別男性和女性的照片，二到三歲的孩子就已經能夠明確表達他們對自己性別的一些認知。

　　但這時候的孩子還沒有對性別不變的認識。也就是說，一個小男孩會覺得自己長大之後，可能就變成女孩了；或者一個小女孩會覺得，只要自己願意，就可以變成男孩。

　　直到五、六歲時，他們才會開始認識到，自己身體表現的是什麼性別，就永遠會是什麼性別。

二、性別刻板印象的發展

　　這是指關於男性和女性各自應該有什麼樣的表現等這一類觀念。

　　一般來說，○到二歲的孩子是泛性別論的。他們根本不知道男孩或女孩應該表現成什麼樣子，他們的大腦裡還沒有這方面的概念，甚至可能認為大家都是同樣的性別。

　　直到三歲以後，在父母的養育與教育之下，孩子在不斷接觸人和環境的過程中，會發展出相關的刻板印象：男孩應該有什麼樣的特點，女孩應該有什麼樣的活動……等。

　　一九七八年，有一個研究就印證了孩子在這方面的發展軌跡。實驗員讓一群兩歲半到三歲半的兒童看一個名叫麥克的布偶，和一個名叫麗莎的布偶。

　　之後，實驗員問孩子：你們覺得這兩個布偶中哪一個可能會烹飪、縫紉、玩洋娃娃？哪一個可能會開火車、打架、爬樹？結果是，這些孩子普遍覺得麗莎會烹飪、縫紉、玩洋娃娃，麥

克會開火車、打架、爬樹。這說明兩歲半到三歲半的孩子，已經開始具備一些與性別刻板印象相關的知識了。

對應到前文性別認同的發展軌跡，我們會發現，一個人並不是在性別認同完成之後才開始出現性別刻板印象的，兩者相互交織，甚至有可能性別刻板印象先發展了，而性別認同還沒發展好。這樣一來，就可能會出現一些性別意識上的問題。

到了幼兒園大班或小學低年級時，孩子就會更加明白，哪些玩具、活動更適合男孩或女孩玩，甚至男孩和女孩在哪些學科上會有差異。

三、性別特徵行為模式的發展

也就是一個人覺得自己對應的性別，應該有怎樣的活動偏好。比如，男孩覺得自己應該好動，喜歡運動；女孩覺得自己應該文靜、乖巧。

性別刻板印象剛形成時，有一個很有趣的現象：三到七歲的孩子會嚴格遵循自己所認知的性別刻板印象行事，這點是由這個階段兒童的認知發展特點決定的。

從前文提過認知圖式的發展角度來說，這個年齡層的孩子是處於不斷發展圖式的時期，他們大腦中關於性別的圖式還沒有那麼複雜。因此，圖式中的1就是1，男孩玩卡車、女孩玩洋娃娃，就是必須要遵守的準則，唯有如此，他們才能夠強化自己大腦中的自我形象。所以在這個階段，他們會遵循一些刻板印象的準則。

但到了七歲之後，隨著認知能力的發展，孩子對性別的刻板印象和認知會變得更加靈活。他們會覺得，其實男孩也不一定非要遵循所謂的男孩應該做什麼之類的刻板要求，男孩也可以

玩洋娃娃，女孩也可以和別人打架……等。

到了青春期之後，隨著第二性徵的發育，孩子還會經歷一個叫作性別強化的階段，他們又開始有更強的性別刻板印象。

避免落入刻板印象威脅的圈套

在性別意識中，我想特別強調性別刻板印象的發展，對個人的發展有很重要的影響。

在刻板印象中，存在著刻板印象威脅（Stereotype Threat）的現象。例如，有些人會認為男生的大腦發育較慢，所以那些小學成績差的男生，除了被責備外，也可能會受到鼓勵：沒關係，可能上了國中就好了。而那些小學成績好的女生，卻相反地，除了被稱讚外，也可能會被警告：可能上國中後成績就不會那麼好了，尤其是數理化等科目。

很多父母、老師，包括孩子自己都會覺得，上了國中、高中後，女生的成績會不如男生。當然，這樣的刻板印象是不正確的，但這種說法一旦被提出來，尤其是當大家都這麼認為時，就會給女生帶來壓力。在某種意義上，也會真的使她們的表現變差。

那麼，如何消除性別刻板印象呢？

對孩子，尤其是未成年人來說，父母的影響是很大的。因為有時候，在不同的文化背景下，人們確實會對孩子有不同的要求。這些要求可能會讓孩子感到困惑、焦慮，表現得不好。這時，父母如何教育孩子就非常重要。

父母要做的事情包括：積極主動地告訴孩子，性別除了繁衍後代之外，其實沒有那麼重要；有意識地引導孩子延後接觸性

別刻板印象；鼓勵他們和異性、同性朋友一起玩遊戲與相處；做家事不分性別，不論是男孩或女孩都要幫忙分擔。

還可以為孩子創造一個更包容的成長環境，以及基於孩子的認知發展程度，有意識地傳達給孩子一些與刻板印象不同的、多元的知識與生活方式。

另外，有研究發現，在社會環境方面，男女混合的學校中，學生的性別刻板印象會更嚴重；而單一性別的學校，男校或女校的學生的性別刻板印象則較弱。

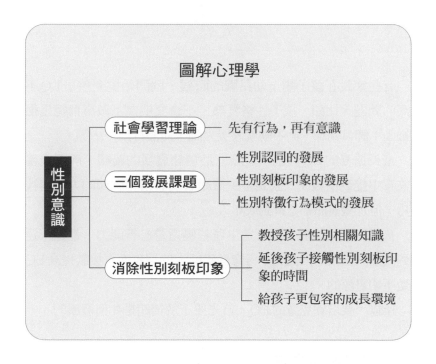

52 如何養出 EQ高的孩子？

心理學效應 情緒發展

包含情緒的表達、自我意識、自我調節，以及對他人情緒的理解與回應等能力，也就是EQ。

　　有些家長在孩子剛上幼兒園的時候，就開始擔憂孩子EQ不高的問題，比如，孩子性格慢熱、不會交朋友；做事情總是很被動；脾氣暴躁，動不動就大哭大鬧、撒潑打滾……等。

　　家長擔憂的EQ問題，實際上是情緒發展的範疇。前面幾篇文章中提到情緒時，談到不少情緒智商和情緒調節的方法與技巧，但那些資訊都是針對成年人。

　　孩子的情緒發展，不管是生理基礎還是心智能力，都還未達到成熟的階段，因此，不考慮基礎能力的培養而直接談提高EQ是不切實際的。

　　所以，要培養兒童的EQ，首先要了解情緒是如何發展的。

孩子的情緒發展史

　　從情緒發展的角度來說，剛出生的嬰兒，是遵循從無意識的基礎情緒，逐步發展到社會化的複雜情緒。

出生兩個月的嬰兒就已出現基本情緒，像是高興或滿足，痛苦或厭惡，還有好奇的情緒。順便一提，好奇與高興、痛苦一樣，是從出生開始就有的一種情緒。

二到七個月大的嬰兒開始發展出憤怒、恐懼、快樂、悲傷、驚訝等情緒，不過，在心理學家看來，這些情緒仍然是人類的基礎情緒。

一到二歲之間，孩子才會開始出現複雜的社會化情緒，如尷尬、害羞、內疚、嫉妒、驕傲等。

當初步的社會化情緒開始出現時，孩子的情緒控制能力，或者說情緒調節能力是逐漸完善的。

與情緒發展是從基礎到複雜類似，孩子的情緒控制能力，也是從幾乎沒有到逐漸變強的。孩子在很小的時候，幾乎是喜怒無常的，在管教和教育方面都比較困難。但隨著年齡增長，即使什麼也不做，孩子的情緒管理能力也會有所提升。

這其實與大腦發育，尤其是大腦前額葉的發育及成熟有關。前額葉負責很多高級的功能，包括調節情緒、認知和管理功能。很多人關心的「為什麼青春期的孩子會出現很多情緒問題」也和這點有關，其實就是因為這時候的青少年前額葉還沒有發育成熟，荷爾蒙分泌卻又非常活躍。

隨著前額葉發育逐漸完善，大腦各方面的功能逐漸成熟，孩子的情緒問題就會越來越少，情緒控制能力也會越來越強。

情緒調節的三個面向

那麼，情緒對孩子的功能和意義有哪些？

一、早期的生存作用，基本情緒能夠幫助嬰兒更好地活下來

比如，幾個月大的嬰兒，如果不能很好地表達自己的喜怒哀樂，就有可能無法繼續生存。因為不懂得表達饑餓，就沒人餵他；不懂得表達累，別人就會繼續逗他玩，讓他無法獲得很好的休息。

因此，嬰兒的每一次哭鬧和每一次情緒表達都說明他有需求，他在等著媽媽餵他，等著換尿布，或者等著被哄睡。

二、情緒是社會性發展很重要的能力

如果不懂得表達情緒，社會化進程就會受到影響。

三、維持社會交往和建立良好的人際關係

- 情緒表達能力：如果不能充分而正確地表達自己的情緒，就可能交不到很好的朋友。
- 情緒識別能力：如果別人生氣了，你還一直開他玩笑，那你的行為也會影響你們之間的關係。
- 情緒調節的能力：當你感到沮喪、心情低落時，能不能調節好自己的情緒，事關生活和學習會不會受到影響。

這三個面向的情緒能力，對兒童日後的社會性發展都有重要的影響。舉例來說，有研究發現，如果一個孩子常表現出積極情緒，而相對較少表現出憤怒和悲傷等消極情緒，那麼他往往更受老師的歡迎，也更容易和同學建立良好的關係。

情緒理解能力較高的孩子，往往會被老師認為有較強的社會能力，這樣的孩子也更容易交到朋友，並能與班上同學建立良好的關係。

那些無法正常調節情緒的孩子，會出現被同儕拒絕的現象，其他孩子在一起玩的時候，可能會不邀請甚至排斥他們。再加上如果孩子不能正常調節自身情緒，就會缺乏自我控制，也更容易遭到攻擊。

父母如何引導孩子管理情緒？

我們都知道情緒很重要，但孩子情緒不佳時該怎麼辦？總不能要求他像大人一樣做情緒管理吧！

其實，父母首先能做的，就是接納孩子的情緒。孩子的前額葉發育不成熟，情緒管理能力不強，所以，一個完全不發脾氣的「乖小孩」是不存在的。

當孩子出現負面情緒時，爸媽要允許孩子哭鬧，尤其要接納孩子這些發洩情緒的行為。重點是讓孩子知道，即使他們做出這些行為，他們也仍然是被接納、被愛著的。但是，接納並不等於溺愛。

其次是父母要做出積極的改變。一方面，爸媽可以主動告訴孩子一些情緒知識，讓他們了解什麼叫情緒，有情緒是正常的；另一方面，也要告訴孩子如何避免消極情緒。

舉個例子，我家孩子有時候做一些事情，如果不成功就會覺得受挫，然後大哭大鬧。這時，對兒童情緒發展不瞭解的父母可能就會覺得：沒做好就沒做好，我們都沒怪你，甚至還鼓勵你，你哭什麼呀！

但實際上，家長應該要先接納，並幫助孩子理解自己的沮喪情緒。所以，家長要向孩子表達「我理解你的情緒，我知道你現在很難受。」接下來，告訴孩子這種難受的情緒是因為什麼

產生的，「是因為你遇到了一些挫折，是因為你覺得自己沒有做好。」然後引導他解決引發他負面情緒的問題。

比如，告訴孩子：「先不要著急，爸爸幫你想辦法把它完成。」或者「爸爸和你一起來完成這件事情。」當父母把這件事解決之後，孩子的負面情緒自然就會好轉。

同時在這個過程中，家長的言傳與身教也是給孩子很好的教育。告訴孩子，出現負面情緒時，大哭大鬧並不能解決問題，應該以一些更好的表達方式，來尋求解決引發負面情緒的事情的方法。

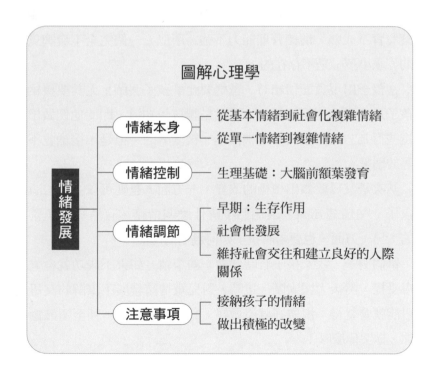

53　老年人心理會有
哪些變化？

老年變化 ────────────────

老化包括年齡老化、生理老化、心理老化及社會老化四種不同的過
程，雖然不同，但卻同時進行，而且會交互影響。此外，老化也會
造成認知功能的改變，影響老年人的心理健康，所以生理上的變化
也會對其心理造成影響。

────────────────────────────

　　前幾年有幾個這樣的熱門話題。

　　第一個是美國的製藥公司開始第三期臨床實驗。當時，一種
對抗失智症的藥品引起了大家熱烈的討論，因為失智越來越受
到現代社會的關注。

　　第二個是熱播的綜藝節目《忘不了餐廳》。該節目一改綜藝以
年輕人為主角的潮流，反其道而行，邀請了一些與失智症相關
的老年人作為來賓。

　　舉這兩個例子，主要是想以失智症為切入點，探討隨著年齡
的變化，人們在進入老年時期之後會產生怎樣的心理變化。

老年人的心理壓力

　　不知道正在看這本書的你，家裡是否有需要照顧的老年人。

不管你自己是不是擔任最主要的照顧者角色，瞭解一些老年人的心理特點，對於和家人相處總是有幫助的。

老年人經常會產生一些心理壓力，這是人在年老之後，伴隨身體功能退化以及病痛纏身而產生的心理壓力。比如，有的老人雖然看起來身體還很硬朗，但是他們對自己身體功能的退化非常清楚，從前做起來毫不費力的事情，現在已經感覺力不從心，因此容易產生自卑感。

這與年輕人的自卑感不同，年輕人還可以化解自卑，擁有改變的機會；但是老年人的身體越來越差，這幾乎是必然的現象。如果自卑、消極情緒長期累積，很可能會導致老年人憂鬱、孤僻，甚至與社會完全脫節。

另外，很多老年人疾病纏身。可能這些病並不一定很嚴重，而是一些慢性疾病。慢性疾病雖然不會致命，但不可避免地會需要人照顧，這也會給老年人帶來很大的心理負擔。他們會覺得自己拖累了子女，變成了子女的負擔，或者陷入擔憂老無所依的恐懼之中。

但也有一部分老年人會往另一個極端發展，產生很強的虛榮心理，變得固執、多疑。這多半是因為他們本來自尊心就很強，一直希望得到他人和社會的尊重，老了之後，這種心態更嚴重。但現實情況是自己身體漸漸不如從前，變成弱勢族群。越是如此，越會讓他們的自尊心走上極端，自尊心變成虛榮心，人也變得固執、不聽勸。

老年人常見的心理特質還有寂寞和孤獨感增強。很多外在因素都會觸發這些感受。比較明顯的是，隨著年齡增長，他們不得不面對親人和朋友逐漸離世。生死相隔帶來的孤獨感非常深刻，也是很難排解的。

另外，有些老人的子女不在身邊，因而親密關係的需求變得更強了。他們會更加依賴子女，卻不得不面對子女不在身邊，甚至子女無法理解自己需求的困境。還有一個常見因素則是退休，有些老人因此無法適應社會身分的轉變，而產生心理危機。

寂寞和孤獨感除了會引發負面心態，還會導致老年人的思考能力與判斷問題能力下降，頭腦反應逐漸變得遲緩，加速衰老。

老人其實更關心快樂的事

這些變化看上去都是負面的，但我的本意並不是要加深大家對老年人的刻板印象，而是希望大家能對老年人多一些理解和包容。

心理學在關於畢生發展的研究中，有一個理論叫社會情緒選擇理論。史丹佛大學長壽中心主任蘿拉·卡斯坦森（Laura Carstensen）等人提出，在人的一生中，會有兩種不同的目標，一種是未來導向的目標，另一種是與親密情感相關的目標。一個人擁有什麼樣的目標，則與其時間觀有重要的關連性。

年輕人普遍都會覺得人生之路還很長，時間無限，有大把時間等著自己去學習、去證明自己、去實現理想，所以會注重未來導向的目標。但老年人不一樣，他們已經走過了大段人生路，若是病痛纏身，就更會胡思亂想。因此，他們會覺得人生有限，時間很短，轉而選擇與親密情感相關的目標。比如，他們會停止交新朋友，注重與老朋友維持親密的關係，一起回憶過去的光輝歲月和美好時光。

在美國的一項研究中，心理學家德里克‧馬丁‧艾薩克維茲（Derek Martin Isaacowitz）等人發現，如果同時讓老年人看兩張人臉圖片，一張是面無表情的，另外一張是有情緒的（積極或消極情緒皆可），這時，老年人會把注意力更放在有積極情緒的人臉圖片上，並避免去看有消極情緒的人臉圖片。

這說明老年人會有選擇地關注、追求一些積極的刺激，而忽略消極的刺激。除了這個研究之外，還有很多研究也都證實了這一點，這被稱作老年人的積極效應。

這種積極效應帶給老年人晚年生活很多的幫助。他們喜歡回憶一些對自己來說有正面情緒價值的經歷，比如，老人總是會回想自己在年輕歲月時所經歷的事情。隨著時光流逝，人對快樂和喜悅的渴求變得更迫切，更希望能愉快地安度晚年時光，對得失也往往比年輕人看得更淡。

不過，中國有一些研究發現了相反的效應。例如，香港的研究者就發現，在測試老年人在三種背景音樂（包括積極音樂、消極音樂、中性音樂）下的記憶力時，當背景音樂是消極音樂的時候，老年人的記憶力最好；香港的研究者也獲得同樣的結果，這個發現被稱作消極效應。

這是不是意味著，在積極效應下對老年人心理特質的解釋，並不適用於中國老人？也不一定。這要看我們怎麼理解消極效應的結果。雖然在消極效應方面，中國老人在表面上與西方老人完全相反，但考慮到文化因素，就會發現它們本質上都是一種適應性的機制。

比起個人英雄主義式的成功，集體主義文化更在乎的是團體內部的和諧及其他人的感受，因此，如果對消極情緒敏感，老年人就能及時察覺關係中的破壞性因素並立刻停止，這樣才能

維持讓自己身心愉悅的團體關係。其實不少人在老了以後，變得更會察言觀色了，凡事都依照子女的心情行事。

幫父母過更好的老後生活

現實生活中，老年人還面臨不得不接受照顧的處境。他們的子女是主要照顧者，有過這種經歷的人都知道，在照顧老人的過程中，有很多不足為外人道的辛酸，尤其是在老人罹患失智症的情況時更是如此。

深刻理解老年人的心理特質當然能有所幫助，但這還不夠。對於要照顧年邁病弱父母的子女，這裡提供以下幾點建議供參考。

一、調整好自己的心理預期

子女要認知到，人到老年，不管你多麼盡心盡力地照料，老人的病情還是會不斷惡化。如果是失智，那麼這種情況可能會更嚴重。

唯有子女調整好自己的心理預期，才能更妥善地照顧老人。重點要放在減輕老人在罹患疾病過程中的困擾和痛苦，讓彼此的生活都維持在良好的軌道上。

相反地，如果抱著「他一定會好起來」的想法去照顧父母，看著他們的病情一天天惡化，失望就會越來越大，甚至可能會因為這種失望而變得不願意照顧老人，讓彼此都備受煎熬。

二、要保持耐心

就像電影《一念無明》中的母親那樣，很多時候，她發脾氣，跟你吵架，是被病痛折磨所致，而非她存心故意。

　　身為照顧者，不能要求老人像心智健全的年輕人那樣客氣有禮。所以，當老人發脾氣時，不要跟對方認真，而要試著安撫，轉移其注意力，幫他把情緒慢慢恢復到平靜穩定的狀態。

三、適時求助與休息

　　照顧老人就像一場馬拉松長跑，如果覺得自己跑不動了，壓力太大，可以尋求幫助或選擇休息。身為子女雖然要有責任心，但也不能給自己太大的壓力，否則會壓垮自己。

　　以上是探討如何面對老年問題，雖然很多人都還沒到這個階段，但是每個人都將邁向老年。因此，瞭解老年人的心理，不僅能幫助自己的親人、身邊的老人，更能全面瞭解自己。

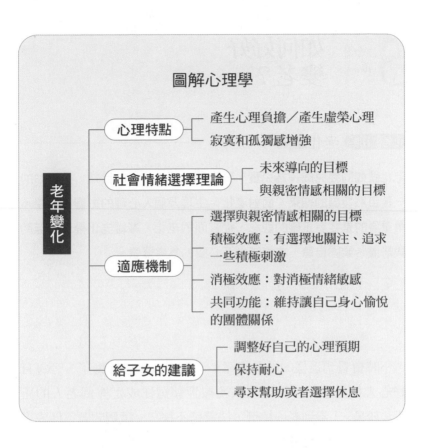

圖解心理學

老年變化

心理特點 ── 產生心理負擔／產生虛榮心理
　　　　　　　寂寞和孤獨感增強

社會情緒選擇理論 ── 未來導向的目標
　　　　　　　　　　　與親密情感相關的目標

適應機制 ── 選擇與親密情感相關的目標
　　　　　　　積極效應：有選擇地關注、追求一些積極刺激
　　　　　　　消極效應：對消極情緒敏感
　　　　　　　共同功能：維持讓自己身心愉悅的團體關係

給子女的建議 ── 調整好自己的心理預期
　　　　　　　　保持耐心
　　　　　　　　尋求幫助或者選擇休息

54 如何好好變老？

心理學效應　老化應對

老化就如同嬰兒成長為兒童、青少年、青年一樣的自然，是生命的一種自然發展的結果。面對老化、生理及個人心理的影響與衝擊，最重要的是要有正確的觀念，從容面對老化，減緩老化帶來的無助與恐懼，鞏固自尊，才能減少不必要的焦慮緊張。

　　不時會看到這樣的社會新聞：一個老人自己摔倒了，旁邊有好心人扶他起來，結果一扶就被誣賴冤枉成是撞倒老人的兇手。於是，「看到老人摔倒，扶還是不扶？」這個問題不僅成了新聞，還成了全民熱議的話題。甚至有人感慨：到底是老人變壞了，還是壞人變老了？

　　漸漸地，老人摔倒無人敢攙扶也成了一種現象。不管是前一種現象，還是後一種現象，都存在老年人刻板印象，甚至是老年歧視。

人終將老去

　　在談到歧視時，我們常會提到性別歧視、種族歧視，卻往往忽略了老年歧視。呼籲大家摒棄老年歧視，不僅是對老年人的

尊重，而且也是為自己考慮。

因為老年歧視本質上是一種年齡歧視，年齡是一個可變的量，如果你現在就有年齡歧視，那麼你終將成為當初被自己歧視的那類人。當你二十歲時，你歧視老人，幾十年後，你就變成了自己曾經歧視的人。

「老年歧視」這個概念或者說這種複雜的體驗，在心理學上被稱為「內化的老年刻板印象」，這是指過去對其他老年人存在的刻板印象，以後可能會變成對自己的一種刻板印象。而有些消極的老年刻板印象，對每個人來說，都有非常強烈的負面影響。

關於這一點，有一個很著名的研究，是美國耶魯大學的貝卡・利維（Beca Levy）教授於二〇〇二年在《人格與社會心理學》雜誌上發表的。研究者利用一批縱向追蹤[14]的資料，對一批受試者進行了長達二十多年的調查。在剛開始追蹤時，對於參與實驗的人，研究者問了這個問題：「你覺得老化是件好事，還是不好的事？」這個問題問的就是參與者對自己內化的老年刻板印象，或者說自我老化的態度，之後，再追蹤這批受試者的死亡率。當然，研究會排除非正常死亡的案例，比如遭到車禍、謀殺等，而記錄正常逝去者的資料。

結果發現，對於一開始就回答老化是好的，或是對老化持有比較積極態度的人活得更久，在追蹤開始之後的二十多年，只有百分之五十的人去世；而持較消極態度的那一批人，在追蹤開始後的大約十五年就有百分之五十的人去世了。這是一個強

---

14 —— 也稱為追蹤研究，指在一段相對長的時間內，對同一個或同一批受試者進行重複的研究。

有力的實驗結果，證實了內化老年刻板印象的存在和影響。

之後，這個結論被很多實驗不斷地重複與證實，包括我自己利用中國一些縱向追蹤的資料也發現了相同的結果。比如，如果你覺得老化不好，就會有一個很消極的老化刻板印象，而且它會變成你自己一種內化的老年刻板印象。這種心態對生存是不利的，會縮短人的壽命。

有時候我會舉一個不太恰當的例子來說明這一點：當你步入中年後，如果具有「我覺得老化很好」的觀念，那你可能會比那些覺得老化不好的人多活幾年。所以，那些鼓吹「年輕即正義，衰老就糟糕」的廣告，只需要看看就好，不必放在心上。因為年輕的確很美好，但老了也很美好，不要讓年齡焦慮摧毀自己。

多想像未來的自己

另外一個與面對老化態度有關的內在心理狀態，叫作「未來自我連續性」，這是指從出生到成年，人會從無到有地發展出各式各樣的自我。隨著年齡的增長，會發展出很多自我的可能性，但這種自我的可能性在達到一定程度之後就會減少。

在人的一生中，這些各式各樣的自我是有連續性的。也就是說，關於「我是誰」這個問題，雖然我們一生都在探索，但我們會覺得，自我大概就在某一個範圍內變動。

有實驗指出，人對未來自我連續性的感覺，可以預測他們十年後的生活滿意度。自我連續性比較強的人，對老化的態度也更加積極客觀；相反地，也有些人會把現在的自己和未來的自己截然分開，覺得現在的自己和未來的自己是完全不同的人。

這種現在自我和未來自我關係割裂、連續性很弱的人，自我老化態度會更差，也更容易出現認知失調和對自我老化的消極態度。

這些人不願為自己的未來做打算，也更加歧視老年人。他們對自己的老年階段缺乏想像，因為他們覺得自己現在還不老，老人和現在的自己是兩種完全不同的人。

提高未來自我連續性

那麼，怎樣增強一個人的自我連續性，避免內化的老年歧視呢？

二〇一一年，美國的一位心理學家，也是我的好朋友，就研發出一個公式，為這個問題提供了一個可能的答案。

實際上，他的研究目的是希望增加美國年輕人的儲蓄率。美國年輕人普遍是「月光族」，他們透支很多信用卡，每個月基本上都存不了多少錢，還可能有很多債務。這種沒有儲蓄的現象，反映出他們不願為自己的未來提前做準備，這就是一個未來自我連續性弱的典型信號。如果能透過一些方法增強這些人的未來自我連續性，不就能增加他們的儲蓄意願了嗎？

於是，研究員研發出一種方式，就是讓年輕人看自己老後的照片。這些照片是透過技術合成的，一個二十歲的年輕人，能看見自己五十年後布滿皺紋的臉是什麼樣子。而那些看到自己年老照片的受試者，果然更願意為未來的人生儲蓄了。

是不是很神奇？原以為解決這個問題需要用到很複雜的方法，結果僅僅是看一張照片，就能提高人們的存款意願。這個設計，改變了受試者對老年的態度。我自己的實驗室後來的研

究也證實了一件事：當一個人的未來自我連續性增強後，就可以避免對老年人的歧視。同樣地，避免老年歧視對個人面對將來的老化也是很有好處的。

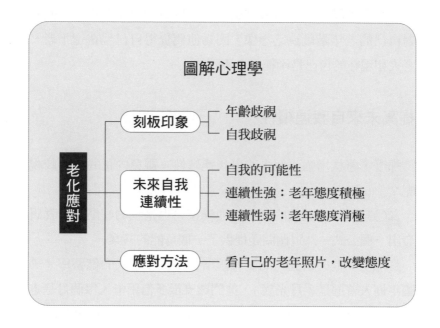

人生難題，心理學都有解方：探究底層思維，提升心理智商，讓你做出最佳決定54種成功策略 / 張昕 著.
-- 初版 . -- 臺北市：時報文化出版企業股份有限公司 , 2023.07
　面；　公分 .

ISBN 978-626-353-976-1 （平裝）

1. CST: 心理學
170.1 112008870

時報文化出版公司成立於一九七五年，並於一九九九年股票上櫃公開發行，
於二○○八年脫離中時集團非屬旺中，以「尊重智慧與創意的文化事業」為信念。

Original title：了不起的心理學 By 張昕
由中南博集天卷文化傳媒有限公司授權出版
All rights reserved

Printed in Taiwan

ISBN 978-626-353-976-1 （平裝）

人生顧問 CF00491

人生難題，心理學都有解方：

探究底層思維，提升心理智商，讓你做出最佳決定 54 種成功策略

作者　張昕｜主編　郭香君｜企劃　張瑋之｜封面、內頁設計　陳文德｜內頁排版　新鑫電腦排版工
作室｜編輯總監　蘇清霖｜董事長　趙政岷｜出版者　時報文化出版企業有限公司　108019台北
市和平西路三段240號7樓｜發行專線—(02)2306-6842｜讀者服務專線—0800-231-705・(02)2304-
7103｜讀者服務傳真—(02)2304-6858｜郵撥—19344724 時報文化出版公司｜信箱—10899　臺北華江
橋郵局第99信箱｜時報悅讀網—http://www.readingtimes.com.tw｜綠活線臉書　https://www.facebook.
com/readingtimesgreenlife｜法律顧問　理律法律事務所　陳長文律師、李念祖律師｜印刷　勁達印
刷有限公司｜初版一刷　2023年7月21日｜定價　新台幣380元｜版權所有　翻印必究（缺頁或破損的
書，請寄回更換）